유일체제 리더십

잭 웰치, 이건희, 김정일 리더십의 비밀

박 후 건

선인
도서출판

유일체제 리더십 잭 웰치, 이건희, 김정일 리더십의 비밀

초판 1쇄 발행 2008년 10월 15일
초판 2쇄 발행 2009년 10월 5일

저 자 ┃ 박후건
펴낸이 ┃ 윤관백
제 작 ┃ 김지학
편 집 ┃ 이경남 · 장인자 · 김민희 · 정안태
표 지 ┃ 정안태
영 업 ┃ 이주하
교정·교열 ┃ 김은혜 · 이수정
펴낸곳 ┃ 선인

인 쇄 ┃ 한성인쇄
제 본 ┃ 바다제책
등 록 ┃ 제5-77호(1998. 11. 4)
주 소 ┃ 서울시 마포구 마포동 324-1 곳마루B/D 1층
전 화 ┃ 02)718-6252
팩 스 ┃ 02)718-6253
E-mail ┃ sunin72@chol.com

정가 ┃ 18,000원
ISBN 978-89-5933-138-3 93900

유일체제
리더십

이 책을 처음 구상한 때는 필자가 보스턴 컨설팅 그룹의 컨설턴트로 일하던 2000년 중반이었다. 북한경제개발 전략에 대해서 논문을 쓰고 박사학위를 받은 필자는 상아탑에서 벗어나 실물경제에 대해서 압축적이나마 배울 목적으로 경영컨설턴트가 되었다. 그러나 경영컨설턴트로서 MBA가 없었던 관계로 보스턴에서 mini MBA 과정을 이수해야 했다.

2주간 이루어진 이 과정의 마지막은 리더십 수업이었다. 이때 case study에 소개되었던 인물이 바로 잭 웰치였다. 당시 필자는 웰치에 대해서 이름만 들었을 뿐 잘 알지 못했다. 그러나 리더십 case study를 통해 알게 된 웰치는 필자를 놀라게 했다. 그의 경영방식과 리더십의 양태가 김일성의 그것과 많이 닮아 있었기 때문이다. 두 사람은 유사한 리더십 스타일을 가지고 있었을 뿐 아니라 각자가 리더십에서 추구한 목적과 리더십을 이루는 과정까지도 닮아 있었다.

이것을 새로운 리더십이라고 생각한 필자는 이 두 사람의 경험을 바탕으로 책을 쓸 것을 구상하였다. 단지 유사점만을 강조해도 매우 흥미로운 책이 될 것이라고 생각하였다. 그 후로 웰치와 관련하여 출판된 책과 자료를 섭렵해나갔다. 잭 웰치와 김일성은 리더십에서만 유사점이 있었던 것이 아니라, 이 두 인물에 대해서 나온 서적과 자료에도 유사점이 있었다.

웰치의 리더십은 직접적으로 경영을 하는 사람들과 경영에 관심이 있는 모든 이들의 관심이있으나, 웰치의 리더십을 이야기한 서적들은 한결같이 그의 리더십을 일방적으로 찬양하거나, 그의 경영방식을 무비판적으로 따라하는 것이 성공적인 리더십이라고 강조했다. 웰치의 리더십을 학문적으로 분석하거나 과학적 시각에서 조명하는 책이나 논문은(마치 북한에서 김일성의 모든 것을 신격하여 김일성에 대한 분석이 이루어질 수 없듯이) 전무했다.

이 두 사람의 리더십을 '과학의 영역'에서 분석하기까지 매우 지난한 과정이 필요했다. 이 과정을 거치면서 조직과 리더십에 대해심층적으로 이해할 수 있었으며, 이병철과 이건희의 리더십, 그리고 삼성이라는 조직에 대해서도 알게 되었다. 또한, 복잡계(System of Complexity)와 혼돈이론(Chaos Theory)을 접하고 이해할 수 있는 기회를 가지게 되었으며 유일체제 리더십의 과학적 근간을 마련할 수 있었다.

책을 쓰겠다는 의지는 곧 이들의 리더십을 이해하겠다는 의지였다. 그러나 의지만 있을 뿐 이들의 리더십을 학문적 영역으로 끌어올 수 없었을 때, 많은 좌절을 겪고 몇 번이고 책을 쓰는 것을 포기하려고 했다. 아마 필자가 좀 더 과학에 대한 조예나 이해가 깊었다면 8년이라는 긴 시간이 필요하지 않았을지도 모른다. 그러나 이 과정을 통해 필자는 감히 세상에 대한 이해를 높일 수 있었다고 이야기하고 싶다. 세상은 사람들로 이루어졌고 조직의 경쟁이라는 질서 속에서 사람들이 살고 있기 때문이다.

생각을 글로 옮기는 것이 쉬운 일이 아니라는 것을 책을 쓰면서 다시 한 번 절실히 느꼈다. 선인 출판사의 윤관백 사장님은 필자가 글을 완성하기까지 많은 격려를 주시고 원고가 나오자 선뜻 출판을 허락해 주셨다. 또 한국말 실력이 여전히 부족한 필자의 원고를 출판사 여러분께서 인내심을 가지고 꼼꼼히 교정을 보아 주셨다. 리더십에 대해 여러 각도에서 생각하고 분석할 수 있었던 것은 많은 분들로부터 조언과 도움을 받았기 때문이다. 특히 아들이 하는 일에 대해서 끊임없는 관심과 성원을 보내주신 부모님이 아니었다면 이 책은 완성되지 못했을 것이다. 이 모든 분들께 진심으로 감사드린다. 장래의 미국 대통령을 꿈꾸는 준형(Aaron)과 언젠가는 타이거 우즈를 꼭 이길 것이라는 준환(Ryan), 두 조카가 펼칠 리더십이 유일체제 리더십을 뛰어넘기를 바라며, 필자가 공부하고 이해한 것을 독자들도 알게 되어 독자들의 리더십 연구에 도움이 되기를 마음속으로 기원한다.

2008년 가을 길목에 들어선 삼청동 연구실에서
박후건

목차

Contents

제1장 서문

제2장 잭 웰치 유일체제 리더십

제3장 이건희 유일체제 리더십

제4장 김정일 유일체제 리더십

제5장 현존하는 유일체제 리더십의 현실과 한계

1장

서문

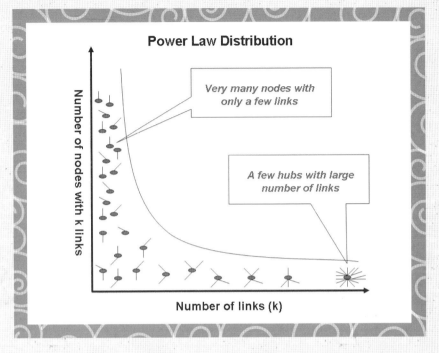

Power Law Distribution

Number of nodes with k links

Very many nodes with
only a few links

A few hubs with large
number of links

Number of links (k)

바바라시 연구팀은 웹 위상구조에 대한 연구를 위해 웹 로봇를 만들어 실험을 하였다. 이들은 에르되르-레니의 통찰에 따라서 웹 페이지들 간에는 무작위로 연결되어 있을 것이며, 또한 웹 페이지들의 링크 수는 가운데가 뾰족한 종모양 분포(Poisson Distribution)를 따를 것으로 예상하였다. 그러나 웹 로봇 여행의 결과, 웹의 위상구조는 전혀 다른 형태를 나타내었다. 그 네트워크에는 위의 그래프에서 나타내는 것과 같이 소수의 링크를 가지는 노드들이 대부분이었으나, 다만 극히 많은 노드들을 가지는 허브들이 존재했던 것이다. 가장 놀라운 일은 노드들의 링크 수 분포가 멱함수(Power Law)를 따르고 있다는 것이었다. 멱 법칙 연결선에는 분포를 특징짓는 고유 척도가 존재하지 않고(scale free), 희소 허브로부터 다수의 작은 노드들에 이르기까지 연속적인 위계가 있을 뿐이었다(Albert – Lázeló Barabási의 책, 'Linked'에서).

1. 리더십 연구의 현 주소

   세상에는 무수히 많은 기업과 조직이 존재한다. 기업들은 자신들의 생존을 위해 매일 전쟁과 같은 경쟁을 하고 있다. 기업에서 리더(CEO: Chief Executive Officer)의 역할은 전쟁에서의 총사령관과 마찬가지로 자신이 속해있는 기업을 총지휘하여 그 기업이 타 기업과의 경쟁(전쟁)에서 이길 수 있도록 하는 것이다. 그러므로 기업과 조직에게 이러한 리더의 존재 여부는 기업과 조직의 흥망(興亡)을 좌우하는 가장 중요한 사항이며 사활이 걸린 문제이다.

   그렇기 때문에 경영의 대 스승(guru)이라고 불리는 사람들은 리더십(leadership)을 자신들의 가장 중요한 연구 대상으로 다루어 왔고 자신들의 연구 성과를 책으로 발간하고 있다. 특히 정보통신 기술의 발달로 인해 기업과 조직 간의 경쟁이 더욱 치열해지고 있기 때문에, 경쟁력 강한 기업과 조직을 만들 수 있는 리더십에 대한 현실적인 그리고 학문적인 요구와 갈망은 더없이 높아지고 있다.

   미국에서는 리더십 트레이닝과 컨설팅을 전문으로 하는 컨설턴트와 컨설팅 전문 회사들이 이미 오래전부터 업계에서 자리를 구축하고 있으며, 기업들은 한 해 간부들과 직원들의 리더십 트레이닝과 컨설팅비로 약 15억 불(약

1.8조 원) 정도를 쓰고 있는 실정이다. 2008년 기준으로 서울시 한 해 예산이 약 20조 원 정도이니 미국인들이 리더십에 대해 얼마나 큰 중요성을 두고 있는지 가늠할 수 있다.

한국에서도 리더십에 대한 중요성이 높아지고 있다. 대형서점의 베스트셀러 리스트에는 어김없이 리더십에 관련된 서적들이 톱 리스트를 차지하고 있고, 각 기업들은 자체의 간부 트레이닝 프로그램(executive training program)을 정기적으로 갖는 등 리더십에 대한 관심과 열기는 높아가고 있는 실정이다. 특히 전·현직 대한민국 대통령들의 각자 매우 다른 리더십 스타일로 인해 리더십 위기(leadership crisis)를 겪었고 또다시 겪고 있는 한국에서 리더십에 대한 관심이 높아지는 것은, 단지 현실의 조류를 따라가는 것뿐만 아니라 시대의 요청이라고 할 만하다.

미국이든 한국이든 리더십에 관한 서적은 매년 무수히 쏟아져 나오고 있다. 이들 서적들의 저자들은 나름대로 자신의 리더십 이론이 독특하며 타 이론에 비교해 차별성을 갖고 있다고 자신들의 책에서 설파하고 있다. 그러나 이들의 이론에는 한 가지 공통점이 있다. 그것은 바로 한결같이 지도자의 덕목(또는 요소, 기술)과 특성을 리더십의 성공을 좌우하는 비결로 본다는 점이다. 다음의 표에서 보는 것과 같이 리더십에 관한 한 대 스승이라고 불리는 워렌 베니스, 스티븐 코비 그리고 존 가드너 등이 자신의 책에서 중점적으로 다루는 내용은 바로 성공한 리더들이 갖추어야 할 덕목과 특질들이다. 그리고 이것들을 마스터하면 성공적인 리더가 될 수 있음을 자신들의 책에서 암시하고 있다.

이들의 책에서뿐 아니라 대부분의 리더십 분야 베스트셀러에서도 조직의 경쟁력을 좌우하는 공통적 주요 요인으로, 리더로서 갖추어야 할 덕목과 특질을 들고 있다. 문제는 리더십을 발휘해야 하는 위치에 있는 사람들과 리더가 되고 싶은 사람들이 이 책들에서 처방하고 있는 대로 리더가 갖추어야 할 덕목과 리더십 특질들을 갖추고 마스터한다면, 성공적인 리더가 되어 경쟁력 있는 기업과 조직을 만들어 낼 수 있느냐에 있을 것이다.

〈표 1-1〉 워렌 베니스(Warren Bennis)가 제시하는 리더십의 기본 요소

기본 요소	의 미
비전 제시	개인적으로나 직업적으로 저항해야 할 바를 잘 알고 있으나 실패나 좌절에도 지속할 수 있는 강인함을 지녔다.
열정	사명이나 직업, 행동 방향을 포함하여 인생의 미래에 대한 열정을 지니며 자신이 하는 일을 사랑한다.
성실성	성실성은 자기 인식과 성숙함으로부터 나온다. 자신의 장단점에 대하여 잘 알고 자신의 원칙에 어긋나지 않으며 경험을 통해서 타인으로부터 배우고 함께 일하는 법을 배운다.
신뢰	타인의 신뢰를 얻는다.
호기심	매사에 의문을 가지며 되도록 많은 것을 배우려 한다.
용기	시도와 위험을 감수하려고 하며 새로운 것을 시도한다.

출처: Warren Bennis, *On Becoming a Leadership*(New York: Addison Welsey, 1994), pp. 39~42.

〈표 1-2〉 스티븐 코비(Stephen Covey)의 원칙 중심 리더의 구별되는 여덟 가지 특성

특 성	의 미
지속적인 학습	교육훈련을 모색하고 청강하고 경청하며 질문을 한다.
서비스 지향	사명이나 직업, 행동 방향을 포함하여 인생의 미래에 대한 열정을 지니며 자신이 하는 일을 사랑한다.
타인 신뢰	부정적인 행동에 과도한 반응이나 유감을 표시하지 않으며 사람들을 구분하지 않고 스테레오타입이나 편견을 갖지 않는다.
균형적인 생활 자세	균형 있고 온건하고 절제하고 현명하고 지각이 있고 솔직하여 꾸밈이 없으며 육체적 활동성과 사회적 활동성을 가지며 독서를 좋아한다. 광신자나 탐닉자가 아니며 칭찬과 비난에 있어 균형적이고 타인의 성공을 진심으로 기뻐한다.
인생을 모험으로 여김	용기 있고 침착하며 전반적으로 인생을 음미하는 유연한 탐험가.
시너지 작용	계기를 바꾸는 현명한 활동을 한다.
자기 변혁 활동	건강을 위해 노력하고 읽고 쓰기 및 창조적인 문제해결을 좋아한다. 감정적이지만 인내심이 있으며, 공감하며 경청하고 무조건적 애정을 보여준다. 기도하고 심사숙고하며 한결같다.

출처: Stephen R. Covey, *Principle-Centered Leadership*(New York: Summit, 1991), pp. 33~39.

특 성	의 미
육체적 활력과 힘	고도의 에너지를 소유하고 육체적으로 건강하다.
지능과 행위 판단력	올바른 결론에 이르기 위해 신빙성이 있는 자료와 없는 자료, 직관에 의한 추측 등을 조합한다.
책임 감수	사회적 상황에서 주도적인 활동을 하게끔 충동을 느낀다.
과업 능력	과업에 관한 지식을 지님.
이해	함께 일하는 부하와 부하들의 욕구를 이해한다.
사람을 다루는 기술	부하들의 준비성과 저항에 대해 정확하게 평가할 수 있다. 부하의 동기를 유발하고 부하들의 감수성을 이해한다.
성취 욕구	성취하려는 욕구를 가진다.
동기 부여 능력	설득적인 대화와 함께 부하들을 실행하게 한다.
용기, 단호함, 침착함	위험도 감수하려 하고 결코 포기하지 않으며 용기가 있다.
신뢰 획득과 유지	신뢰를 얻는 아주 특별한 능력을 갖는다.
관리하고 결정하고 선점하는 능력	목표 설정, 선점, 계획 작성, 협력자 선정, 위임과 같은 전통적인 과업관리를 잘한다.
신용	신용이 있어서 다른 사람들이 긍정적인 반응을 하는 리더십을 발휘한다.
권위, 지배력, 독단성	책임을 맡으려는 강한 충동을 지닌다.
적응력, 유연성	실패에서 새로운 시도까지 신속하게 전환한다.

출처: John Gardner, *On Leadership*(New York: Free Press, 1990), pp. 48~53.

여기에 대한 반론도 만만치 않다. 경영학계의 진정한 스승으로 불리며 수많은 기업 CEO들에게 경영 어드바이스를 주고, 그들과 개인적으로도 특별한 관계를 갖고 있는 피터 드러커(Peter Drucker)는 지도자가 갖추어야 할 덕목과 특질은 기업과 조직의 경쟁력을 높이는 데 아무런 상관이 없다고 단언한다.[1] 아직까지 어느 특정한 리더의 리더십 요소와 특질을 배워 크게 성

---

1) Peter Drucker, quoted in Glen Rifkin, "Leadership: Can It be Learned?", *Forbes ASAP*, April 8, 1996, p. 104.

공한 기업과 조직이 생겼다는 소식은 들리지 않는다. 그러나 특정한 리더가 갖추어야 할 덕목과 특질을 강조하는 서적들은 아직도 서점의 책꽂이를 메우고 있는 실정이다. 이것은 마치 감기를 근본적으로 완치시킬 수 있는 약이 존재하지 않지만, 제약회사에서 지속적으로 감기약을 개발하고 완치될 수 있다고 선전하는 것과 마찬가지이다.

성공한 리더들의 개인적 특질을 분석하고 강조하는 서적들은 대부분 리더에게 초점이 맞추어져 있으며 철학적으로는 이원론(dualism)에 기반을 두고 있다. 여기서 이원론이란 세상을 물질과 정신, 둘로 나누고 부분의 합이 전체가 된다는(A whole is sum of its parts) 논리로, 리더십에서는 리더(leader)와 추종자(follower), 둘로 나누어 추종자를 대상화하는 것을 의미한다. 리더십에서 추종자가 대상화되면서 리더십은 리더가 가지고 있는 특별한 능력이 되는 것이고, 이 능력을 발견(discovery)하거나, 개발(develop)하기 위해 리더로서 갖추어야 할 덕목과 특질이 집중적으로 분석되고 강조되는 것이다.

2. 번즈의 '변혁 리더십(transformation leadership)' 과 조직(organization)

리더십을 리더로서 가져야 할 덕목과 고유한 특질이 아니라 리더와 추종자의 '관계' 로 본 것은 제임스 번즈(James M. Burns)였다. 번즈는 프랭클린 D. 루즈벨트의 전기를 써서 퓰리처상(Pulitzer Prize)을 받은 저명한 정치역사학자이다. 그는 간디, 스탈린, 히틀러, 마틴 루터 킹 등을 연구하여 1978년 『리더십(leadership)』이란 제목으로 책[2]을 발간하였다. 번즈의 이 책은 많은 리더십 연구가들로부터 리더십 연구와 방법론에서 근본적인 변화, 즉 '패러

---

2) Burns James McGregor, *Leadership*(New York: Harpers, 1978).

다임 시프트(paradigm shift)'가 되었다는 평가를 받고 있다.

이 책에서 번즈는 먼저 초기의 리더십 연구가 권력에만 주목하고 있었음을 비판하며, 이 때문에 '목적의식의 고취'라는 훨씬 더 중요한 문제가 무시되어 왔다고 지적하였다. 번즈는 리더십을 "리더와 추종자가 원하는 것과 필요로 하는 것(wants and needs), 그리고 열망과 기대와 같은 가치와 동기를 대표하는 어떠한 목표를 위해 행동하는 것"이라고 정의하였다.

그는 리더십 유형을 '거래 리더십(transaction leadership)'과 '변혁 리더십(transformation leadership)'으로 나누었는데, 여기서 '거래 리더십'이란 리더가 추종자에게 어떤 것을 요구하였을 때 추종자의 동기(incentive)를 유발하기 위해 보상(reward)해 주는 것을 말한다. 이러한 관계는 거래(transaction)가 끝나면, 더 이상 지속될 수 없으며 리더와 추종자는 거래가 끝난 후 다른 길을 가게 된다.

이에 반해 '변혁 리더십'은 조직에서 리더와 추종자들의 관계가 상호 간 동기부여와 행동 이념을 보다 높은 차원으로 끌어올리는 것을 의미한다. 리더와 추종자는 관계를 맺기 이전에 서로 연관은 되어 있지만, 각자 다른 목적을 가지고 있을 수 있어 독립적인 개체라고 할 수 있다. 그러나 이들은 '변혁 리더십'을 거치면서 하나가 된다. 번즈는 궁극적으로 '변혁 리더십'을 '도덕(moral)'적이라고 하였다. 왜냐하면 '변혁 리더십'은 지도하는 사람과 지도받는 사람, 쌍방의 윤리의식 및 행동을 고취하게 하고, 쌍방 모두를 변혁(transform)시키기 때문이다.[3]

분명 번즈의 리더십에 대한 접근방법(approach method)은 리더에게만 초점이 맞추어져 있었던 기존의 리더십론과는 매우 다르다. 번즈가 제시한 '거래 리더십'과 '변혁 리더십'은 리더십 연구에서 주요 화두(key words)가 되었으며, 연구의 새로운 패러다임을 제공하였다. 그러나 아쉽게도 번즈의 '변혁 리더십'론은 리더십 연구의 근본을 바꿀 만한 것이었으나 더 이상 발

---

3) Burns, ibid., pp. 19~20.

전하지 못했다.

번즈 이후 수많은 연구자들[4]이 '변혁 리더십'을 주제로 연구하며 자신들의 연구와 주장을 책으로 발간하고 있다. 그러나 이들의 연구는 번즈의 접근방법과는 매우 상이하며 다른 방향으로 전개되고 있다. 이들의 주요 연구주제와 노력은 '어떻게 하면 변혁 리더가 되는가?(How to be a transformation leader?)'에 맞추어져 있다. 이러한 시각은 번즈가 리더와 추종자의 관계에 주목하고 양자가 새로운 하나로 거듭나는 것을 리더십으로 본 것과는 정반대의 시각이다.

번즈 이후 '변혁 리더십'을 연구하는 사람들의 리더십 접근방식과 방법론은 번즈 이전의 이원론적인 시각에서 리더십을 바라보며, 리더의 자질과 특질 그리고 리더로서의 덕목에 초점을 맞춘 연구자들과 별반 다를 것이 없다. 이들 스스로는 '변혁 리더십'을 연구한다고 하지만 이들에게 나오는 연구와 이론은 본질적으로 '변혁리더'라는 새로운 탈을 쓴 '거래 리더십'이다.

이들이 다시 잃어버리고 번즈가 찾았던 '변혁 리더십'이란 과연 무엇일까? '변혁 리더십'은 리더와 추종자의 관계에 주목하며, 리더십을 '리더와 추종자가 목적과 동기를 공유하며 하나의 유기적인 통합체로 되어 가는 과정'으로 정의될 수 있다. 번즈 이후 변혁 리더십 연구자들이 이원론으로 회기했다면 번즈의 리더십은 일원론적인 시각에서의 접근방식이라고 하겠다. 그러나 번즈는 자신의 리더십 이론을 더 이상 발전시키지 못했다. 번즈의 방관 속에 '변혁 리더십' 논의는 리더와 추종자를 나누어서 보는 이원론자들에 의해 다시 독점되었고, '변혁 리더십'의 핵심은 현재 실종된 상태이다.

이렇듯 번즈는 리더십에서 리더와 추종자 간의 관계에 주목하였고, 이들 간의 관계를 유기적으로 보았다. 번즈가 최종적으로 주목한 것은 리더와 추

---

4) Bernard Bass, Warren Bennis, Bert Naus, Warren Blank, Marshall Sashkin 등이 대표적인 학자들이다.

종자 각각의 개체가 아니라 리더와 추종자가 함께 결합되어 있는 집단, 즉 '조직(organization)'이라고 할 수 있다. 그러나 번즈는 자신의 책에서 리더십 연구의 근본적인 변화를 가지고 올 수 있는 리더십에 대한 새로운 해석과 정의를 내려놓고, 정작 자신의 책에서 가장 중요한 '조직'에 대한 연구는 진전시키지 못했다.

조직에 대한 연구는 일본의 조직 연구가인 사카이야 타이치가 "세상의 모든 것이 조직에 의해서 움직이는 구조를 지녔지만, 정작 그 조직에 관한 조사나 연구는 그다지 많지 않다."[5]라고 지적하였듯이 리더에 대한 연구는 홍수를 이루는 데 반해, 리더십의 근간이라고 할 수 있는 조직에 관한 연구는 그야말로 가뭄에 콩나듯이 미미하다. 조직에 대한 정확한 이해 없이 그리고 조직과 리더십을 따로 떼어놓고 리더십을 연구한다는 것은 마치 토양을 무시하고 과일나무를 심어 좋은 수확을 기대하는 것과 마찬가지로, 리더십은 조직이라는 틀을 떠나서 이해되기 어렵다.

리더십을 이해하기 위해서 조직에 대한 이해가 먼저 이루어져야 하는 이유는 인간이 사회적인 존재이기 때문이다. 인간이 사회를 떠나서 혼자 스스로 산다는 것은 상상하기 어려울 정도로 불가능한 일이다. 굳이 불교의 '연기(緣起)사상'을 언급하지 않더라도 인간은 수많은 다른 인간들과 관계를 맺어 조직을 이루고 살고 있으며, 조직을 통해서 개인은 육체적 그리고 정신적인 삶을 영위한다.

집단(mass)과 조직(organization)은 같은 개념을 가진 단어가 아니다. 둘 다 인간들이 모여 있는 군집을 가리키지만 집단이 인간이 군집을 이루고 있는 상태를 말한다면, 조직은 어떤 목적을 위해 모여 있는 인간의 집단을 이야기한다. 즉, 목적의식적으로 집단을 이루는 것을 '조직'이라고 한다.

인간이 조직을 이루는 데에는 두 가지 중요한 이유가 있다. 첫 번째로 개인 혼자서는 어떠한 일도 이룰 수가 없기 때문이다. 두 번째는 인간은 집단 간

---

5) 사타이야 타이치, 김준호 역, 『조직의 성쇠』, 이목, 1992, 21쪽.

의 경쟁이라는 질서 속에서 살아가고 있기 때문이다. 인간 이외의 다른 생명체도 같은 이유들로 조직을 이루고 살고 있다. 조직에 대한 이러한 새로운 이해는 진화론을 새롭게 해석하는 토대가 되었는데, 이것을 이론화시킨 것 중 하나가 '전체다위니즘(Holistic Darwinism)'이라고 하는 새로운 학설이다. 현재 '전체다위니즘'은 진화론에서 패러다임 시프트(paradigm shift)를 주도하고 있는데 조직과 리더십을 이해하는 데도 매우 유용한 이론적 배경을 제공하고 있다.

3. 전체다위니즘(Holistic Darwinism)과 리더십

진화론에서 가장 중요한 학설은 '자연선택(Natural Selection)'이다. '자연선택'은 다윈(Darwin)이 처음 제기한 이론으로, 그가 주장한 진화론에서 가장 핵심이 되는 부분이다. 다윈은 자신의 저서 '종의 기원(The Origin of Species)'에서, 부모가 가지고 있는 형질(phenotype)이 다음 세대로 전해져 내려올 때, '자연선택'을 통해서 주위 환경에 보다 잘 적응하는 형질이 선택되어 살아남아 내려옴으로써 진화(evolution)가 일어난다고 주장하였다.

생물 개체는 같은 종이라도 각기 다른 환경에 적응하는 과정에서 여러 가지 변이(variation)가 나타나게 되는데, 이 변이 중에서 자신(개체)의 생존(survival)과 번식(reproduction)에 유리한 변이가 살아남아(선택되어서), 결국 다음 세대로 전해 내려간다는 것이다. 이때 주위 환경의 자원은 한정되어 있기 때문에, 생물은 살아남기 위해서 같은 종이나 다른 종의 개체와 불가피한 경쟁(competition)을 한다. 이것을 '생존경쟁(survival of fittest)'이라고 한다.[6]

---

6) 네이버 백과사전(http://100.naver.com/100.nhn?docid=131701).

다윈은 그의 다른 저서에서 '자연선택'이 개체에게만 제한되는 것이 아니라 집단에 적용될 수 있음을 암시하고 있으나,[7] 19세기 말 당시 학계를 주도하고 개인 이기심(individual self-interest)을 진보와 발전의 동력으로 본, 영·미의 학풍의 영향으로 다윈의 '자연선택론'은 개체(individual)에 국한되어 이해되었다. 즉, 진화는 개체(individual)를 통해 이루어진다는 것이 의문의 여지가 없는 정설이었다. 여기에 반기를 든 것은 1930~1940년대 시카고학파라고 불리는 학자들이었다.

1937년 시카고 대학 교수인 도브잔스키는 자신의 저서『유전학과 종의 기원』에서 모든 종은 항상 새로운 환경을 맞이하면서, 유전적 다양성이 집단 차원에서 보존된다고 주장하였다. 이와 같은 주장은 당시 풍미하고 있던 '개체선택론'에 도전하는 것으로 다윈을 재해석하는 이론적 기저가 되었다. 또 다른 시카고 대학 교수인 웨인 에드워즈는 생물학적 현상을 근거로 개체의 자기보존과 자손증식은 항상 집단의 존속을 위해서 이루어진다고 주장했다. 즉, 이들의 주장은 '자연선택'이 개체를 통해 이루어지는 것이 아니라, 집단을 통해 이루어진다는 것으로 이러한 주장을 '집단선택론(Group Selection Theory)'이라고 한다.

'개체선택론'자들이 생명체의 근본이며 바뀔 수 없는 속성을 이기심(self-interest)이라고 정의한 반면, 여기에 맞선 '집단선택론'자들은 생명체의 이타심(altruism)을 집단을 유지하는 근원적인 요인으로 보았다. '집단선택론'과 '개체선택론'의 대치선은 바로 생명체가 '이기적인 존재인가' 아니면 '이타적인 존재인가'에 있었다.

이 문제에 대해서 다윈의 견해가 어떠하였는지도 해석이 각자 틀리지만, '개체선택론'자들이 생명체를 근본적으로 이기적인 존재로 본 반면 '집단선

---

7) "All that we know about savages, or may infer from their traditions and old monuments, the history of which is quite forgotten by the present inhabitants, show that from the remotest times successful tribes have supplanted other tribes." - 미개인들의 전통과 유적물 그리고 현대인들이 잊고 있는 그들의 역사를 통해 우리가 알고 있는 미개인들의 모든 것은 성공적인 부족이 다른 부족을 찬탈하였다는 것이다. Darwin, C.R., *The Descent of Man, and Selection in Relation to Sex*(New York: A.L. Burt, 1874/1871), p. 147.

택론'자들은 생명체의 '사회성'을 강조하였다. 더 나아가 앞서 말한 바와 같이 '집단선택론'자들은 집단을 위해서 자신을 희생하거나 자신의 이익보다는, 집단의 이익을 우선시하는 이타심을 집단 유지의 근원적인 요소로 보았다. 즉, 이들은 생명체를 움직이는 것은 이기심이 아니라 이타심이라고 본 것이다.

이타심이 생명체의 기본적인 속성, 즉 본능이라는 '집단선택론'자들의 주장은 많은 생물학자들로부터 전면적인 비판과 공격을 받게 된다. 이들 생물학자들은 자신들의 과학적 이론과 여기에 부합하는 수많은 사례를 갖고 '집단선택론'을 공격하였다. 그렇기 때문에 다윈이 함의적으로 이야기한 것과 예외적으로 일어나는 사례에 자신들의 논리로 근거를 두었던, '집단선택론'자들은 이 논의에서 속수무책으로 밀릴 수밖에 없었으며 집단선택 이론은 급기야 붕괴되었다.

'집단선택론'이 붕괴되고 '개체선택론'이 주를 이루었으나 진화론에 대한 연구가 여러 각도에서 진척되고 생명체의 이타적인 행위에 대한 연구 보고가 누적되면서, '집단선택론'에 대한 관심과 연구는 1980년대부터 다시 재조명되기 시작하였다. 더욱 중요하게는 '집단선택론'과 '개체선택론'을 통합적으로 보려는 시도가 일어났다. 이러한 연구들의 산물로 나온 것이 바로 '전체다윈이즘(Holistic Darwinism)'이다.

'전체다윈이즘'에서 가장 독보적인 학자는 '전체다윈이즘'을 명명한 피터 코닝(Peter Corning)이다. 코닝은 진화(evolution)를 이끄는 가장 중요한 요인으로 '시너지(synergy)'를 지목하였는데 이 시너지는 상호공생(mutualism), 협동성(cooperativity), 공생(symbiosis), 윈-윈(win-win), 임계질량(critical mass) 등 다른 분야에서 다른 이름으로 불리고 있지만, 모든 과학 분야(all scientific discipline)를 관통하는 핵심적인 개념이다.[8]

코닝에 의하면 시너지란 개체 간의 협력적인 효과(cooperative effects)로

---

8) Peter Corning, *Nature's Magic: Synergy in Evolution and the Fate of Humankind* (Cambridge University Press, 2003), p. 5.

나타나는 기능적 에너지(functional energy)를 말한다. 코닝은 바로 이 기능적 에너지, 즉 시너지가 복잡성(complexity)을 띤 진화를 결정짓는 요인이라고 주장한다. 더 나아가 코닝은 진화를 '자연선택(natural selection)'의 결과가 아닌 '시너지적 선택(synergistic selection)'의 결과라고 역설한다.

코닝이 시너지 효과를 강조한다고 진화론의 창시자인 다윈의 '자연선택'을 부정하는 것은 아니다. 오히려 코닝의 '시너지적 선택'은 다윈의 '자연선택'에 경제적인 차원(dimension)을 추가함으로써, 다윈의 진화론을 더욱 구체화시키고 풍부하게 하고 있다. 여기서 코닝이 말하는 경제적인 차원이란 개체들이 생존을 위해 먹고 사는 모든 행위를 가리킨다.

모든 개체는 타 개체와의 경쟁에서 살아남기 위해서 그리고 궁극적으로 자신을 위해서(자신의 생존을 위해서=self interest), 같은 조직에 있는 다른 개체와 협력(cooperation)을 하여 그와 같은 경로로 이루어진 타 조직과 경쟁한다. 그렇기 때문에 코닝의 '시너지적 선택론'은 개체의 이기심을 중심으로 본 '개체선택론'과 개체의 이타심을 중심으로 본 '집단선택론'을 통합한 '전체다위니즘'이 된다. 그리고 다윈의 생물학적 접근방식에 경제적 차원(dimension)을 부가시킨 코닝과 같은 접근방식을 바이오이코노믹스(bioeconomics)라고도 한다.

코닝은 진화를 생태와 경제 과정(ecological and economic process)으로 보며 진화를 살아있는 조직(living system)과 유전자(gene)가 내제되어 있는 '생존기업(a surviving enterprise)'으로 설명하고 있다.[9] 이것을 풀이하여 보자면, 진화란 생존경쟁에서 이긴 조직의 단위로 이루어지며 조직의 경쟁력은 조직을 이루고 있는 개체들 간의 협력적 관계에서 나온다는 의미이다.

개체들의 다양한 협력적 관계를 통해 시너지가 나오는데 이 시너지가 바로 차별적인(differential) 자연선택(natural selection)을 이끄는 원인이

---

9) Peter Corning, ibid., p. 113.

된다. 조직(whole)에서 시너지를 만들어내는 부분들(parts)은 상호의존적인 단위로서 조직의 진화—즉 다른 조직과의 경쟁에서의 승리—를 이끌어낸다.

개체 간의 협력이 이루어지는 것은 협력 관계를 통해 나타나는 시너지적 효과에서 각자가 얻을 수 있는 보상(payoffs)이 있기 때문이다. 시너지는 전체, 즉 조직 차원에서 이루어지는데, 부분의 생존과 재생산을 차별적으로 지원하는 기능적 이익(functional benefit)을 부분들에게 제공한다. 그리고 부분의 생존과 재생산은 전체조직의 경쟁력을 향상시킨다.

'전체다위니즘'에서 전체와 부분과의 관계는 매우 애매모호하게 보인다. 무엇이 부분이고 무엇이 전체인가의 구분이 때로는 불분명하다. 코닝의 조직에 대한 이해방식은 아리스토텔레스가 말한 "전체는 부분들의 합보다 크다(The whole is something over and above its parts, and not just the sum of them all)."에 근거하고 있다.

이것은 조직을 정적(static)으로 보기보다는 동적(dynamic)으로 보는 시각이며 더욱 중요하게는 조직을 구성원의 수학적인 합(sum), 즉 존재적인 합으로 보기보다는 유기적인 관계로 보는 시각이다. 유기적인 관계는 개체와 개체 간뿐 아니라 전체와 부분(개체) 간에도 일어나는 상호작용 속에서의 상호되먹임(feedback loop)[10]을 바탕으로 이루어진다.

부분과 부분 그리고 부분과 전체가 상호되먹임으로 작용할 때 결과는 비결정적으로 나타난다. 이것을 수학에서는 '비선형(非線型)'[11]이라 하는데 상호

---

10) 동역학의 비선형적인 특징 중 하나이다. 어떤 입력(input)으로부터 나온 출력(output)이 다시 입력으로 들어가는 것을 의미한다(윤영수 · 채승병, 『복잡계 개론』, 2004, 538쪽).

11) 선형은 모든 수식이 더하기로 연결되어 있는 수식이며, 비선형은 곱하기가 추가된 함수의 형태이다. 간단한 예를 들어보자. $F(Y)=X_n+1$은 선형 함수이다. 만약 $X_n = (1, 2, 3, 4, 5\cdots\cdots)$이고 이것을 선형 함수에 넣어서 $F(x)$의 값의 변화를 보면,

$F(Y) = 1+1 = 2$, $n=1$

$F(Y) = 2+1 = 3$, $n=2$

$F(Y) = 3+1 = 4$, $n=3$

$F(Y) = 4+1 = 5$, $n=4$

와 같이 $F(y)$ 값은 1을 더한 만큼 커지며 예측 가능하다. 즉, 선형적이다.

그런데 $F(y) = X^2_n + 1$ 이고 $X_n = (1, 2, 3, 4, 5\cdots\cdots)$일 경우,

되먹임은 이러한 비선형성을 낳는다. 비선형은 선형과 대칭되는 개념인데 선형이란 두 양 사이의 정비례 관계에 기초하여, 그래프에서 직선으로 나타낼 수 있는 모든 종류의 거동을 나타내는 수학용어를 가리킨다. 선형적 계의 작용은 계(군집)를 이루고 있는 각 부분들의 거동의 합으로 나타낼 수 있지만, 비선형적 계의 거동은 이러한 합 이상의 것이다. 즉, 부분의 합은 전체보다 크게 되는 것이다.

선형계와 비선형계의 차이는 보통 가정에서 사용하는 히터(heater)와 가공할 만한 위력을 가진 원자폭탄(atomic bomb)을 비교하여 보면 쉽게 설명된다. 히터 두 개를 사용하면 두 배의 열을 얻을 수 있고, 세 개를 사용하면 세 배의 열을 얻을 수 있다. 이와 같은 양상은 열의 양과 히터 사이의 선형적 관계를 나타내 준다. 그러나 원자폭탄의 경우 연쇄반응을 일으키고 이것이 다시 열 발생을 증폭시킴으로써 더욱 폭발적인 연쇄반응을 유도한다. 이것을 '양(陽)의 되먹임(positive feedback)'[12]이라 하는데 전형적인 비선형성과 시너지 효과를 보여주고 있다.

생존경쟁이라는 질서 속에서 부분들(parts), 즉 개체들은 군집을 이루는데 각각의 개체는 자신들의 이익(self-interest)을 위해 다른 개체와 협력적 관

$F(y) = 1+1 = 2,$ $n=1$
$F(y) = 4+1 = 5,$ $n=2$
$F(y) = 9+1 = 10,$ $n=3$
$F(y) = 16+1 = 17,$ $n=4$

여기서 $F(y)$의 값은 1을 더한 만큼 변하지 않으며 변화에는 규칙이 없다. 즉, 비선형적이다. 위의 선형과 비선형의 방정식을 그래프로 그리면 선형은 1씩 증가하는 직석인 반면 비선형 함수는 포물선을 그리게 된다. 또 선형과 비선형에는 또 다른 흥미 있는 차이점이 있다. 선형식의 장점은 값의 수렴이다. 가령 1+1=2인데, 1과 2는 큰 차이가 난다. 하지만 100만+1=100만 1로 100만과 100만 1은 큰 차이가 나지 않게 된다. 즉, 작은 값들이 큰 값에 묻혀서 사라지는 상황이 나오지만 비선형 방정식의 경우는 오히려 값의 격차가 커지는 경우도 많다. $1^2=1$, $(1+1)^2=4$; $1,000^2=1,000,000$, $(1,000+1)^2=1,002,001$이다. 선형 수식에서는 여전히 x가 1이 변할 때 y의 값에 상관없이 1의 차이가 나지만 이차함수에서는 x가 1일 때 1이 변하면 y는 3이 변하고, x가 1,000일 때는 x가 1이 변할 때 y가 2,001이나 변하게 된다. 그러므로 비선형 수식인 경우 결과 값을 예상하기 힘들게 된다.

12) 결과가 원인을 더 키우는 이러한 되먹임을 '양의 되먹임'이라고 한다. 양의 되먹임은 보통 시스템을 어느 한쪽 방향으로 치우치게 만든다. 반대의 현상인 '음의 되먹임'은 시스템을 안정된 상태에, 즉 정상 상태에 있게 한다. 음의 되먹임에서 결과는 원인을 줄이는 방향으로 작용하므로 요동이 사그라진다(윤영수·채승병, 위의 책, 18쪽).

계를 이룬다. 이때 군집은 그냥 개체들이 모인 단순한 집단이 아니라 목적을 가진 조직이 된다. 다른 말로 표현하자면 집단 안에서 각각의 개체들은 '공동운명체'가 되고 조직으로 거듭나는 것이다.

조직 속에서 개체 간의 협력은 시너지를 일으키는 요인이 된다. 그런데 시너지는 같은 조직에 있는 개체들 간의 상호작용(협력)을 바탕으로 하고 있으며 조직차원, 즉 전체차원에서 일어난다. 여기서 시너지는 타 조직과의 '경쟁(competition)'이라는 정황(context)에서 일차적으로 이해되어야 한다. 즉, 시너지란 타 조직들과의 경쟁에서 자기조직의 경쟁력제고를 말하는 것이다. 그렇기 때문에 시너지가 조직차원에서 일어나게 되는 것이다.

전체차원에서 생성된 시너지는 부분들에게 기능적 이익을 제공하게 되는데, 이 기능적 이익은 부분들에게 차별적으로 적용되어 특정부분들의 생존과 재생산을 돕는다. 이것은 부분과 전체의 반복적인(recursive) 상호되먹임 과정 속에서, 즉 재귀성(再歸性)[13]에 의해 결정된다.

시너지가 특정부분들에게 차별적으로 적용되는 이유는 "조직 전체의 경쟁력에 도움이 되는 특정부분의 생존과 재생산을 유도함으로써 전체의 경쟁력을 높여, 전체 조직차원의 생존경쟁에서 우위를 차지하기 위해서"라고 이해될 수 있다. 조직의 경쟁력은 조직원들 간의 협동과 협력이 활발히 이루어지면서 높아진다. 조직의 경쟁력이 높아진다는 것은, 결국 조직 구성원들이 한목적을 위해 '일치단결'하는 정도(degree)에 비례한다. 이렇듯 '전체다위니즘'은 조직과 리더십을 새롭게 이해하는 데 이론적 배경을 제공하고 있다. '전체다위니즘'에서 제시되는 조직 이해에 핵심이 되는 포인트는 다음 세 가지로 정리될 수 있다.

첫째, 조직은 '경쟁(competition)'이라는 정황(context)에서 이해되어야 한다는 점이다. 즉, 개인들은 세상을 지배하는 생존경쟁의 질서에서 자신의

---

13) 재귀성은 개체 간의 서로 관계 맺는 행위를 말하는데, 개념을 더욱 확장하면 사람 사이의 만남, 변수들의 연동, 개체 간의 공진화(co-evolution) 등을 모두 통칭해서 재귀성이라고 부른다. 즉, 개체 간의 관계, 그것의 통칭이 재귀성이다.

생명을 유지하고, 또 살아남기 위해 집단(조직)을 이루며, 조직 안의 구성원들은 공동운명체로서 공통적인 목적을 갖는다.

둘째, 조직은 단지 사람들이 모인 집단을 가리키는 것이 아닌 공동의 목적을 가진 구성원들 관계의 총화(總和)라는 점이다. 그러므로 인간조직은 환원주의(reductionism)[14]적으로 조직에서 한 부분(한 구성원)을 분리하여 분석해서 이해될 수 없고, 구성원들 간에 일어나는 끊임없는 상호작용과 부분과 전체의 반복적인 상호되먹임에 의하여 결정되는 전체론(全體論, holism)적 사고방식인 '복잡계'[15]로 이해되어야 한다.

셋째, 조직의 생존은 경쟁관계에 놓여 있는 타 조직과 비교하여 그 조직이 갖고 있는 경쟁력에 의해 좌우된다는 점이다. 여기서 경쟁력이란 이기심(self-interest)을 갖고 있는 구성원들이 자신의 생존을 위해서 같은 조직에 있는 타

---

14) 철학에서 어떤 실체가 더 간단하거나 기본적인 실재들의 결합 또는 집합이나 더 기본적인 실재를 가리키는 표현으로 정의할 수 있다고 주장하는 견해이다. 물체는 원자들의 집합이고 사상은 감각인상들의 결합이라는 관념은 환원주의의 한 형태이다. 20세기 철학에서는 일반적인 형태의 두 가지 환원주의가 주장되었다. 첫째, 논리실증주의자들은 존재하는 사물이나 사태를 가리키는 표현이 직접적으로 관찰할 수 있는 대상이나 감각자료로 정의할 수 있고, 따라서 사실에 대한 어떤 진술도 경험적으로 증명할 수 있는 일련의 진술과 동치라고 주장했다. 특히 과학의 이론적 실체는 관찰 가능한 물리적인 것으로 정의할 수 있으며, 과학법칙은 관찰보고들의 결합과 동치라고 주장했다. 둘째, 과학의 통일을 주장하는 사람들은 생물학이나 심리학 같은 특정 과학의 이론적 실체는 물리학 같은 더 기본적인 특정 과학의 실체들로 정의할 수 있거나, 그 과학들의 법칙을 더 기본적인 과학의 법칙으로 설명할 수 있다고 주장했다. 여러 과학의 이론적 실체를 관찰 가능한 것으로 정의할 수 있다는 점이 모든 과학법칙의 공통 기초를 이루는 한 논리실증주의의 환원주의도 과학의 통일을 함축한다. 이러한 환원주의는 과학에서 이론명제와 관찰명제를 만족스럽게 구별하기 힘들기 때문에 널리 받아들여지지 않고 있지만, 한 과학이 다른 과학으로 환원될 수 있는가 하는 문제는 여전히 논란거리이다(다음 백과사전: http://enc.daum.net/dic100/contents.do?query1=b25h2534a).

15) 캘리포니아 공과대학의 Murray Gell-Mann 교수는 "복잡계는 그 특징이 구성 요소들을 이해하는 것만으로는 완벽히 설명이 되지 않는 시스템이다. 복잡계는 상호작용을 하며 얽혀있는 많은 부분, 개체, 행위자들로 구성되어 있다."라고 말했으며, 산타페연구소의 W. Brian Arthur 교수는 "복잡계란 무수한 요소가 상호 간섭해서 어떤 패턴을 형성하거나, 예상외의 성질을 나타내거나, 각 패턴이 각 요소 자체에 되먹임되는 시스템이다."라고 정의했다. 예일대학의 Jerome L. Singer 교수는 "복잡계란 상호작용하는 수많은 행위자를 가지고 있어 그들의 행동을 종합적으로 이해해야만 하는 시스템이다. 이러한 종합적인 행동은 비선형적이어서 개별요소들의 행동을 단순히 합하여서는 유도해낼 수 없다."라고 말했다. 이와 같이 복잡계의 개념과 이론은 자연과학과 사회과학의 다양한 분야에서 함께 발전하였기 때문에 일률적으로 통일된 정의는 없다. 그러나 복잡계 특징은 일반적으로 다음의 다섯 가지로 정리될 수 있다. 첫째, 복잡계는 상호작용 하는 많은 구성요소를 가지고 있다. 둘째, 복잡계 구성요소들의 상호작용은 흔히 비선형적이다. 셋째, 복잡계 구성요소들의 상호작용은 흔히 되먹임 고리(feedback loop)를 형성한다. 넷째, 복잡계는 열린 시스템(open system)이며 그 경계는 불분명하다. 다섯째, 복잡계의 구성요소는 또 다른 복잡계이며 종종 끊임없이 적응해 나간다(윤영수·채승병, 위의 책, 57~67쪽).

구성원들과 협동과 협조 관계를 이루는 것을 말하는데, 가장 높은 단계의 경쟁력은 지도자를 정점으로 이루어지는 구성원들의 '일치단결'에서 나온다.

4. 복잡계와 리더십

한 조직의 경쟁력은 그 조직의 구성원들 간에 이루어지는 협력관계에서 나오는 시너지에 기초하고 있다. 그리고 리더십은 "조직에서 구성원들 간의 상호작용 속에서 이들이 하나로 묶여져 '일치단결'의 힘이 나오는 과정"이라고 정의할 수 있다. 그러면 조직에서 리더의 역할은 무엇일까?

인간 세상에는 수많은 조직이 있다. 국가단위의 거대한 조직도 있고 조기축구회 같은 소규모 조직도 있다. 조직이 크거나 작거나 중요한 공통점이 있다. 그것은 바로 조직에는 조직을 이루는 구성원과 리더가 있다는 점이다. 물론 리더도 구성원 중 하나이다. 그러나 리더는 조직을 이끌고 지도한다는 점에서, 조직 내의 어느 누구보다도 중요한 위치와 위상을 갖는다. 지난 2002년 월드컵에서 한국축구가 4강이라는 기적 같은 성과를 이룰 수 있었던 것에는 다양한 이유가 있었겠지만, '거스 히딩크 감독의 리더십 아래 선수들이 일치단결할 수 있었기 때문'이라는 것은 그 누구도 부정할 수 없는 사실이다. 뛰어난 조직에는 항상 걸출한 리더가 있다.

걸출한 리더란 타 조직에 비해 자신이 지도하는 조직을 경쟁력 있고 탁월하게 만드는 것이다. 그렇다면 경쟁력 있고 탁월한 조직이란 어떤 조직을 말하는 것일까? 인간으로 이루어진 조직은 흥미롭게도 아무리 최고의 기량을 갖고 있는 사람들을 모아놓고 드림팀(dream team)을 구성한다 하여도, 그것이 곧 타 조직에 비해 경쟁력 있고 탁월한 조직이 자연적으로 되는 것은 아니다. 능력이 뛰어난 인재들을 모아 조직을 구성한다 하여도, 조직의 각 구성원들이 서로 딴 생각을 한다거나 인간적인 유대감이 이루어지지 못하고 서로 질시하고 반목한다면, 이러한 조직은 타 조직에 비해 결코 경쟁력 있는 조직이 될 수 없다.

조직은 인간관계의 총화이다. 인간관계는 결코 수학에서 일 더하기 일이 이가(1+1=2)가 되듯이 수가 늘어감에 따라서 기계적으로 체증되는 것이 아니다. 인간관계에서 일 더하기 일은 이(2)이지만 삼(3) 또는 그 이상이 될 수 있어 비선형적이다. 그러나 경우에 따라서는 마이너스 이(−2)가 될 수도 있다. 인간관계가 조직이란 틀에서 작용할 때는(앞서 '전체다위니즘'에서 살펴보았듯이) 시너지 효과(synergy effect)에 따라 둘이 합쳐 두 사람 이상의 효과를 낼 수도 있고, 서로 잘 맞지 않아 협조와 보완이 이루어지지 않는다면 둘이 합쳐 일하기 전보다 훨씬 저조한 효과를 낼 수 있기 때문이다.

타 조직에 비해서 시너지를 극대화할 수 있는 조직이 바로 경쟁력 있고 강한 조직이라 할 수 있다. 리더는 조직 내에 있는 개성과 특징이 각기 다른 조직원을 하나로 묶어 내어 조직원들이 서로의 장점을 극대화하고, 단점을 보완하면서 협력하여 시너지를 낼 수 있도록 지도하며 이끄는 역할을 맡고 있는 사람이라 할 수 있다. 결국 조직에서 리더의 궁극적인 역할은 조직구성원들을 하나의 일치된 힘으로 묶어 시너지 효과를 극대화하는 것이다.

그러면 조직에서 일치단결을 만들어가는 리더십은 구체적으로 무엇을 의미하고 어떤 리더십을 말하는가? 복잡계를 설명해 주는 현상과 이를 뒷받침해 주는 이론들에서 우리는 이러한 리더십의 형태를 찾을 수 있다. 복잡계(Complex System)는 수많은 구성 요소들의 상호작용(interaction)을 통해 구성 요소 하나하나의 특성과는 다른 새로운 현상과 질서가 나타나는 시스템을 말한다. 우리 주변에는 복잡계를 설명해 주는 많은 사례가 있다. 몇 가지 예를 들어 보자.

첫째로, 드넓은 초원지대에서 가끔 출몰하는 '메뚜기 떼' 현상으로부터 복잡계의 모습을 엿볼 수 있다. 어느 특정한 장소에 메뚜기가 한두 마리씩 보이기 시작하다 군집을 이루는데, 서로 간에 밀도가 높아지면서 어느 순간부터 강하게 상호작용하기 시작한다. 그리고 하나의 거대한 조직이 되어 한몸처럼 움직이는데 이때 '메뚜기 떼'는 그 누구도 막을 수 없는 괴력을 낸다. 그리고 이 '메뚜기 떼'가 휩쓸고 간 초원과 밭은 초토화된다.

둘째로, 물질의 상전이(phase-transition) 현상 또한 복잡계를 잘 설명해 준다. H_2O(물)는 섭씨 100도 이하와 섭씨 0도 이상의 온도에서 액체의 상태를 유지한다. 섭씨 100도 이상의 기온에서 H_2O는 수증기 형태를 나타내 하늘 위로 날아가 버리고 하나로 모으기가 어려워진다. 즉, 무질서 상태가 되어 버린다.

온도가 높을수록 H_2O는 질서보다는 무질서의 형태를 띠며 온도가 낮을수록 H_2O는 유지되지만 형태가 유동적이며 다른 물질과도 섞여 물이란 정체성(identity)을 잃기도 한다. 그러나 기온이 섭씨 0도 이하일 때 물 분자는 돌연히 완벽한 질서를 보이는 얼음 수정체(ice crystal)를 형성하며 상전이한다.

강자성 금속(ferromagnetic metal)이 자석이 되는 상전이 현상도 물과 유사하다. 강자성 금속의 원자(atom)들은 상대적으로 높은 온도에서 각자 다른 방향으로 자전(自轉)하는데, 온도가 큐리포인트(Curie Point)라는 임계온도(critical temperature)로 내려갔을 때, 모든 원자의 자전은 한 방향으로 모아지며 자석(magnet)이 된다. 즉, 어느 특정, 일정 임계온도로 내려갔을 때 강자성 금속의 원자들은 한 방향으로 통일적으로 운동하며 질서를 이루고 강력한 자석으로 상전이하는 것이다.[16]

최근 관심이 집중되고 있는 '초유체(superfluid)'도 상전이 현상의 일종이다. 초유체란 점성(viscosity)이 없어진 액체를 일컫는데, 이러한 유체는 컵과 같은 용기에 담겨져 있어도 스스로 컵을 빠져 나올 수 있다. 초유체는 저온에서 관측되는 일종의 거시적인 양자 현상[17]이며 '보스-아인슈타인 응축(Bose-Einstein Condensate) 현상'[18]의 일종이다.

16) Barabasi Albert-Laszlo, *Linked*(Plum, 2003), pp. 73~74.
17) 어떤 물리량이 연속 값을 취하지 않고 어떤 단위량의 정수배로 나타나는 비연속 값을 취하는 현상을 말한다.

'보스-아인슈타인 응축현상'은 1925년 알베르트 아인슈타인과 인도의 물리학자 사첸드라 내스 보스에 의해 처음 예견된 것인데, 중요한 점은 분자를 절대온도단위[19]로 냉각시켜 임계점에 이르면, 원자들의 움직임이 극도로 제한되고 간격도 가까워지기 때문에 수많은 원자들이 하나의 덩어리처럼 통일적으로 행동한다는 것이다.

상전이 현상에서 공통적으로 일어나는 현상은 물질(조직)을 이루고 있는 원자(구성원)들이 어느 임계점을 지나 무질서에서 질서로 넘어가며 통일적으로 움직인다는 점이다. 무질서와 질서의 차이점은 무질서 상태에서 물질의 원자들은 각자 제멋대로 행동하지만, 질서 속에서 원자들은 통일적으로 행동한다는 점이다.

복잡계 이론의 거두라고 할 수 있는 프리고진은 상전이에서 나타나는 무질서에서 질서로 넘어가는 과정을 '소산구조(消散構造-dissipative structure)'및 '자기조직화(self-organization)'로 설명하였다. '소산구조'를 설명하는 이론에서는 환경과 물질 에너지를 주고받는 '열린계(open system)'가 어떻게 작동하는가를 다루고 있는데 열린계의 비근한 예로 동물을 들 수 있다. 동물은 음식과 산소를 취해 에너지를 외부에서 취하기 때문에 '열린계'이다. 또 동물은 부산물을 내보냄으로써 일시적이지만, 매우 안정된 질서구조, 즉 '소산구조'를 만들어 낸다. 동물이 음식과 산소를 외부에서 취할 수 있는 것은 동물의 상태가 평형(equilibrium)이 아니라 비평형(disequilibrium) 상태이기 때문에 가능하다. 그런데 이런 비평형계에서는 생물학적 그리고 진화적 특성의 원인이 되는 불안정성(instability)과 요동(fluctuation)이 나타난다.

---

18) '보스응축'이라고도 한다. 보스-아인슈타인통계에 따르는(스핀 0인) 입자계에서 낱낱의 에너지준위를 차지하는 입자 수는 고온에서는 전입자 수 N에 비해 극히 적으나, 어떤 온도까지 내려가면 하나의 준위를 차지하는 입자 수가 N과 같은 정도로 된다. 이 경우를 포함하여 일반적으로 1입자의 밀도행렬(密度行列)의 한 고유값이 N과 같은 정도의 크기로 되는 것을 '보스-아인슈타인응축'이라 한다. 이 현상은 처음 아인슈타인에 의해 주목되고, 후에 F.런던에 의해 액체헬륨 II의 특이한 성질을 설명하는 것으로 생각되기에 이르렀다. 즉, 액체헬륨의 전이(轉移)는 보스-아인슈타인응축이며, 최저의 에너지준위를 차지하고 있는 입자가 초유동(超流動)을 나타내고 있는 것이라 할 수 있다(네이버 백과사전: http://100.naver.com/100.nhn?docid=76268).
19) 절대온도단위는 분자마다 다르나 헬륨(helium)의 경우 섭씨 273(-273℃)이다.

프리고진은 이러한 열린 비평형계가 매우 작은 요동(fluctuation)의 결과로 무질서한 환경 속에서 에너지를 취하고, 거시적으로 안정한 새로운 구조의 생성을 통해 엔트로피(entropy)[20]를 감소시킬 수 있음을 밝혀냈다.[21] 이렇게 생성된 새로운 구조를 '소산구조'라고 한다. 이러한 질서구조는 자발적으로 나타나며 이를 '자기조직화'라고 한다. '소산구조'와 '자기조직화'가 바로 혼돈(chaos)으로부터 질서를 가져다주는 기제(mechanism)이며, 생명현상을 풀어가는 실마리가 될 수 있는 현상이다.[22]

상전이 현상은 열역학적으로 물질의 서로 다른 상 간의 전환을 의미하는데, 이것은 마치 등산가가 산등성이에 서서 어느 쪽 경사면으로 산을 내려갈지 선택하는 것과 같다. 따라서 어떤 쪽으로 내려갈지 결정하지 않은 상황에서 시스템은 빈번하게 왔다 갔다 하는데, 이런 현상은 임계점 근처에서 더욱 증가한다.

임계점 근처에서는 하나의 물질 안에 질서와 무질서가 동시에 존재하고 양쪽을 모두 탐색하고 있다는 신호를 보낸다. 그리고 안정적인 '소산구조'로 나아갈 때 원자(구성원)들은 하나의 덩어리와 같이 행동하면서(마치 일치단결을 이룬 것과 마찬가지로), 질서를 만들어 내며 초유체(superfluid)와 같은 새로운 특질(peculiarity)을 가진 체계로 바뀐다.

---

20) 물질계의 열적 상태를 나타내는 물리량의 하나이다. 자연현상은 언제나 물질계의 엔트로피가 증가하는 방향으로 일어나는데, 이를 '엔트로피 증가의 법칙'이라고 한다. 우주 전체의 엔트로피가 증가하는 자연현상은 일어날 수 없다. 1865년 R.E.클라우지우스가 변화를 뜻하는 그리스어 'ρομη'에서 이 물리량을 엔트로피라 불렀다. 이론적으로는 물질계가 흡수하는 열량 dQ와 절대온도 T와의 비 dS=dQ/T로 정의한다. 여기서 dS는 물질계가 열을 흡수하는 동안의 엔트로피 변화량이다. 열기관의 효율을 이론적으로 계산하는 이상기관의 경우는 모든 과정이 가역 과정이므로 엔트로피가 일정하게 유지된다. 일반적으로 현상이 비가역 과정인 자연적 과정을 따르는 경우에는 이 양이 증가하고, 자연적 과정에 역행하는 경우에는 감소하는 성질이 있다. 그러므로 자연 현상의 변화가 자연적 방향을 따라 발생하는가를 나타내는 척도라고 볼 수 있다(네이버 백과사전: http://100.naver.com /100.nhn?docid=111426).

21) 프리고진이 예를 든 것은 여러 가지가 있으나 대표적인 것은 베나르 대류(The Bernard Convection)라는 유체역학적 현상이다. 밑바닥이 평평하고 커다란 냄비를 밑에서 가열하면 평균 상태에서부터 요동에 의해서 발생하는 작은 대류의 흐름이 나타난다. 그러나 온도 구배가 어떤 임계값보다 작으면 이 요동은 점차 줄어들어 사라지고, 임계값보다 큰 온도 구배에서는 요동이 점점 커져서 거시적 흐름으로 변화한다. 즉, 외계와의 에너지 교환으로 안정되어지는 거대한 요동에 해당하는 새로운 분자적 질서가 나타난다. 이때 대류 현상을 거시적으로 보면 규칙적인 육각형 세포가 나타난다. 이것을 베나르 세포라고 하는데 베나르의 불안정성은 자발적인 자생적 조직화 현상을 나타내는 정상 상태의 불안정성에 관한 예로서 소산구조의 일종이다.

22) 프리고진은 비평형 열역학, 특히 소산구조 이론에 대한 연구업적으로 1977년 노벨 화학상을 수상했다.

복잡계 이론에서는 이와 같이 전체성에서 새로운 특징이 생성되는 것을 '출현(emergence)'이라고 한다. 과학자들(특히 물리학자들)은 이 '출현'에 어떤 일관된 법칙이 존재할 것이라고 보았는데, 이들은 실제로 실험을 통해 상전이 과정에서 임계점에 가까워 오면, 원자들(구성원들)이 어떠한 일정한 법칙을 따르는 것을 밝혀냈다.

물리학자들에 의해 수집된 증거들에 따르면, 임계점 근처에서 개체들의 분포(distribution)가 '멱 법칙(Power Law)' [23]에 이를 때 시스템은 하나의 개체처럼 행동한다. 예를 들면, 원자들이 서로 신호를 주고받는 거리를 의미하는 상관길이(correlation length)는 클러스터의 대략적인 크기를 재는 척도로 흔히 사용되는데, 임계점에 가까워질수록 이 상관길이는 고유한 임계지수(critical exponent) 값을 가진 '멱 법칙'에 따라 증가한다.

임계점 근처의 온도에서 자력의 크기는 같은 방향을 향하고 있는 스핀의 비율에 의해 결정되는데, 이것 역시 고유의 임계지수를 갖는 '멱 법칙' [24]에 따른다. 보통의 시스템들(조직들)에서 모든 구성원들은 종형(bell) 곡선을 따르며, 상관관계들(correlations)은 지수법칙(指數法則, law of exponent)[25]에 따라 급격하게 감소한다. 그러나 시스템이 상전이를 겪고 있을 때 이 모든 것은 달라진다.

이때에는 '멱 법칙(혼돈이 가고 질서가 오고 있다는 자연의 확실한 신호)'이 등장한다. 복잡계 이론에서 상전이 현상은 무질서에서 질서 상태로 가는 길이 '자기조직화'라는 강력한 힘에 의해 유지되며, '멱 법칙'에 의해 그 길

---

23) 거듭제곱법칙이라고도 한다. x, y의 도양이 y=ax-k의 관계로 주어지면 멱 법칙의 관계라고 한다. 이때 k를 거듭제곱지수라 한다. 거듭제곱지수의 지수가 작을수록 그래프의 치마 부분이 넓어진다(윤영수·채승병, 앞의 책, 543쪽).

24) 파레토법칙(80/20)은 19세기 말 파레토는 일부 자연과 경제 영역에서 양적 개념은 종형 곡선을 따르지 않고 멱 법칙에 따른다는 것을 밝혀내었다. 그중 가장 유명한 것은 소득의 분포가 멱 법칙을 따른다는 것인데 이것은 전체 돈의 약 80%는 인구의 20%에 해당하는 사람들이 벌어간다는 것을 시사한다. 물리학자나 수학자들이 멱 함수라고 이야기하는 것은 일반 비즈니스 문헌에서 이야기하는 80/20법칙의 또 다른 용어이다. 즉, 멱 함수는 80/20을 수학적 용어로 공식화한 것이다.

25) 같은 문자 또는 수의 거듭제곱의 곱셈·나눗셈을 지수의 덧셈·뺄셈으로 계산할 수 있는 법칙이다. 곱셈에서는, 이를테면 a3×a2=a·a·a×a·a=a·a·a·a·a=a5, 즉 a3×a2=a3+2=a5가 된다(네이버 백과사전: http://100.naver.com/100.nhn?docid=142683).

이 닦여진다는 것을 이야기해 주고 있다. 이것은 '멱 법칙'이라는 것이 단지 시스템의 움직임을 특징짓는 또 하나의 법칙이 아니라, 복잡한 시스템에서의 '자기조직화'의 공공연한 표식임을 의미한다.

조직을 구성하고 있는 구성원들이 지도자를 중심으로 '일치단결'하여 하나의 통합된 힘을 만들어 경쟁력을 높이는 것 역시 '멱 법칙'을 따르는 전형적인 모습이라고 할 수 있다. 즉, 구성원들이 일정한 체계 없이 또는 통일되어 있지 않은 다수의 체계 속에서―혼전되어 있는 무질서 상태에서―질서가 있는 상태로 넘어갈 때는 '멱 법칙'에 따라 구성원들이 어느 특정한(유일한) 체제로 '통합·단결'되는 것이다. 이러한 리더십의 양태가 바로 '유일체제 리더십'이다.

구성원들이 한 방향으로 통합되어 있다는 측면에서 유일체제와 독재체제를 혼동할 수 있으나 유일체제와 독재체제는 상반되는 개념이다. 유일체제는 리더와 구성원(추종자)들 간의 유기적인 관계를 바탕으로 하고 있다. 유일체제에서 조직은 리더와 구성원의 유기적인 관계에서 형성되며 조직 안에서 리더와 구성원들은 하나의 유기체이다. 그러므로 조직은 리더와 구성원의 양방향 커뮤니케이션(two-way communication)과 상호작용(interaction) 속에서의 반복적인 상호되먹임(recursive feedback loop)을 바탕으로 유지되며 진화·발전한다.

반면 독재체제에서는 조직이 어느 한 특정한 독재자를 위해 존재하며 구성원은 철저히 대상화되어 수동적이 되며 독재자가 추구하는 목적의 도구로 전락한다. 유일체제가 지도자와 조직의 구성원이 유기적으로 연결되어 일원화된 구조라고 한다면, 독재체제는 독재자와 구성원의 유기적인 연결 없이 계층적(hierarchical)으로 나누어져 있는 이원화 구조라고 할 수 있다.

다시 돌아와 앞서 살펴보았듯이 무질서와 질서의 전이점(transition point)에 있을 때, 시스템은 이 두 개의 상(像) 중 어떤 쪽을 취할지를 선택하기 위해 균형을 잡는다. 어떤 쪽으로 갈지 결정되지 않는 상태에서는 시스템이 빈번하게 왔다 갔다 하는데, 이러한 동요(또는 요동)는 임계점 근처에서 더욱 증가한다. 그리고 임계점을 지나면서 '멱 법칙'에 의하여 '자기조직화'를 만들며 '소산구조', 즉 질서를 이룬다.

여기서 '자기조직화'란 분자(시스템)를 이루고 있는 원자(요소 또는 구성원)들이 임계점에 도달하였을 때, 어떤 중개나 조정(intermediation or coordination)없이 스스로 조직화, 즉 질서를 갖고 통일적으로 행동한다는 것인데 문제는 '자기조직화'가 인간으로 이루어진 조직에 그대로 적용되는가이다.

인간의 역사를 총체적으로 그리고 우리 주변을 살펴보았을 때 우리는 인간 집단이 스스로 조직화되지 않는다는 점을 잘 알 수 있다. 인간 집단은 수위 환경 변화에 따라 자동적으로 조직화되지 않는다. 만약 인간 집단이 스스로 조직화된다면 수많은 리더십의 이론들과 조직론은 설 자리가 없을 것이다. 또 삼성과 같은 기업이 '어떻게 타 경쟁사보다 월등한 경쟁력을 갖게 되었는가?'에 대한 연구도 필요 없을 것이다.

5. 유일체제 리더십에서 리더의 세 가지 역할

'자기조직화'가 생리적으로 제도화되어 있으며, 하나의 일치단결된 힘과 시너지(synergy)가 가장 이상적으로 구현된 조직은 아마 개미조직일 것이다. 개미 사회는 철저히 조직화되어 있다. 개미 단독으로 생존한다는 것은 상상할 수 없는 일이다. 개미 한 마리를 놓고 볼 때 개미는 결코 경쟁력 있는 존재가 아니다. 곤충세계에서도 가장 열악한 존재일지 모른다. 그러나 개미는 조직으로서 지구상의 어떤 조직과 집단보다 경쟁력 있다고 할 수 있다.

개미는 이미 공룡시대에서부터 존재하고 있었고 앞으로도 아마 인류가 멸망한다하여도 계속 생존할 것이다. 개미조직의 단순하지만 가장 큰 경쟁력은 조직을 구성하고 있는 수많은 모든 개미가 마치 하나의 유기체 같이 행동한다는 점이다. 일개미는 열심히 먹이를 찾아 구해 오는 역할을 하고, 병정 개미는 자신들의 삶의 터전인 개미굴을 지키는 일에 목숨을 바치고, 또 여왕 개미는 알을 낳아 다음 세대를 준비하는 역할에 최선을 다한다. 완벽에 가까운 이러한 일의 분배(division of labor)와 역할 분담으로 조직에서 모든 개미들은 각자 자신이 맡은 일과 임무를 하면서 마치 한몸과 같이 움직인다. 개미의 이러한 조직화는 이미 개미 유전자(DNA)에 있다. 그러므로 개미집단에서 리더십이란 별로 중요하지가 않다.

그러나 아직 인간 집단의 조직화가 개미와 같이 저절로 이루어지지 않고 집단, 구성원 간의 상호관계를 통해 이루어지고 있기 때문에, 리더십은 인간 집단에게는 매우 중요하며 자연적이기보다는 목적의식적으로 만들어진다. 유일체제 리더십은 리더와 구성원 간의 유기적인 관계를 바탕으로 이루어지는데, 리더십이 성립되는 데 있어 리더의 역할은 결정적이라고 할 수 있다. 리더의 역할은 미시적으로 보았을 때 무수히 많고 상황에 따라 다르다고 할 수 있으나, 거시적으로 보았을 때는 세 가지 중요한 역할이 있다.

유일체제는 정태적(static)인 개념이 아니라 동태적(dynamic)인 개념이다. 즉, 유일체제 리더십은 이미 만들어져 있는(복잡계의 언어를 빌리자면 평형상태) 것이 아니라 만들어져 가는(비평형) 과정이다. 여기서 리더의 역할은 유일체제 리더십이 원활하게 작동할 수 있도록 순차적으로 먼저 '조직을 장악하고, 다음 조직을 강화시키며, 그리고 마지막으로 조직이 재생산되도록 하는 것'이다.

1) 리더의 역할 I: 조직 장악

유일체제 리더십을 만들기 위해서 리더는 반드시 조직을 장악해야 한다. 최고 지도자의 위치에 올라갔을 때, 리더는 조직을 이끄는 데 필요한 위상과 권위 그리고 현존하는 제도를 갖는다. 그러나 조직의 구성원들을 유기적으로 연결시키고 하나의 유기체로 만들어 내는 것은 위상과 권위 그리고 제도의 당위성만 갖고 되지 않는다. 유일체제로 상전이(phase-transition)하기 이전(以前) 대부분의 조직들에는 많은 분파가 존재하며 부서, 사업부, 또는 계파 간의 갈등, 대립, 그리고 협력을 수반하지 않는 무분별한 경쟁이 난무한다.

대부분의 경영 스승이라고 하는 사람들이 경쟁력 있는 조직을 만들기 위해서, 리더와 구성원들 또 조직을 이루는 모든 성원 간의 원활한 커뮤니케이션(communication)이 필수라고 강조하는 이유는 바로 조직 구성원들 대부분이 통합되어 있지 못하고 나누어져 있어, 이들 간에 불신의 벽이 존재하기 때문이다. 그렇기 때문에 리더가 유일체제 리더십을 이루기 위해서, 첫 번째 할 일은 바로 조직을 하나의 체제로 묶어내는 체계를 확립하는 일이다.

체계를 확립하는 것의 첫 번째 작업은 조직의 비전(vision)을 다시 세우거나 구성원들에게 비전을 새롭게 상기시켜(remind) 주는 것이다. 버트 나너스(Burt Nanus)는 비전에 대해 다음과 같이 말하였다.

> 구성원들에게 현실적이고 신빙성 있으며 매력적인 조직의 미래상을 제시하여, 구성원들로 하여금 갖고 있는 재능(talent)과 자원을 동원하여, 조직의 목표를 위해 매진하게 하며 구성원들이 속해 있는 조직이 어떤 조직이고, 어디를 목표로 가고 있는지 알려주는 길잡이(signpost)이다.[26]

리더가 구성원들에게 비전을 제시하는 것은 마치 선장이 선원들에게 항해의 목적지가 어디이고, 어떻게 갈 수 있는지 말해 주는 것과 같다.

'비전 제시'에서 무엇보다 중요한 것은 리더의 비전을 구성원들이 함께 나누면서(share) 조직이 하나가 될 수 있는(그리고 되어야 하는) 사상적 근거를 확립하는 것이다. 조직을 하나의 체제로 묶어내는 체계를 확립하는 것은,

---

26) Burt Nanus, *Visionary Leadership: Creating a Compelling Sense of Direction for Your Organization*(New York: AMACOM, 1992), p. 22.

단지 비전을 선포한다고 저절로 이루어지는 것이 아니다. 리더가 비전을 선포한 후 해야 할 일은 비전을 각 사업부와 현장에서 전파할 수 있는 핵심체(core group)를 만드는 일이다.[27]

보통 조직에서 핵심체는 헤드쿼터(headquarter)와 같은 역할을 하는데, 리더는 핵심체를 스스로 꾸려야 하며 핵심체 구성원들과 원활한 소통을 통해, 비전을 나누고 발전시켜 이들을 하나로 묶어내야 한다. 여기서 중요한 점은 핵심체가 소통이 되지 않는 조직의 또 다른 조직이 되지 않아야 한다는 점이다. 핵심체는 같은 조직 안에 수많은 부서들과 유기적인 관계를 가지려고 노력함으로써 부서와 부서 간의 매개(intermediation) 역할도 할 수 있어야 한다.

복잡계와 혼돈이론(Chaos Theory)의 언어를 빌려 이야기하자면, 비전 제시는 조직원들을 다시 일깨운다는 측면에서, 비평형상태(하나의 유기체로 거듭나기 이전의 무질서한 조직의 상태)에서의 '요동(fluctuation)'과 같은 것이다. 핵심체는 '소산구조'를 만들기 위한 초석 또는 '초기 조건(initial condition)'이라고 할 수 있으며, 핵심체 내에서 리더와 구성원 간에 반복적(recursive)으로 이루어지는 상호되먹임(리더와 구성원 사이에 지속적으로 이루어지는 커뮤니케이션 또는 관계 맺음)을 통해 핵심체는 마침내 하나의 유기체로 거듭난다.

이 과정 속에서 핵심체는 마치 네트워크에서 수많은 노드(node)가 허브(hub)를 중심으로 클러스터(cluster)를 형성하듯이 지도자를 중심으로 하나의 유기체가 되는데, 여기서 지도자는 허브와 같다. 네트워크 클러스터에서 허브를 중심으로 또는 매개로 모든 노드들이 하나로 묶여진 유일체제의 모습을 한 것과 마찬가지로, 핵심체는 최고 지도자를 중심(또는 매개)으로 한

---

27) 이것은 멱 법칙의 내용을 이루는 페레토의 80/20법칙을 따르는 것과 같은 것이다. 조직에서 20%의 구성원이 꼭 아니더라도 소수의 핵심(소수로 핵심을 꾸리는 것은 법칙을 떠나 매우 현실 가능한 것이다)을 꾸리고 이들이 유기적으로 연결된 세포가 되어 각각의 자리에서 조직을 재정비하는 것은 전체조직의 일치단결을 만드는 전제 조건(precondition)이다.

유일체제이다.

핵심체는 거시적으로는 조직의 헤드쿼터 역할을 하며 조직의 혁신을 주도한다. 즉, 전체조직에서 허브역할을 하는 것이다. 또한 핵심체는 미시적으로 조직의 각 부서와 부서를 묶어주는 역할도 한다. 이러한 역할은 핵심체의 구성원들이 부서와 사업현장에 내려가서 핵심체의 세포조직이나, 이와 비슷한 역할을 하는 조직을 꾸림으로써 가능해진다. 이것은 핵심체의 '프랙탈(fractal)[28]화'이며 핵심체의 '프랙탈화'가 전체조직 차원으로 확대됨으로써, 조직 안의 모든 구성원들은 유기적으로 연결되어 하나의 유일한 체계가 확립되는 것이다.

2) 리더의 역할 II: 조직 강화

'조직 강화'는 확립된 유일체계에서 조직을 하나로 묶어내는 본격적인 작업이며 리더의 두 번째 중요한 역할이다. 조직 장악 과정에서 리더가 전체조직을 핵심체와 같이 묶어 낼 수 있는 기제를 확보한다면, 즉 핵심체의 '프랙탈화'의 기제를 확보한다면, '조직 강화'는 핵심체 '프랙탈화'의 내용을 채우고 다지는 작업이다. 보편적으로 '조직 강화'는 전체조직 차원에서 일어나는 혁신운동 또는 군중운동(mass-line movement)과 교육훈련 과정을 통해서 시작되며, 혁신운동과 교육훈련 프로그램의 상호되먹임으로 완성된다.

---

28) 차원분열도형이라고도 한다. 자기유사성을 갖는 복잡한 기하도형의 한 종류이다. 프랙탈은 사각형·원·구 등의 고전기하, 즉 유클리드 기하학과는 다르다. 이들은 유클리드 기하 구성성분으로 설명할 수 없는 자연의 고르지 않은 현상이나 여러 불규칙 형태의 사물을 묘사할 수 있다. 프랙탈이라는 용어는 '파편의', '부서진'이라는 뜻의 라틴어 'fractus'에서 유래했는데, 폴란드 태생 수학자 베노이트 B. 만델브로트가 만들었다. 1975년에 소개된 이래 이 도형의 개념은 새로운 기하학체계를 일으켜 수학뿐 아니라, 물리화학·생리학·유체역학에도 큰 영향을 끼쳤다. 모든 프랙탈이 자기유사는 아니지만 대부분이 이 특성을 나타낸다.
자기유사체란 구성 부분이 전체와 닮은 것이다. 불규칙적인 세부나 무늬가 점차적으로 더 작은 크기로 반복되고, 순수하게 추상적인 것의 경우 무한히 계속 반복하여 각 부분의 부분을 확대하면 전체 물체와 근본적으로 같게 된다. 실제로 자기유사체는 크기를 바꾸어도 변하지 않는다. 즉, 크기에 대해 대칭을 이룬다. 프랙탈 현상은 눈송이와 나무껍질 같은 물체에서 쉽게 볼 수 있다. 수학적 프랙탈이나 이러한 자연 현상의 프랙탈은 통계적이거나 임의적이다. 따라서 크기는 통계적인 의미로 잰다(엠파스 백과사전: http://100.empas.com/dicsearch/pentry.html?s=B &i=191214).

'조직 강화' 과정에서 리더는 현장을 방문하는 등의 직접적인 방법을 통해 구성원들과 상호작용(interaction)을 가지며 혁신을 독려한다. 또 한편으로는 '프랙탈화'의 기제를 통해 새로운 제도(institution)와 질서(order)를 확립해 간다.[29] '조직 강화' 과정은 한마디로 리더와 구성원 간의 거시적 기제(핵심체의 프랙탈화)와 미시적 기제(전체조직차원에서의 혁신운동 속에서, 지도자와 구성원과의 직접적인 상호작용)가 총동원된 지속적이고 반복적인 상호되먹임(continuous and recursive feedback)이라고 할 수 있다.

자연에서는 이러한 반복적인 되먹임, 즉 재귀성이 자연발생적으로 일어나 임계점에 이르게 되고 거시적으로 안정적인 '소산구조(새로운 질서)'로 나아가게 된다.[30] 그러나 인간조직에서는 자연발생적인 조직화가 이루어지지 않으며, 리더의 목적의식적이고 능동적인 행위에 의하여 조직화가 이루어진다.

임계점을 지나 안정적인 '소산구조'로 갔을 때의 모습은 인간조직이나 자연계의 조직이나 모두 같다. 인간조직 역시 최고 지도자를 정점으로 하나로 묶여진 유일체제이다. 하나의 유기체로 묶여진 조직은 결국 리더를 중심으로 유기적으로(상호적으로) '일치단결'하는 조직이며, 무질서(일치단결하지 못하는)가 지배하는 타 조직에 비해 월등히 높은 경쟁력을 갖게 되는 것이다.

이러한 유기적 관계를 바탕으로 하고 있는 유일체제 리더십의 모습은 레이저의 생성 과정에서도 엿볼 수 있다. 레이저는 대략 다음과 같은 과정을 거치며 생성된다. 서로 마주보는 거울이 있는 상자 속에 에너지를 부여하면, 상자 속 원자의 일부는 이전보다 에너지 준위(準位)가 높은 여기(勵起)상태가 되어 광자를 방출한다. 광자는 여기(勵起)된 다른 원자에 충돌하고 거듭 광자가 방출된다.

처음에는 광자들의 파(波)가 서로 간섭하여 복잡한 파형을 만들어 내지만, 서로 위상이 달라 상쇄되어버려 방출되는 빛은 약하다. 그러나 점차 에너지

---

29) 이때 가장 보편적으로 쓰이는 기제는 '교육과 훈련(education and training)'이다.
30) 이때의 모습은 멱 법칙에 따라 모든 노드가 허브에(그리고 허브로) 연결된 유일체계 또는 유일체제이다.

의 강도를 높여 가면 갑자기 어느 시점(임계점)에서 광자들이 동일한 위상으로 정렬되어 강력한 단일 진동수의 빛을 방출하는데, 이것이 레이저 광선이다. 왜 이렇게 되는 것일까? 이것은 여기(勵起)상태에 있는 많은 분자들의 내부운동에 '동조 현상(correspondence phenomenon)'이 생기기 때문이다.

'동조 현상'은 각 요소들이 독립성과 자율성을 상실하고 전체 속에 병합되는 과정이 아니라, 각 요소들이 독립성과 자율성을 유지하면서 전체의 부분으로 통합되어 가는 과정이다. 즉, '동조 현상'은 전체의 질서를 만들어 내지만, 전체의 질서 없이는 이러한 '동조 현상'이 생겨나지 않는다. 이렇듯 전체의 질서와 '동조 현상'은 순환적이다.

예를 들어 설명하면 다음과 같다. 군집을 이루는 a와 b가 있다고 가정하자. a와 b는 어떤 계기로 상호작용을 시작한다. 즉, 관계 맺음을 시작한다. 반복적인 상호작용으로 a-b의 일정한 관계망이 생기고, 이 관계망은 역으로 a와 b를 한정한다. 그러나 이것이 a, b가 a-b에 선행한다는 것을 의미하는 것은 아니다. 그것이 a, b로서의 개별성을 갖게 되는 것은 이 a-b의 관계망으로서이기 때문이다. 요소는 전체를 전제하고 있고 전체는 요소를 전제하고 있다. 그리고 이것은 요소와 전체 간의 상호되먹임 구조의 기제가 된다.[31]

레이저가 생성되는 과정에서 나타나는 '동조 현상'은 바로 유일체제 리더십이 이상적(ideal)인 단계에 도달한 모습과 같다고 할 수 있다. 레이저 생성 과정에서 나타나는 '동조 현상'은 손자가 자신의 병법에서 정의한 리더십과도 그 쾌를 같이한다. 손자는 리더십에 대해 말하기를 "도(道-리더십)란 병사들의 마음을 장군과 같은 마음이 되도록 만드는 것이다. 그래서 병사들로 하여금 죽어도 같이 죽고 살아도 같이 산다는 마음으로, 전쟁에서 어떤 위험도 두려워하지 않게 만드는 것"[32]이라고 하였다.

병사(조직의 구성원)들의 마음을 장군(리더)의 마음과 같이한다는 것은 레

---

31) A. N. Whitehead, 오영환 역, 『과정과 실재』, 민음사, 1991, 313쪽.
32) 손자, 김광수 역해, 『손자병법』, 책세상, 1999, 21쪽.

이저 생성 과정에서의 광자(구성요소)들이 동일한 위상으로 정렬되어 강력한 단일 진동수의 빛을 방출하는 것, 즉 레이저 생성 과정에서 광자들의 '동조 현상'과 같은 것이다. 그러나 병사들의 마음을 장군의 마음과 같이한다는 것이, 병사들을 세뇌시켜 장군의 부속물로 만들어 장군의 명령에만 수동적으로 복종하는 것을 가리키지는 않는다.

오히려 사상적으로 통일되어 있고(모두 장군의 마음가짐을 갖고 있고) 장군을 정점으로 통합되어 있으나, 서로 간의 능동적인 상호작용을 통해 유기적인 관계를 만들면서 일치단결을 이루는 것이 인간조직에서의 '동조 현상', 유일체제 리더십의 이상적인 모습이라 할 수 있다.

3) 리더의 역할 III: 조직 재생산

조직의 최고 지도자로서의 마지막 역할이자 책임은 '조직 재생산'이다. '조직 재생산'은 후계자를 만들어 내거나 선택하는 과정을 가리킨다. 지도자의 세 가지 역할, 즉 '조직 장악', '조직 강화', 그리고 '조직 재생산'은 하나하나가 아무런 연관과 연계 없이 따로 떨어져 있는 것이 아니라, 순차적으로 연결되어 있다. '조직 장악' 없이 '조직 강화'는 이루어질 수 없으며, '조직 재생산'은 '조직 강화'의 매우 중요한 부분이다.

'조직 강화'는 보편적으로 구성원들의 교육과 훈련을 통해 이루어진다. 그리고 차기 리더(후계자)는 구성원들의 교육과 훈련 프로그램 과정에서, 특출한 리더십 자질을 가진 사람을 현실에서의 검증을 통해서 선택하는 것이 합당하다. 유일체제 리더십에서 후계자는 선거라는 방법을 통해 다수결로 선출되는 것이 아니라, 조직차원에서 선택된다. 유일체제를 이끄는 리더가 차기 리더, 자신의 후계자를 선택하는데 이것은 최고지도자의 개인적인 선택이 아니라, 조직의 선택이라고 보아야 한다.

조직이 유일체제가 되었다는 것은 '지도자와 구성원들이 유기적으로 연결되어 있고, 조직 안의 모든 구성원과 부서가 유기적인 관계 속에서 하나의 유기체를 이룬다는 것'을 의미한다. 그러므로 리더는 구성원이 이루고 있는 각 부서의 의견과 뜻을 수렴하여 결정을 내리게 되는데, 이때 결정은 리더만을 위한 결정이 될 수 없으며, 어느 한 특정 부서만을 위한 결정도 아니고, 조직 전체를 위한 결정이 된다. 그러므로 최고 지도자가 차기 리더를 결정하는 것은 전(全) 조직 차원에서 결정을 내리는 것과 같다.

어느 한 특정한 인물이 최고지도자와의 특별한 관계 때문에 처음부터 다른 후보자보다 특별한 관심을 받고, 차기 리더로 인식되어 소위 '후계자 수업'을 받는 경우가 있다. 이것은 인간조직이 복잡계이고 복잡계의 특징 중 하나가 열린계(open system)임을 고려할 때, 적절하지 않다고 볼 수 있다. 그러나 한편으로 조직의 역량을 분산시키지 않고 특별한 위치에서 '후계자 수업'을 받는 한 인물에게 조직의 역량을 집중시킬 수 있다는 장점이 있다.

이럴 경우 열린 풀(open pool)에서 차기 리더를 구하는 것보다 선택의 폭이 매우 좁아진다. 후계자 수업을 받은 차기 리더가 특출한 능력과 자질을 가진 인물이라면 다행이지만, 그의 능력과 자질이 후계자 수업을 통해서도 향상되지 않는다면, 조직으로서는 큰 역량 낭비가 아닐 수 없다. 능력과 자질이 부족한 인물이 최고지도자와의 특별한 관계만으로 차기리더로 선택된다면, 그 조직의 미래는 암담할 수밖에 없다. 그런데 '조직 재생산'은 리더의 역할 중 가장 미묘한(tricky) 부분이다.

특정한 인물이든 열린 방법으로 차기 리더를 선택하든 유일체제는 그냥 승계되는 것이 아니라 새로운 리더가 스스로 만들어 내야 하기 때문이다. 새로운 리더의 가장 중요한 임무와 역할은 자신만의 새로운 유일체제를 만들어 내는 것이며, 만약 실패한다면 그 조직은 더 이상 일치단결의 힘을 낼 수 없다. 최고지도자를 정점으로 모든 구성원들이 유기적으로 연결되어 하나의 유기체처럼 일치단결을 만들어 내는 과정은 하나하나가 각본 없는 드라마 같은 일이며, 일방적인 승계나 대물림이 불가능하다.

어느 특정한 인물이 처음부터 선택되었든 열린 방법으로 선택되었든, 차기 리더는 자신 스스로 '조직 장악', '조직 강화'의 과정을 통해 자신의 유일체제를 만들어 내야 한다. 그러므로 '조직 재생산'에서 리더의 역할은 제한적일 수밖에 없다. 리더는 '조직 장악'과 '조직 강화'를 통해 조직을 안정적인 '소산구조'로 이끌고 끊임없는 교육과 훈련 프로그램을 통해, 조직의 인재들을 양성하여 차세대 리더 인재들을 만들어 내지만, '조직 재생산' 그 자체를 할 수는 없다.

마치 어떤 생물이 생존경쟁에서 살아남아 당시 생존경쟁에 도움이 되는 유전자를 복제하여 후세대에 물려주었지만(자연선택, natural selection), 복제된 유전자가 다음 세대에서 이루어질 생존경쟁에 적합하리라는 보장이 없는 것과 같은 것이다. 왜냐하면 모든 생물체가 속해 있는 지구 자체가 열린 복잡계여서 평형상태에서 비평형상태로, 또 평형상태로 끊임없이 진화하며, 이에 따라 다음 세대에서 외부 환경과 경쟁자가 변할 수 있기 때문이다.

하지만 '조직 재생산'에서 리더의 역할이 제한적일 뿐, 의미가 없는 것은 아니다. '조직 재생산'은 '조직 강화'의 중요한 부분이며 과정의 마지막 단계이다. '조직 강화'를 통해 리더는 조직을 강화시킬 수 있는 인재들을 지속적으로 양성해 내어야 하며, 결국 이들 가운데 차세대 리더가 나오기 때문에, 리더는 '조직 재생산'을 직접 주관할 수는 없지만, '조직 재생산'에 필요한 제반 조건을 마련해 주는 역할을 해야 한다.

6. 현존하는 유일체제 리더십: 잭 웰치, 이건희, 김정일 유일체제 리더십

우리는 유일체제 리더십의 사례를 GE의 잭 웰치(Jack Welch), 삼성의 이건희, 그리고 북한의 김정일을 통해 알아보고자 한다. 셋 모두 매우 잘 알려진 인물들이다. 그러나 세 인물을 하나의 카테고리(category)로 엮는 것에 대해 많은 사람들이 의아해 할 수 있으며, 동의하지 않을 수도 있다.

웰치와 이건희는 각각 GE와 삼성을 세계 톱 기업 반열에 지속적으로 유지시키거나, 또는 올려놓은 미국과 한국을 대표하는 기업의 최고경영자(CEO)였지만, 김정일은 세계적 기업의 명예로운 대표가 아니라, 북한이라는 변방의 국가를 무력으로 통치하는 무자비한 독재자로 알려져 있기 때문이다. 혹자는 김정일을 웰치와 이건희와 비교한다는 것 자체가 잘못된 발상이라고도 비난할 것이다.

GE와 삼성은 직원 수가 30만 명이 넘는 거대한 복합기업체(conglomerate)이지만, 인구가 2천만이 넘는 국가와 비교한다는 것은 무리일 수 있으며, 척도(scale)의 문제가 분명 존재한다. 그러나 프랙탈 이론을 확장하여 적용하여 보면, 지구(earth)에 있는 모든 생명체와 물질은 결국 지구를 원형 또는 모태로 하고 있음을 알 수 있다. 지구는 복잡계이며 끊임없는 '소산구조'와 '자기조직화'를 거듭하는 거대한 조직이며, 지구는 최초 생성 이후 여러 번의 임계점에 다 달아 '소산구조'로 '자기조직화'하였으며, 지금도 어떤 임계점을 향하고 있다.[33]

프랙탈 이론의 입장에서 보자면 지구를 이루고 지구에 속해 있는 모든 조직은 척도에 관계없이 같은 법칙 속에서 운동한다. 그러므로 척도의 문제는 존재하지만 북한이라는 국가를 하나의 조직으로 보고, 또 다른 조직인 GE와 삼성에 비교하는 것은 어렵지만 가능한 일이다. 무엇보다 이들에게는, 모두 자신의 조직을(정도의 차이는 분명 존재하지만) 일치단결시켜 조직의 경쟁력을 높였다는 공통점이 존재하므로 이 세 사람의 리더십을 비교·분석하여, 유일체제 리더십에 대한 시사점을 찾는 것은 더욱 의미 있는 일이다.

국가적 차원에서 유일체제를 지향하는 북한은 다른 보통 국가들과 비교하여 분명 다르다. 그러나 주목해야 할 점은 북한은 국가적인 차원에서 일치단

---

33) 지금 엔트로피를 가장 많이 만들어 내는 것은 인간이다. 이것은 현재 벌어지고 있는 환경 변화 및 재앙에 잘 나타나 있다. 전 지구적인 환경변화는 지구가 어느 임계점에 가까워졌음을 의미한다.

결을 추구하였고, 지금도 추구한다는 사실이다. 반세기 이상 지속되어 온 북한과 미국의 적대적 관계는 북핵 문제 6자회담이 2단계를 넘어, 3단계로 넘어가면서 조만간 해결될 것으로 전망된다. 혹자는 3단계가 1단계와 2단계보다 더 지난(至難)한 과정이 될 것이라며 북미관계 진전에 부정적인 견해를 피력하고 있으나, 북미관계는 2단계를 넘어 되돌릴 수 없는(irreversible) 단계로 넘어가고 있다.

3단계는 주기적인 핵 사찰 등 기술적으로 시간이 많이 걸릴 수 있으나, 결국 정치적 협상으로 북미관계가 정상화되며 3단계를 마무리 지을 것이다. 북미관계의 진전은 양국의 이해관계를 기본으로 하고 있으며, 국교정상화가 양국의 이해관계에 부합하기 때문에 이루어지는 일이다.

북한을 통해 러시아와 특히 중국을 효율적으로 견제하고, 동시베리아(East Siberia)를 포함한 동북아 개발에 지분과 입지를 강화하여, 세계경제의 중심이 되고 있는 동북아시아에서도 주도적인 역할을 하고 싶은 미국 내의 목소리가, 북한을 고립시키고 압박하여 붕괴를 유도하는 입장의 목소리보다, 미국의 이익에 더 부합하고 설득력이 있었기 때문에, 북미관계는 개선의 방향으로 선회한 것이다. 그러나 한 가지 간과하지 말아야 할 점은 북한 같은 변방의 소국(小國)이 미국, 중국, 러시아라는 강대국들의 틈바구니 속에서 이들과 대립, 때로는 대결을 하면서 반세기 넘게 버티어 왔다는 사실이다. 이것이 어떻게 가능했을까?

냉전시기 서방국가들은, 특히 미국은 북한의 정권을 탄생하지 말았어야 할 정권(bastard regime)으로 간주하였으며 소련의 위성국가 정도로 취급하였다. 미국은 1948년부터 북한에 대한 경제봉쇄를 시작하였는데, 60년간 지속된 이 경제봉쇄는 아마 이 분야에서는 기네스북에 오를 정도로 유례가 없이 긴 것일 것이다.

미국은 또한 외교적으로도 북한을 봉쇄·고립시키며, 북한의 붕괴를 유도하였다. 1990년 소련이 몰락하자 북한도 조만간 몰락할 것으로 보았고, 북한에 대한 봉쇄를 강화하였다. 그러나 북한은 멸망하지 않았고, 오히려 장거리 미사일발사 실험 성공과 핵 실험 성공을 통해 미국 안보에 실질적이고 현실적인 위협이 되었다.

미국은 세계 제1차 대전 이후 초강대국이 되었으며 소련몰락 이후 유일한 슈퍼파워(super power) 국가이다. 이런 초강대국을 상대로 대결과 대립하면서 자신의 체제를 지속·유지시킨다는 것은 불가능하거나, 매우 어려운 일인 것임은 외교전문가가 아니더라도 가늠할 수 있는 일이다.

북한은 미국만 상대한 것이 아니다. 1956년 '8월 종파사건' 이후 소련으로부터 원조와 지원이 급격히 줄어들면서 전면적인 대립은 아니었지만, 소련과 긴장관계를 갖게 되었다. 또한 중국과는 문화혁명 기간 중, 그리고 중국의 개혁과 개방이 시작되면서 사상적으로 대립하였으며, 남한이 1990년대 구소련인 러시아, 그리고 중국과 국교를 정상화하면서 철저히 고립되는 위기의 연속이었다.

이러한 역사적 상황과 정황들을 고려해 보면 북한이 지금까지 국가 정체성을 유지한다는 것 자체가 신기할 정도이다. 뿐만 아니라 북한이 미국과의 적대적 관계를 끝내고 동등한 자격에서 국교 정상화를 한다면, 이것은 그냥 이상하고 기이한 사건, 또는 역사의 우연으로만 평가할 수 없는 세계사에서도 매우 이례적인 일이 된다.

북한이 스스로 만들어 놓은 것인지 아니면, 북한의 주장대로 자신들을 고립·압살하려는 미국 때문인지, 따지기 어렵고 복잡한 측면이 많이 있으나, 북한이 이러한 악조건 속에서 생존할 수 있었던 것은, 북한의 주장대로 수령-당-인민 또는 선군시대(先軍時代)에 군-민(軍-民)일치(一致)를 액면 그대로 받아들일 수는 없어도, 북한 내부의 결속과 단결에서 나오는 힘에서 비롯된 것이다.

물론 이 말이 북한의 정치체제를 긍정하거나 좋게 평가하는 것은 아니다. 북한은 역사나 지정학적 정황이 매우 특수하며, 이는 북한의 정치가 일치단결을 지향하는 배경이 되었다. 그러나 앞서 살펴보았듯이 인간 조직은 다른 생명체 조직과 달라 '소산구조'가 '자기조직화'에 의해 자연적으로 이루어지지 않는다. 북한의 유일체제는 주위환경에 의해서 저절로 만들어진 것이 아니며, 리더십에 의해 조성된 것이다.

웰치의 GE와 이건희의 삼성 유일체제 역시 자연적으로 만들어진 것이 아니며 이들의 리더십에 의해 성립된 것이다. 이제 현실에서 존재하는 유일체제 리더십의 구체적인 사례인 웰치, 이건희, 그리고 김정일의 리더십을 통해 유일체제 리더십이 현실에서 어떻게 적용되고 실현되는지 알아보자.

2장
잭 웰치 유일체제 리더십

▲ 청중에게 이야기하고 있는 잭 웰치 전 GE CEO.

2장
잭 웰치 유일체제 리더십

1. 웰치의 조직 장악

잭 웰치가 GE의 최고경영자(CEO)가 되었을 때 그의 나이는 45세였다. 매우 젊은 나이에 미국뿐 아니라 세계 일류 기업의 총수가 된 것이다. 그러나 GE는 젊은 기업이 아니었다. GE는 1878년 발명왕 토마스 에디슨이 설립한 회사이다. 웰치가 1981년 CEO로 취임한 당시, GE는 이미 창립 100주년을 넘는 역사와 전통 그리고 미국 제일의 기업이라는 명성을 갖고 있는 그야말로 엄청난 조직이었다.

당시 GE에서 일하는 근로자의 수는 40만 명을 넘고 있었으며, GE는 전기기구, 냉장고와 같은 가전제품에서 비행기 엔진과 원자력 터빈까지 미국 GNP를 이루는 거의 모든 분야에서 제품을 만들어 내고 서비스를 제공하는 거대한 기업복합체(conglomerate)였다. 또한 이 거대한 기업복합체는 자그마치 46개의 전략적 사업단위(Strategic Business Unit)로 나뉘어져 있어서, 이러한 조직을 경영한다는 것은 마치 국가를 운영하는 것과 같이 어려운 일이었다.

1) 웰치가 물려받은 GE의 유산(legacy)

GE의 선대 CEO들이 선택한 조직운영방침체계는 관료주의였다. 원래 GE의 기본적인 조직체계는 지주회사를 모형으로 하고 있었다. GE는 하나의 본사(headquarter)[1]와 다수의 독립적인 자사(子社, works)[2]의 형태로 운영되고 있었는데, 자사는 연구개발과 마케팅을 직접 스스로 충당하고 있었으므로 점점 뉴욕 본사의 영향력에서 벗어나고 있었다. 이러한 자사의 독립적인 움직임을 막은 것은 1958년 CEO가 된 랄프 코디너(Ralph J. Cordiner) 회장이었다.

GE의 회장으로 있는 동안 코디너는 190개의 단위부서를 만들어 GE조직을 분권화하고, 또한 이들을 그룹으로 묶어 관리하였다. 이들 단위 부서는 46개의 사업부문에 소속되었고, 이들 사업부문은 다시 10개의 그룹에 소속되어 이들 그룹이 최종적으로 회장에게 보고하는 체제였다. 이런 GE의 조직체제를 운영하기 위해서는 필연적으로 많은 감독계층이 필요하게 되었고, 조직은 점점 관료주의화되었다.

코디너는 과학경영(scientific management) 또한 중요시하였다. 그래서 피터 드러커를 비롯한 저명한 경영학 교수들과 경영 컨설턴트들을 초빙하여 GE의 경영을 개선하기 위한 방침 가이드라인(guideline)인 경영 지침서, 블루북(Blue Book)을 만들게 하였다. 블루북은 장장 3500쪽에 달하는 방대한 분량의 지침서였다. 코디너 회장은 블루북을 경영의 바이블로 여기고, GE 경영의 모든 것을 블루북에서 찾았다.

시장은 마치 살아있는 생물처럼 끊임없이 변화하고 진화한다. 그러나 블루북은 시장에서 일어나는 모든 변화를 예측하고 담아낼 수 없었다. 이에 시장이 변화하면서 생기는 문제의 해답을 모두 블루북에서 찾는 것은 교조주의만 강화시켰다. 또한 이와 같은 교조주의는 자연스럽게 GE에서 관료주의적 통제를 더욱 강화하는 결과를 가지고 왔다. 코디너의 뒤를 이은 프레드 보쉬(Fred Borch, 재임기간: 1963~1972)와 레지나드 존스(Reginald Jones, 재임기간: 1972~1981) 모두 GE에서 관료주의를 강화하고 확대 적용함으로써

---

1) New York City에 위치하며 각 Works의 경영을 관장함.
2) 제품에 따라 각각 미국의 다른 주와 시에 위치함- 가령 발전터빈은 New York주의 Schenectady, 기관차는 Pennsylvania주의 Erie, 가전제품은 Kentucky주의 Louisville 등지에 분산되어 있었다.

사업 확장으로 인해 더욱 방대해져 가는 조직을 통제·운영하려고 하였다.[3]

웰치가 CEO로 취임하였을 때 GE는 이미 오랜 세월 관료주의로 관리되었고, 또 운영되고 있었다. 웰치는 당시 상황을 이렇게 말하고 있다.

GE는 지나치게 많은 관리 계층이 존재하는 인습적이고 관료주의 색채가 짙은 기업이었다. GE는 생산 현장에서 회장실까지 이르는 데 12단계라는 엄청나게 많은 단계가 있었고, 각각 평균 7개의 보고를 직접 받는 2만 5천 명 이상의 관리자들에 의해 운영되었다. 130명 이상의 사장들 밑에는 각각의 직급 아래에 하나의 완벽한 계층 구조를 이루는, 모든 직급과 사원들을 거느린 '재무관리담당 부사장', '기업컨설팅담당 부사장', 그리고 '운영서비스담당 부사장', 아니면 그 이상의 직급을 가진 사람들이 있었다.[4]

이러한 조직을 장악한다는 것은 단지 어려움을 떠나서 '혁명'과도 같은 일이었다. 물론 웰치는 플라스틱 부문에서 발군의 실력을 발휘하여 CEO자리까지 올라갔지만, GE에는 웰치 말고도 수많은 '스타'들이 있었고, 이들은 각자의 자리에서 자신들의 아성을 구축하고 있었다. 또한 대부분의 GE 직원들은 미국 최고의 회사에서 일하고 있다는 자부심(pride)에 가득 차 있었다. 이러한 자부심은 지금까지의 GE의 경영과 조직 운영의 방향과 방침을 긍정하는 요소로 작용하고 있었다.

즉, 대부분의 GE 직원들은 관료화되어 있는 자신들의 조직을 단지 인정할 뿐만 아니라 여기에 잘 길들여져 있었고, 자신들을 규정하는 정체성(identity)으로까지 생각하고 있었다. 때문에 일원들은 생산성을 높이고 미래의 경쟁에 대비하기보다는 오직 윗사람에게 잘 보이려고 노력하였고, 모든 결정을 서류를 통해 올라오는 보고서 등 의례적인 절차에 의존하고 있었으므로 현

3) 노엘 티키·스트랫포드 셔면 지음, 김동기·강석진 옮김, 『GE 혁명 당신의 운명을 지배하라』, 21세기북스, 1993, 64~69쪽.
4) 잭 웰치 지음, 이동현 옮김, 『잭 웰치, 끝없는 도전과 용기』, 청림출판사, 2001, 143쪽.

장 감각이 없었으며, 관료화되어 있었다.[5]

2) 핵심그룹 만들기(요동 준비기)

웰치가 GE라는 국가와 같이 거대한 조직을 장악하기 위해서 첫 번째 한 일은 회사 임원(executives)들을 자신의 지지자(supporter)로 만드는 일이었다. 웰치는 취임 직후 14명의 임원을 자신이 회원으로 있는 피츠필드 교외의 로렐 밸리 골프 클럽으로 초대하였다. 이곳에서 2박 3일을 보내면서 웰치는 임원들과 격이 없고 신솔한 토론을 통해 임원들과 인간적으로 친해지고, 이들을 한팀으로 묶으려고 하였다. 그러나 오랜 세월 동안 굳어진 'GE의 전통과 문화'를 하루아침에 바꾸는 것은 무리였다.

웰치의 말대로 이틀 동안의 회합은 변화를 위한 어떤 합의도 이끌어내지 못한 채 끝이 났다. 그러나 웰치도 긴 시간 동안 형성된 문화가 단시간에 바뀌지 않을 것을 잘 알고 있었다. 웰치는 로렐 밸리에서 가졌던 격식이 없는 비공식 임원모임[6]을 정기적으로 갖는 동시에, 이들을 개별적으로 만나 대화하는 시간을 가졌다.

웰치가 먼저 이들의 지지를 얻어내고 나아가서, 이들을 하나의 팀으로 묶으려는 노력은 웰치가 전체 조직을 장악하는 과정에서 매우 중요한 의미를 갖는다. 앞에서 지적된 것과 같이 GE는 근본적으로 관료주의체제로 운영되고 있었으며, 이것은 필연적으로 각각의 GE의 비즈니스 섹터(business sector)가 전사(全社)적인 고려 없이 프로핏센터(profit center)[7] 형식으로

---

5) 잭 웰치 지음, 이동현 옮김, 위의 책, 144쪽.
6) 이 모임에 공식적인 룰(rule)과 양식이 있는 것이 아니었지만 넥타이를 매는 것은 암묵적으로 금기시 되었다.
7) 프로핏센터(profit center)-프로핏센터는 그 자체에서 이익을 낳는 이익생산 단위이자 손익계산 단위이고, 또 이익 창출을 위해 노력하는 이익책임 단위이다. 프로핏센터를 설정하는 데는 생산 과정의 전 과정을 가지며 독자의 시장과 결부되어 있어야 하는데, 이를 위한 조직으로는 제품별 또는 지역별 조직이 가장 적절하다. 특정의 제품 또는 지역에 대하여 생산·판매의 활동내용을 자주적으로 결정하고 수행할 수 있기 때문이다. 그 경우에도 제품이나 지역의 변경에 대해서는 프로핏센터가 관리의 권한을 가진다. 사업부제(事業部制)는 프로핏센터의 전형이다(네이버 두산세계

운영된다는 것을 의미한다. 그런데 이런 조직 운영 방식은 GE와 같이 가전제품에서 항공기 엔진까지 생산하는 복합기업체(conglomerate)에서 심각한 문제를 야기한다.

당시 GE에는 8개의 각기 다른 비즈니스 섹터가 있었는데, 이들 모두가 프로핏센터로 운영되는 것을 원칙으로 하고 있었다. 그러므로 각 비즈니스 섹터는 다른 섹터와는 무관하게 자신들의 섹터에서 이익을 내는 것만을 목표로 경영되었다. 그러므로 각 섹터는 자신들의 정보를 다른 비즈니스 섹터와 공유할 필요도 못 느꼈고 또 공유하지도 않았다. 이런 상황에서 비즈니스 섹터들 간의 유기적 결합에 의한 시너지 창출을 기대하기란 매우 어려웠다.

이러한 비즈니스 섹터 운영원칙은 GE에서 관료주의를 더욱 강화시키는 원인이 되었다. 기업의 인사와 자금 등을 담당하는 코포랙 스태프들(corporate staffs)과 익제큐티브 오피스(executive office)의 원래 역할은 전사적 입장에서 GE의 경영을 총괄하고 지휘하는 헤드쿼터(headquarter)였다.

그러나 각 비즈니스 섹터가 다른 섹터와의 유기적인 연계와 협력 없이 자신들이 속해 있는 영역만을 중시하고 중점을 두고 사업을 하기 때문에, 코포랙 스태프들과 익제큐티브 오피스는 자신들의 원래의 역할은 접고, 각 비즈니스 섹터에서 올라오는 서류만을 결재하는(전사적 경영과는 무관한) 단지 기업의 계층서열상에서 최상위 관료 기관의 역할만을 하고 있었다.

이런 조직 구조 속에서 조직을 이끌어야 할 임원들은 리더(leader)의 역할보다는 조직의 현 상태를 유지하거나 또는 나빠지지 않도록 관리하는 매니저(manager)의 역할에 치중하게 된다. 그리고 기업에서 자금(capital)을 관리하는 재무부서의 역할은 영향력이 다른 부서에 비해 월등히 커지게 된다. 이러한 조직 구조와 부서 간의 역학 관계(power relation)에서 기업의 경영은 신규 투자(investment)[8]에 따른 위험 부담(risk liability)을 최대

대백과: EnCyber.com: http://100.naver.com/100.nhn?docid=183692).
8) 기업에서의 투자(investment)는 새로운 사업을 하거나 기존의 사업을 늘이기 위해 직원을 충원하고 공장 따위를 짓는 것도 있지만 인수·합병을 통해 새로운 사업체를 갖는 것도 포함된다.

한 줄이고, 현상유지를 목적으로 하는 보수적이고 관료주의적인 성향을 띠게 되었다.

GE의 재무부서는 당시 이러한 성향과 상황을 잘 설명해 주고 있다. 재무부서의 당시 상황을 웰치는 이렇게 회고하였다.

1만 2천 명의 유능한 인재들로 구성된 재무부서는 관료주의를 바탕으로 한 지나치게 비대한 조직이었다. 대부분(별 쓸모는 없으나) 알아두면 괜찮은 연구는 재무부서를 중심으로 수행되었으며, 그 연구를 위해서만 연간 6천5백만 달러에서 7천5백만 달러의 돈이 지출되었다. 재무부서는 마땅히 GE 전체에 도움을 주어야 함에도 불구하고 오직 스스로를 위한 부서가 되어버렸다.

재무부서는 최고의 훈련 프로그램을 실시하고 있었으며, 그 프로그램을 마친 가장 우수한 인재들은 감사팀이 되어 수년 동안 여러 사업부의 업무를 감독했다. 그 결과 우리(GE)는 강력하고 유능하지만 철저하게 자기 본위적인 부서를 갖게 되었다. 또한 그들은 현장과는 괴리되어 있었고 본사나 자신의 팀, 그 어느 쪽도 변화시키려 하지 않았다.[9]

웰치에게 GE를 혁신하고 개혁한다는 것은 결국 조직을 바꾼다는 일이고, 이것은 GE에서 관료주의와 서로 벽을 쌓고 자신들의 사업영역만을 신성시하는 문화를 타파하고, 서로 유기적으로 연계되어 협력을 이루어 하나의 유기체처럼 운영되는 것을 의미한다.[10] 웰치는 이러한 궁극적인 목표를 달성하기 위해, 먼저 최상층 경영자(임원)들을 하나로 묶으려고 하였던 것이다. 또한 이것은 GE에서 혁명과도 같은 조직 혁신을 주도하고 이끌어 갈 핵심그룹을 만드는 작업이기도 하였다. 이들의 원래의 업무와 책임이 웰치를 보좌하

---

9) 잭 웰치 지음, 이동현 옮김, 위의 책, 99쪽.
10) 웰치는 미국최대 복합기업체인 GE를 구멍가게(grocery store)처럼 운영되게 하는 것이 자신의 경영철학이라고 늘 주장해 왔다(BusinessWeek, June 8th 1998: http://www.businessweek.com/1998/23/b3581001.htm).

고 보조하는 것이므로, 이들을 하나로 묶겠다는 것은 결국 이들이 웰치 (CEO)를 중심으로 하나의 팀이 된다는 것을 의미한다.

웰치가 주선한 임원모임에 초대된 사람들은 대체적으로 상호 간에 정보를 공유하지 않기 때문에 서로의 일에 별로 관심이 없었다. 이들은 단지 자신이 맡은 일들이 실수 없이 마무리되어 좋은 평가를 받아, 다음 CEO에 선택되기를 원하는 사람들이었다. 그래서 초기 모임에서는 서로 조심하는 분위기였으나 웰치가 젊은 나이에 CEO가 되어 그가 치명적인 실수를 하지 않는 한, 매우 긴 시간 동안(약 20년간) CEO에 있을 것이었으므로 임원들이 이러한 격식이 없는 모임에서 몸을 사리는 것도 한계가 있었다.

웰치는 이러한 비공식 임원모임(회합)을 정기적으로 열었고 이와 같은 노력으로 웰치는 비교적 짧은 시간에 14명의 임원들 중에서 과반수의 지지자들을 확보할 수 있었다. 이들 중에는 존 벌링검과 에드 후드 부회장, 래리 보시디 섹터 총책임자, 수석 스태프(Executive Staff)인 프랑크 도일, 재정을 책임지고 있는 톰 도센 CFO(Chief Financial Officer) 그리고 회사의 인사를 담당하고 있는 테드 르비노 CHRO(Chief Human Resource Officer) 등이 포함되어 있었다.

3) 요동 만들기 I

일단 조직 혁신의 중심이 되어야 하는 경영진을 장악한 웰치는 자신의 혁신계획을 대내외로 공포하고 본격적인 조직 혁신과 개혁으로 들어갈 준비를 하였다. 웰치는 1981년 12월 8일 뉴욕 피에르 호텔에서 월스트리트의 투자자 및 증권 분석가들에게 '새로운 GE'라는 제목으로 연설을 하게 되는데, 이것은 'GE 혁명'의 서막을 알리는 행사와 같은 성격을 갖고 있었다. 'GE 혁명'을 대외에 알려 공식화하기 이전, 웰치에게는 자신이 앞으로 주도하고 이끌 개혁의 방법과 방식에 대해, 일깨움을 준 두 가지 중요한 사건이 있었다.

그 첫 번째 사건은 엘펀 소사이티(Elfund Society)에서 있었다. 엘펀

(Elfund)은 전기 펀드(Electrical Funds)의 약자로 엘펀 소사이티의 회원들만이 투자를 할 수 있는 뮤추얼 펀드였는데, 사무 관리직을 위한 일종의 친목 네트워크였다. 그러나 이 모임은 단순한 친목 네트워크가 아니었다. GE의 관리자급(manager) 사람들에게 엘펀 회원이 된다는 것은 그 관리자가 좀 더 높은 자리에 오르기 위한 '승진 의례'와 같은 것이었다. 그러므로 엘펀은 점점 정치적인 모임으로 변질되어 가고 있었다.

웰치도 CEO가 되기 전 엘펀 모임에 나간 적이 있었고, CEO가 되자 엘펀의 연례 간부회의 연사로 초청받았다. 엘펀 간부들의 의도는 자신들 조직의 멤버였던 웰치가 CEO가 되있으니 웰치를 초청하여 자신들의 '실력'을 뽐내고, 또 자신들의 영향력을 CEO인 웰치에게 다시 인식시키는 기회를 갖고자한 것이었다. 그러나 웰치는 여기에 대해서 단호히 대응하였다.

웰치는 엘펀 연례 간부회에서 자신이 한 연설을 짓궂게 '청중을 사로잡는(?)매우 고리타분한 것'으로 기억하는데, 그 주요내용은 '엘펀의 조직 성격과내용을 바꾸라는 것'이었다. 웰치의 이 말은 엘펀과 같은 정치조직은 결코수용할 수 없다는 것이며, 이것을 바꾸지 않으면 가만두지 않겠다는 엄중한경고였다. 그의 짧막한 연설이 끝난 후 아무도 질문하지 않았고, 어색한 침묵은 웰치가 간부회의를 떠날 때까지도 계속되었다고 전해진다. 그런데 웰치에게 더 중요한 사건은 그다음 날 일어났다.

엘펀의 연례행사는 1박 2일 동안 이어지는데 웰치의 연설이 끝난 다음 날수석 스태프인 프랭크 도일도 엘펀 참석자들을 만나고 축사를 해 주러 왔다. 웰치는 전날 밤 모임에서 자신이 무슨 이야기를 했는지 도일에게 이야기해주고, 전날 회의장 분위기도 잘 설명해 주었다고 한다. 도일에게도 연설할기회가 왔다. 이 연설에서 도일은 웰치가 전날 한 연설에 뒤를 이어, 엘펀 변화의 필요성을 다시 한 번 강조하였다고 전해진다.

웰치에게 큰 충격을 받고 도일에게는 보다 이성적이고 사리에 맞는 이야기(?)를듣고 싶어 했던 엘펀 간부들에게 이제 웰치와 도일의 말은 경고의 차원을 넘어 명령과 같이 되어 버린 것이다. 더욱 중요하게 이것은 엘펀 간부들에게

'GE의 지도부'는 단결되어 있으며, 그 단결의 중심은 웰치라는 것을 확인시켜 준 것이다. 이후 엘펀의 회장인 칼 니트해머가 웰치에게 전화를 걸어와 만나자고 하였는데, 그는 스스로 엘펀의 개혁계획을 들고 직접 웰치를 찾아왔다고 한다. 웰치는 '엘펀 사건'을 계기로 '일단 지도부부터 꾸리자'라는 자신의 개혁노선에 대해 자신감을 얻게 된다.

두 번째로, 개혁노선을 외부에 공포하기 전, 웰치에게 자신감을 준 또 다른 사건은 캘리포니아 주 샌 호세(San Jose)에 있는 원자로 사업부에서였다. 웰치는 CEO가 되자마자 각 사업부를 방문하였는데, 각 사업부에서 웰치가 받은 인상은 매우 비관적인 것이었다. 매우 많은 수의 사업부 관리자들이 심각한 관료주의에 빠져 있었으며, 자신들의 지위를 새로운 도전과 기회의 발판(springboard)이라고 여기기보다는 자신들이 조직을 위해 '봉사한 대가'라고만 생각하고 있었다.

이들에게 고객을 위해 최상의 서비스를 제공한다는 의식은 실종된 채 오히려 자신들(GE)의 상품을 사 가는 고객이 '행운아'라고 인식하는, 말도 안 되는 자만심까지 팽배해 있었다고 한다. 이것을 확인한 웰치는 조직 혁신과 개혁에 대한 필요성을 다시 한 번 절감하게 된다. 그러나 한편으로는 GE에서 혁신과 개혁이 얼마나 어려운가에 대해서도 새삼 느끼게 되었으며, 여기에 대해서 어느 정도 낙담하였다고 한다. 그런데 이러한 낙담 속에서도 희망을 발견한 계기가 원자로 사업부 방문 후에 일어났다.

웰치는 샌 호세 원자로 사업부를 방문하여 그곳 사업부 임직원들과 원자로 사업에 대한 전망에 대해서 보고를 받고 이들과 토론하는 시간을 가졌다. 일종의 '현지 지도'를 한 셈이다. 웰치는 원자로 사업부 임직원들을 매우 능력 있고 똑똑한 사람들로 평가하고 있었는데, 이들이 내놓은 원자로 사업에 대한 전망은 매우 비현실적이었다고 한다.[11]

스리마일(Three Mile) 섬에서 방사능 누출 사고 이후, 웰치는 미국 국내에

---

11) 잭 웰치 지음, 이동현 옮김, 위의 책, 154~155쪽.

서 원자로 사업은 사양(斜陽)길을 갈 것으로 예상하고 있었다. 그런데 원자로 사업부 임직원들은 스리마일 섬 사건 이후에도 원자로가 미국에서 문제없이 잘 팔릴 수 있다는 것을 가정하고 계획을 세웠고, 그것을 웰치에게 보고하였던 것이다.

웰치가 그들의 보고서가 매우 비현실적이라고 비판하자 원자로 사업부 사람들은 크게 반발하였고, 양측 사이에 격렬한 토론이 일어났다고 한다. 이러한 일은 웰치가 CEO로 부임하기 이전에는 자주 일어나지 않았다. 아니, GE의 기존 경영 방식을 고려할 때 절대 일어나지 않았을 것이다. 기존 사업부 계획서의 결재순서는 다음과 같았다.

각 사업부의 계획보고서는 그 사업부가 속해 있는 섹터 책임자에게 올라가고 여기서 통과되면 계획수립 담당자와 재무 스태프들이 최종적으로 가부(可否)를 결정하고, 이것을 CEO가 사인하는 것이 기존의 결재순서이다. 그렇기 때문에 회장이 직접 사업부를 방문하여 계획보고서를 검토하는 것은 기존의 방식에서 벗어나는 것이며 사업부 임직원들에게는 결코 익숙한 일이 아니었다.

사실 웰치처럼 기업총수가 직접 사업부로 내려와서 일개 사업부 임직원들과 계획서를 놓고 토론을 하고 설득하는 일은 GE역사상 전무후무한 일이었다. 한국적인 배경에서 생각하면 사업부 임직원들에게는 매우 고무적인 일이 될 수도 있겠지만, GE 원자로 사업부의 대부분의 임직원들은 웰치의 이러한 '현지 지도'를 별로 달갑게 생각하지 않았다.

이들은 비현실적인 자만심으로 가득 차 있었기 때문에 자신들의 영역(turf)에 외부인(그가 그룹회장일지라도)이 와서 왈가왈부(曰可曰否)하는 것을 용납할 수 없었으며 쓸데없는 간섭(intervention)으로 받아들였다. 그래서 웰치도 처음에는 이 방문을 통해 무엇을 얻었는지 의아했을 정도로 황당했다고 한다. 그러나 이 방문에서 웰치는 로이 비튼(Roy Beaton) 박사만은 설득할 수 있었다. 비튼은 바로 이 원자로 사업부의 리더 격이었는데, 그는 다른 임직원들을 설득하여 웰치의 제안을 받아들이도록 하였다. 이리하여 원자로 사업부는 웰치의 제안대로 생산보다는 서비스에 초점을 두어 사업 방향을 전환

하였고, 이후 원자로 사업부의 순이익은 지속적으로 늘어났다고 한다.[12]

웰치는 원자로 사업부에서 대단히 중요한 교훈과 자신감을 얻었다고 회고한다. 원자로 사업부에서 혁신에 참여하였던 사람들은 웰치의 말대로 '전형적인 잭 웰치 유형'은 아니었다. 그들은 젊지도, 변화에 민감하지도 못했고 관료주의에 푹 젖어 있었던, 그 당시 전형적인 GE 사람들이었다. 그룹총수인 웰치의 방문조차 별로 달가워하지 않는 사람들을 웰치의 혁신 신봉자로 만들기란 매우 어려운 일이었다. 그런데 그런 사람들이 GE 혁명의 첫 시발이 된 것이었다. 여기서 웰치는 혁명과 같은 조직 혁신과 개혁에 대해 두 가지 중요한 교훈을 얻는다.

첫 번째, 혁신은 CEO 자신이 직접 그리고 정열적으로 밀고 나아가지 않으면 불가능하다는 점이다. 이 점은 웰치가 설명하는 자신의 리더십(P가 싸고 있는 4가지 E[13]– 4Es wrapping in P)에도 잘 나타나 있다. 여기서 'P'란 passion(정열)을 의미하는데 웰치가 말한 '정열(情熱)'은 단지 가슴에서 일어나는 뜨거운 감정뿐 아니라 개혁에 대한 지속적인 믿음, 끈기, 그리고 용기를 뜻하고 있다.

두 번째, GE 같은 큰 조직에서 개혁을 추진하기 위해서는 GE를 이루고 있는 각 사업단위와 사업현장에서 중심이 되는 사람들을 개혁의 핵심 멤버로 만들어야 한다는 점이다. 즉, 자신의 혁신과 개혁을 각 사업부에서 전파하고 이끌 인재를 확보해야 혁신과 개혁을 제대로 할 수 있다는 점이다. 원자로 사업부에서 웰치가 얻은 교훈은 이후 웰치의 개혁프로그램의 핵심을 이루고 웰치의 유일체제 리더십의 근간이 된다.

---

12) 잭 웰치 지음, 이동현 옮김, 위의 책, 155~156쪽.
13) 웰치가 주장하는 4E란 강력한 에너지(Energy), 목표를 달성하기 위해 다른 사람들에게 활력을 불어넣을 수 있는 능력인 격려(Energize), 복잡한 의사 결정 과정에서 'Yes'와 'No'를 분명히 말할 수 있는 단호함(Edge), 그리고 자신의 약속을 지속적으로 수행할 수 있는 실행력(Execution)이다.

4) 요동 만들기 II(조직 흔들기- shaken up of organization)

웰치가 1981년 12월 8일 월스트리트(Wallstreet)의 투자가와 증권 분석가들 앞에서 'GE 혁명'을 대외에 알리는 역사적인 연설을 하게 된다. 그런데 이 연설이 있기 두 달 전 10월 웰치는 먼저 GE의 120명의 중역들을 모아 놓고 GE 혁명을 내부에 알리는 연설을 하였다. 이 연설에서 웰치는 다음과 같이 말하였다.

> 우리의 당면 과제는 어려운 현실을 직시하는 것이다. (중략) 여러분은 사업의 주인이다. 제발 부탁하건대, 여러분의 사업을 주도적으로 운영해 가라. 우리가 개입하지 않도록 해라. 1981년 현재 당신이 어느 위치에 있는지를 보라. 1985년에는 그리고 더 중요한 것은 1990년에 어느 곳에 있게 될 것인지를 살펴보라. 그때 당신은 그 부문에서 첫째 아니면 둘째로서 경기에 참가할 수 있겠는가?[14]

이 연설에서 웰치는 두 가지 메시지를 GE중역들에게 던지고 있다. 먼저 GE가 지금 심각한 위기에 처해 있다는 메시지와, 앞으로 첫째 아니면 둘째가 되지 못하는 사업은 GE에서 퇴출될 거라는 메시지였다. 그런데 웰치가 당시 연설에서 던진 메시지를 이해하는 중역들은 별로 없었다. 대부분의 중역들은 별로 할 이야기가 없는 웰치의 허풍으로 생각했다. 왜냐하면 GE는 이미 일류기업의 반열에 올라 있었기 때문이었다.

당시 GE의 전년대비 순이익은 9% 증가한 17억 달러에 달하였는데, 이것은 포춘(Fortune)지가 선택한 500대 기업 중 10위에 해당되는 수치였다. 이러한 초 우량기업이 위기에 처해 있다는 웰치의 경고가 별로 할 말 없는 젊은 CEO의 허풍으로밖에 들리지 않았던 것은 아마 당연하였을 것이다. 그러나 이것은 웰치가 앞으로 이끌고 나아갈 'GE 혁명'의 서곡(序曲)이었다.

---

14) 노엘 티키 · 스트랫포드 셔면 지음, 김동기 · 강석진 옮김, 앞의 책, 116~117쪽.

웰치는 1981년 12월 뉴욕 피에르 호텔에서 역사적인 연설이 있은 후 곧바로 '조직 길들이기'에 들어갔다. 먼저 웰치는 다음과 같은 전략적 목표를 세운다. "경쟁시장에서 1위 아니면 2위가 되거나, 아니면 재구축하거나 매각하거나 폐쇄한다(Be number 1 or 2; Otherwise, Fix, Sell or Close)." 웰치는 앞으로 시장 주도권을 확보할 수 없는 사업은 어느 것이든 재구축하거나, 매각하거나, 아니면 폐쇄하겠다고 공언한 것이다. 웰치의 이 전략적 목표는 웰치가 GE의 CEO가 된 직후 경영학계의 거목 피터 드러커를 만나 나눈 대화에서 나왔다고 한다.[15]

웰치는 이 전략적 목표를 곧바로 행동에 옮겼다. 자신이 세운 전략적 목표에 입각하여 웰치는 당시 GE 세일의 대표주자나 다름없었던, 냉·난방기 등 백색가전 사업부를 매각하는 것을 필두로 1985년까지 석탄·광산에서부터 전기다리미에 이르기까지 117개의 사업을 매각하였다. 이것은 1981년 210억 달러였던 GE의 자산 가운데 20%가 개혁 초기 4년 동안 정리된 것이며, 100여 년의 역사를 지닌 GE의 사업 포트폴리오가 완전히 해체된 것을 의미한다.

웰치의 초기 개혁조치는 필연적으로 조직개편을 동반하였다. 5년 동안 매각된 사업부에 소속된 3만 7천 명의 직원을 포함해 전체 직원의 25%에 해당하는 11만 2천여 명이 GE를 떠났다. 이리하여 1980년과 1985년 사이에 GE의 직원은 41만 1천 명에서 29만 9천 명으로 줄었다. 당시 GE를 떠났던 11만 2천 명의 직원 중에서 약 3만 7천 명은 사업부를 매각하면서 새로운 회사로 자리를 옮겼지만, 전체 고용 인원의 5명 중 1명, 즉 8만 1천 명은 다운사이징(downsizing)이라는 생산성을 이유로 일자리를 잃었다. 이런 이유로 웰치는 '중성자탄 잭'이라는 별명을 얻게 되고, 포춘지는 웰치를 '미국에서 가장 무자비한 10명의 경영자' 중에서 1위로 선정하기도 하였다.

---

15) 웰치가 "앞으로 어떤 사업에 주력하는 것이 좋겠습니까?"라고 묻자 드러커는 이렇게 되물었다고 한다. "만약 어떤 사업에 아직 진출하지 않고 있다면, 지금이라도 그 사업에 진출하겠습니까? 그 질문에 대한 답이 '노'라면 이제 그 사업을 어떻게 하겠습니까?" 바로 여기서 웰치는 '1등이나 2등……비전'을 얻었다고 한다(잭 웰치 지음, 이동현 옮김, 앞의 책, 164쪽).

웰치가 단행(斷行)한 성장성이 취약한 기업 매각과 무자비한 인원 감축은 전략적 목표달성을 위하여 취해졌으며, 예산 감축이라는 결과도 더불어 얻게 되었다. 웰치의 이러한 조치가 조직에게 끼친 영향은 엄청나다. 웰치가 전략적 목표를 설정하여 필요 없다고 판단하는 사업부를 매각하고, 전략[16] 달성에 도움이 된다고 보는 RCA와 같은 기업을 매입하는 것은 GE의 조직 구성을 180도로 바꾸어 놓았다.

웰치는 자신이 CEO로 취임한 지 4년 만에 GE의 조직 구조를 자신의 전략적 목표에 준하여 바꾸어 놓았다. 이것은 웰치가 조직을 완전히 장악한 것을 의미한다. '조직 장악'이란 리더가 구상하는 전략적 목표를 달성하기 위해 조직 내부의 질서를 전략적 목표에 걸맞게 잡아가는 것을 의미한다. 매각과 다운사이징으로 인한 대규모 감원은 남아 있는 직원들을 긴장과 공포에 빠지게 하였다. 그러나 직원들의 감정적인 차원에서 변화보다 조직적인 차원에서 중요한 변화는 웰치의 개혁 드라이브에 대한 직원들의 생각의 변화이다.

4년 동안 개혁 드라이브가 진행되는 동안 직원들은 웰치의 말대로 '현실을 직시'해야만 되는 상황으로 몰렸고, 자신들도 웰치의 개혁에 참여하거나 아니면 해고될 수도 있다는 생각을 하였을 것이다. 결국 감원되지 않은 GE직원들은 자신들이 회사에서 살아남기 위해서 웰치 개혁에 동참할 수밖에 없다는 생각을 하고 개혁에 적극적으로 나선 사람들이다. 이런 직원들의 생각과 의식의 변화는 GE에서 웰치의 혁신과 개혁 질서가 자리를 잡은 것을 의미한다.

5) 웰치의 '조직 장악' 과정의 핵심 포인트

웰치의 조직 장악을 좀 더 구체적으로 살펴보자. GE와 같은 거대 조직은

---

16) 웰치는 이것을 세 개의 원으로 표시하고 있는데 이것들은 서비스(service)- 금융, 정보, 건설 및 엔지니어링, 원자력; 고기술(high-tech) - 의료기기, 신소재, 산업설비, 항공우주, 항공기 엔진; 핵심(core)- 주요가전, 조명기기, 터빈, 운송설비, 모터, 콘트랙터 장비(잭 웰치 지음, 이동현 옮김, 위의 책, 168쪽).

국가와 같아서 조직을 혁신한다는 것은 혁명을 하는 것과 유사한 점이 많다. 일반적으로 혁명이 성공하기 위해서는 혁명가는 경찰, 대중매체, 그리고 교육기관이라는 세 가지 주요한 통제수단을 장악해야 한다.[17] 그러나 이것보다 더욱 중요한 전제 조건이 있다. 그것은 바로 혁명주체, 즉 혁명의 중심부가 있어야 하며 단합되어 있어야 한다.

웰치가 회고하듯이 1980년대에 GE에서 시작된 거대한 혁신의 물결은 내부에 강력한 핵심 지원 그룹이 없었다면 불가능한 것이었다. 위에서 살펴보았지만 웰치는 먼저 14명의 GE 임원(executive)들을 자신의 개혁 신봉자로 만들려고 노력하였다. 이들과 주기적으로 격식이 없는 비공식 모임을 가졌으며 GE 혁명 초기 이들 중 적어도 과반수를 자신의 지지자로 만들었다. 더 나아가서 웰치는 개혁 2막이 시작되는 1985년부터 상층의 저항자들을 제거하고, 엄선한 경영자들을 GE에서 가장 중요한 직무에 배치하는 식으로 계층을 줄인 다음, 최고 경영진을 개편하였다.

이 조치들을 강화하기 위해, 웰치는 기업경영위원회(Corporate Executive Committee, CEC)라는 새로운 강력한 정치적 집단을 만들었다. GE의 주요 사업부문의 리더와 최고위층 스태프 몇 명으로 구성된 이 집단은 정보교환 중추로서의 역할을 수행하였으며 혁신의 중추부(headquarter) 역할을 담당하였다.

GE의 교육기관은 크로톤빌(Crotonville) 연수원이었다. 크로톤빌 연수원은 원래 1956년 코디너 전(前) 회장이 처음 만들었으나 웰치가 CEO가 되기 전까지 연수원으로서 큰 역할을 하지 못하고, 단지 GE 임직원 전용 모텔 정도의 역할만을 하고 있었다. 웰치는 이러한 크로톤빌을 GE 혁신의 중심 교육기관으로 생각하고 있었다.

1981년 플로리다 주 벨레어에서 열린 고위 경영자들과의 연례회의에서 웰치는 오랜 GE 외부 컨설턴트이며 하버드 경영교수였던 짐 보먼을 만났다. 웰치는 CEO로 선정되었지만 아직 취임 전이었는데, 이때 웰치는 보먼을 붙

---

17) 노엘 티키 · 스트랫포드 셔먼 지음, 김동기 · 강석진 옮김, 앞의 책, 125쪽.

잡고 자신은 GE에서 혁신을 간절히 원하며 크로톤빌이 그 핵심적인 역할을 해 주기를 희망한다고 말하였다. 그리고 보먼이 크로톤빌 연수원의 원장이 되어주기를 간곡히 부탁하였다고 한다. 이후 크로톤빌은 웰치의 바람대로 자신의 개혁 비전을 전파하고 혁신 인재들을 키워나가는 메카(mecca)로 자리 잡았으며 GE 혁명에서 없어서는 안 되는 중요한 축이 되었다.

1917년 러시아에서 일어난 볼셰비키 혁명은 볼셰비키당의 신문 이스크라(Iskrá- 러시아어로 '불꽃')가 없었으면 성공하지 못했을 것이라는 레닌의 평가가 있듯이, 어느 혁명 과정에서든지 혁명세력을 사상적으로 각성시키고, 하나로 묶어내는 데 있어서 매체는 매우 중요한 역할을 한다. GE의 매체는 CEO의 연설과 종업원들의 회보에서 기업의 연례보고서에 이르는 간행물을 말한다.

웰치는 이 같은 매체가 직원들의 생각에 미치는 영향을 잘 파악하고 있으며, 직원들의 생각을 바꾸는 데 있어 매체의 중요성도 잘 인식하고 있었다. 웰치는 이 매체를 통해 자신이 갖고 있는 혁신과 개혁에 대한 생각, 의지, 그리고 계획을 GE 전체 직원들에게 전파하였다. 그래서 그는 자신의 모든 연설문안을 직접 썼으며 그것에 필요한 자료도 직접 준비하였다고 한다.

GE에서 '경찰' 역할을 하는 것은 바로 재무부서였다. 웰치가 조직을 장악하기 위해서는 재무부서를 필수적으로 장악해야만 하였다. 그러나 위에서 살펴보았듯이 웰치가 CEO로 부임하기 전(前) GE는 관료주의로 운영되고 있었다. 그리고 전체 그룹을 이끌어갈 지도자(leader)는 부재하였고, 자신들의 사업부와 부서를 감독하고 관리하는 관리자(manager)들만이 존재하였다. 이것은 필연적으로 그룹 자금의 운영과 감독을 하는 재무부서의 영향력을 높이고, 그룹에서 이 특정 부서의 비대화를 가지고 왔다.

당시 재무부서의 담당자는 톰 도센이었다. 도센은 웰치가 피츠필드에서 서비스와 신소재 센터의 책임자로 있을 때부터 절친하게 지내던 오랜 동료였다. 도센도 재무 부문에서 발군의 실력을 입증하여, 레그에 의해서 그룹전체의 재무를 책임지는 CFO로 발탁된 것이었다. 도센은 웰치가 처음 임원회합을 주도했을 당시부터 웰치의 열렬한 지지자였으며 경영자 임원그룹의 핵심에 한 부분을 차지하고 있었다. 그러나 도센은 웰치가 재무부서에 개혁의 메스를 대려고 하자 반기를 들었다.

도센은 웰치가 처음 조직 혁신을 이야기했을 때는 지지하였다. 그러나 웰치의 궁극적인 목표를 정확히 몰랐거나 전적으로 동의하지는 않았던 것 같다. 웰치는 부서와 사업부 간에 존재하는 벽을 허물어 근본적인 조직 혁신을 통해 GE를 하나의 유기체와 같은 조직으로 만들기를 원하였다. 도센이 재무부서의 기존의 역할과 기능을 살려두기를 원했던 것을 미루어 보아, 도센은 부분적인 조직 혁신은 수용하지만 자신이 GE의 핵심이라고 생각하고 있던 재무부서까지 축소하며, 조직 전체를 송두리째 바꾸는 것에는 반대하였던 것으로 추측할 수 있다.

여기에 대한 웰치의 대응은 단호하고 신속하였다. 웰치는 도센을 설득하기 위해 그와 많은 대화를 가졌으나, 도센이 재무부서를 바꾸는 것에 동의하지 않자, 도센을 즉각 해고하였다. 그리고 이사회에서 프레젠테이션을 해 본 경험도 없는 당시 38세 약관이지만, 자신의 혁신과 개혁의 신봉자인 데니스 대머먼을 CFO로 임명하였다.[18] 이것은 매우 파격적인 인사였다. 대머먼을 CFO로 임명한다는 소식이 전해지자 회사 전체가 충격에 휩싸였고 재무부서는 완전히 벌집을 쑤셔놓은 것과 같은 분위기가 되었다.[19]

도센의 해고와 대머먼의 기용은 웰치의 조직 혁신에 대한 내용과 의지를 상징적으로 보여주는 사건이었다. 웰치는 조직 혁신에 반기를 드는 세력과 인물은 그게 어디고 누구라도 GE에서 살아남을 수 없으며, 오직 CEO와 같이 혁신과 개혁을 밀고나갈 인물만이 GE에서 중용된다는 메시지를 그룹 전체에 이 사건을 통해 전달한 것이다.

도센뿐 아니라 웰치가 조직 장악기간 중, 조직 혁신과 개혁에 반기를 들었

---

18) 잭 웰치 지음, 이동현 옮김, 앞의 책, 249~250쪽.
19) 잭 웰치 지음, 이동현 옮김, 앞의 책, 201쪽.

던 4명의 수석 부사장들도 회사를 떠나야만 하였다.[20] 그러나 재무부서는 오랜 세월 동안 그룹의 자금을 관장하는 가장 영향력 있는 부서로서 다른 부서 위에 군림하고 있었고, 신성불가침의 영역으로 존속되어 온 관성으로 CFO 교체 후에도 저항이 계속되었다고 한다.

웰치는 자신의 혁신과 개혁 드라이브에 브레이크를 거는 어떤 저항도 용납하지 않았다. 웰치는 대머먼을 통해 이들에 대한 공격을 주도면밀하고 강력하게 전개해 나갔다. 웰치의 입장에서 이곳에서 밀리게 되면 치명적인 선례를 남기게 되어 전사적 혁신과 개혁이 매우 어려워지기 때문이었다.

대머먼은 웰치의 동의를 얻어 먼서 재무부서의 예산을 동경시킨 다음, 재무 스태프의 자리 중 80%를 없애버렸다. 그리고 웰치와 대머먼은 단 열두 명의 재무 기획담당자들만을 사업개발 스태프로 페어필드에 남겨 두고, 사업 책임자들에게 자체적으로 기획을 수립할 책임을 부여함으로써 일부 재무부서의 책임과 역할을 사업부로 이양하여 재무부서의 영향력을 축소해 버렸다. 이로써 재무부서는 완전히 장악되었다.

재무부서를 장악하는 것은 전체 조직 혁신의 관점에서 매우 중요한 의미를 가지고 있다. 재무부서는 장악되기 전 신성불가침적 부서였기 때문에 이곳을 장악함으로써 웰치는 그 상징적인 의미를 극대화할 수 있었다. 또한 웰치에게는 재무부서를 반드시 장악해야만 하는 현실적인 이유가 있었다. GE의 대부분의 사업 단위 사업부들은 늘 자금에 목말라했기 때문에, 자금을 관장하는 재무부서가 모든 사업부 위에 군림하고 있었던 것이다.

이제 재무부서가 CEO인 웰치에 의해 확실히 장악되었기 때문에 GE의 각 사업단위 사업체들은 웰치가 설정해 놓은 기준을 충족시켜야 자금을 할당받을 수 있게 된 것이다. 매년 GE의 46개 전략사업단위 사업부 각각은 페어필드의 승인을 얻기 위해 자세하게 작성한 계획서를 제출해야 했다. 또한 손익명세서를 작성하는 모든 사업부는 적어도 일 년에 두 번씩 공식적인 예산

---

20) 잭 웰치 지음, 이동현 옮김, 앞의 책, 198쪽.

검토를 받아야 했다.

웰치에게 확실히 장악된 재무부서는 이제 웰치의 의지를 반영하고 웰치 편에서 경찰역할을 하게 되었다. 재무부서는 사업단위에서 올라온 사업계획, 예산 및 자금요청을 웰치의 전략적 목표(분기별 이득을 계속 증대시키는 것과, 1등 아니면 2등이 되어야 한다)를 기준으로 심사하고 또는 조건으로 승인하였다.

웰치가 제시한 이 두 가지 요구는 많은 사업부문 경영자들이 자신의 사업을 웰치가 제시한 전략적 목표에 맞추어 철저히 재검토하는 한편, 비용을 급격하게 절감하도록 만들었다.[21] 웰치는 GE에서 경찰역할을 하는 재무부서를 장악함으로써 자신의 조직 혁신 프로그램을 전사적으로 발전시키는 동시에 감독·관장할 수 있게 되었다.

웰치가 GE라는 거대한 조직을 완전히 장악하게 된 것은 1985년 말경이다. 이 과정을 요약하여 보자. 웰치는 일단 GE 경영진(부회장, 본사 스태프들, 그리고 각 사업 섹터의 책임자들)을 설득하여 이들 중 과반수를 자신의 지지자로 만들었다. 이것은 웰치가 앞으로 본격적으로 조직 혁신을 추진하기 전에 핵심체(core group) 또는 핵심지도부를 꾸린 것과 마찬가지였다.

사업하는 분야에서 1등이나 2등이 되어 시장 주도권을 확보하거나 그렇지 못할 경우, 재구축(fix)하거나 매각(sell)아니면 폐쇄(close)한다는 전략적 목표를 세워 이것을 기준으로 100개가 넘는 사업체를 매각하고 전체 직원의 4분의 1 이상을 감축하여, 조직 혁신과 개혁의 주도권(hegemony), 규율(order), 그리고 규칙(rule)을 잡았다.

'신성불가침'으로 회사의 다른 조직 위에 군림하고 있었던 재무부서를 부서의 책임자였던 CFO 톰 도센까지 해고하며 확실히 장악함으로써 재무부서를 신성불가침의 존재가 아니라, 조직 혁신과 개혁의 규율과 규칙을 감독하고 집행하는 혁명의 경찰로 탈바꿈시켰다.

---

21) 노엘 티키·스트랫포드 셔먼 지음, 김동기·강석진 옮김, 앞의 책, 127쪽.

웰치가 전사적으로 GE 조직을 장악한 것은 그가 CEO로 취임하고 4년 만에 이루어졌다. 관료주의와 서로 간의 벽을 쌓는 헌 질서는 이제 표면적으로는 사라지게 되었다. 그리고 웰치는 명목상뿐 아니라 현실 내용적으로도 확고한 조직의 장(head)으로서 자리 매김을 할 수 있게 되었다. 앞서 대량 매각과 무자비한 해고를 경험한 GE인들은 웰치를 두려워하게 되었다.

또한, GE인들은 그가 하는 말이 허풍이 아니며, 살아남기 위해서는 누구든지 반드시 지키고 따라야 하는 명령과 지시로 인식하게 되었다. 즉, 웰치의 규율과 규칙인 '혁신과 개혁'이 이제 GE에서 새로운 질서로 자리 잡게 된 것이다. 그러나 조직 장악이 결코 혁신과 개혁의 '완성'을 의미하지는 않는다.

웰치가 조직을 장악하였다는 것은 웰치가 GE 혁명 완수를 위한 인프라(infrastructure)를 깔고 조직의 하드웨어(hardware)를 바꾼 것으로 보아야 한다. 웰치가 조직 혁신을 추진한 가장 중요한 목적은 GE를 보다 경쟁력 있는 조직으로 만들어 미래에도 최고의 기업으로 남아 있게 하기 위해서였다.

조직 장악이 끝난 다음 단계는 조직 강화였다. GE는 웰치의 조직 강화 프로그램 과정을 거치면서 지속 가능한 경쟁력을 확보하면서 웰치 재임기간 내내 초일류 기업의 자리를 유지할 수 있게 된다. 그리고 조직 강화는 GE에서 유일체제 리더십이 확대, 강화, 그리고 실현되어 가는 과정이기도 하다.

2. 조직 강화

'조직 장악'이 조직의 하드웨어를 바꾸는 일이라면 '조직 강화'는 조직의 소프트웨어를 바꾸는 일이다. 이것은 궁극적으로 기존까지 형성되고 향유되어 온 GE의 문화와 그 문화의 영향을 받고 있는 사람들의 마음을 바꾸는 일이다. '조직 장악' 과정에서 웰치는 GE에서 신질서를 구축하여 놓았다.

그러나 차가 바뀌었다고 운전수의 운전 습관이 하루아침에 바뀌지 않듯이 오랜 시간을 거쳐 GE의 사원들의 행동양식을 지배해 온 관료주의 문화와 안일주의는 쉽게 없어지지 않았다. 웰치의 혁신에 대한 가시적인 저항은 사라졌지만 사원들은 새로운 질서에 어떻게 적응하는지를 잘 파악하지 못하고 있었다.

조직을 장악한 후 웰치의 다음 단계 혁신 프로그램의 주목적과 내용은 바로 사원들에게 새로운 질서를 설명하고 인식시켜, 이들을 조직 혁신 프로그램에 능동적으로 참여시키는 것이었다. 이것은 조직을 강화시켜 경쟁력을 확보하는 것을 의미한다. 웰치에게 경쟁력이란 단순한 경쟁력이 아닌 '지속 가능한 경쟁력'을 이야기하는데, 이것은 바로 시장에서 1등이나 2등의 자리를 구축하고 유지하는 것이었다.

웰치가 각 사업부에게 이익을 낼 것만을 요구하지 않고, 굳이 1위 아니면 2위의 시장 점유율을 강조한 이유는 시장에서 보다 안정적인 승자의 위치를 확보하기 위해서이다. 즉, 시장점유율을 주도하면서 얻어지는 막대한 매출과 이익마진은 GE가 지속적으로 시장을 주도할 수 있는 재무상의 융통성(financial flexibility)을 제공하게 되기 때문에, 시장 점유율을 강조한 것이다. 그런데 이것은 매우 어려운 일이다. 왜냐하면 GE의 경쟁자들(competitors)도 GE와 유사한 목적으로 신상품과 서비스 개발, 비용 절감 등을 통해 경쟁력을 높이고 GE에 도전해 옴에 따라 시장 역시 끊임없이 변화하고 진화하기 때문이다.

1) 지속 가능한 경쟁력확보를 위한 세 가지 조건

경쟁자들의 도전을 막아내고 경쟁에서 승리하기 위해서는 시장 변화의 속도보다 빠르게 그리고 궁극적으로 시장 변화의 속도를 능가하여 시장 변화를 주도해야 한다. 이것을 가능하게 하기 위해서는 세 가지 조건을 충족시켜야 한다.

먼저 조직 내에서 정보가 막힘없이 공유되어야 한다. 현대 사회는 정보 사회이고 정보는 경쟁력의 원천적인 요소이기 때문이다. 마치 생명의 원천이라고 할 수 있는 기(氣)가 인간 몸속에서 원활히 돌아 건강이 유지되듯이, 기업에게 기와 같은 정보는 조직 내에서 원활히 돌며 공유되어야 조직이 건강해질 수 있다.

둘째, 조직이 깨어 있어야 한다. 조직이 깨어 있지 못한다면, 즉 새로운 정보에 대한 갈망과 변화에 대한 긴장감이 없다면, 새로운 정보가 들어와도 인식하지 못하고 일을 진행시키지 못하게 되기 때문이다.

셋째, 조직은 긴밀히 연결되고 단합되어 있어야 한다. 그래서 구성원 상호간의 협력이 항상 만들어질 수 있도록 분위기가 형성되고 유지되어야 한다. 만약, GE와 같이 많은 사업체가 보여 있는 복합기업체에서 각 사업체나 사업단위 사이, 또는 같은 사업단위 내의 직원들 사이에 불신이 팽배하다면 정보가 공유되지 않을 뿐더러 생산성도 떨어져 경쟁에서 도태될 수 있기 때문이다.

앞에서 살펴보았지만 웰치가 CEO로 취임했을 당시 GE는 과거의 영광에 집착하고 있었으며, 둔감하여 변화의 필요조차 느끼지 못하고 있었다. 이와 같은 GE의 당시 상태는 웰치가 '끓는 물속의 개구리 증후군(boiled frogs syndrome)'이라고 빗대어 표현할 정도로 심각하였다.[22] 이것을 피하기 위해 웰치는 혁신과 개혁의 드라이브를 CEO로 취임하자마자 걸었던 것이다. 웰치는 비교적 빠른 시간에 조직을 장악하고 혁신 드라이브의 2단계인 '조직 강화'를 추진할 수 있게 된다.

조직 강화의 궁극적인 목표는 지속 가능한 경쟁력을 확보하는 것이다. 그리고 이것을 가능하게 하기 위해서는 시장 변화를 주도해야 하며, 조직은 세 가지 조건을 충족시켜야 한다. 즉, 항상 깨어 있고 서로 유기적으로 연결되어 있으며 밀어주고 끌어주는 분위기에서 정보가 공유되고 원활히 돌 수 있는 조직이 되어야 하는 것이다. 한마디로 경쟁력 있는 조직은 왕성한 생명력을 가진 하나의 유기체와 같이 되는 것이라고 할 수 있다.

---

22) 이것은 찬물이 담긴 냄비에 개구리를 넣고 천천히 가열하면 개구리는 온도가 올라감을 인식하지 못한 채, 마침내 죽는다는 것이다(노엘 티키 · 스트랫포드 셔먼 지음, 김동기 · 강석진 옮김, 위의 책, 118~119쪽).

관료주의는 바로 지속 가능한 경쟁력확보에 가장 큰 적이며 걸림돌이었다. 웰치는 조직 혁신과 개혁 드라이브 1단계인 조직 장악 과정을 통해 그동안 GE를 지배해 온 관료주의 질서를 어느 정도 청산할 수 있었다. 그러나 관료주의가 만들어 놓은 문화는 GE 사원들의 행동 양식을 여전히 지배하고 있었고 쉽게 사라지지 않고 있었다.

사원들은 스스로 회사의 이익을 위해 행동하고 처신하기보다는 여전히 상부의 지시를 기다리고 있었다. 또 현실을 직시하고 책임을 감수하고 적극적으로 행동하기보다는, 여전히 책임을 회피하고 소극적으로 일을 처리하고 있었다. 관료주의 질서는 가시적으로는 사라졌지만 관료주의 문화가 청산된 것은 아니었다.

웰치의 조직 혁신 2단계는 바로 관료주의 문화를 청산하고 새로운 문화를 GE에서 만들어 내는 것이었다. GE에서 신문화 창조는 웰치가 조직 혁신 1단계를 끝마친 1985년에서 웰치가 은퇴하는 2001년까지 계속된다. 15년 이상 계속된 웰치의 '신문화 창조 운동'은 성공적이라고 평가할 수 있다.

GE는 이 기간 중 포춘지가 선정하는 500대 기업에서 10위 안의 자리를 한 번도 놓친 적이 없고 웰치가 은퇴한 2001년 말 현재 GE의 회사 가치는 4,500억 달러로 불어났는데, 이는 1981년 웰치가 회장으로 부임할 당시의 120억 달러보다 무려 40배나 늘어난 것으로, 세계 1위였다. 이러한 경영 능력으로 그는 2001년 영국의 파이낸셜 타임지가 선정한 '세계에서 가장 존경받는 경영인'에 선정되었고, GE 역시 2000년에 이어 '세계에서 가장 존경받는 기업'으로 선정되었다.

'조직 강화'는 GE에서 관료주의 문화를 바꾸고 새로운 문화를 만들어 냈는데, 그것은 바로 유일체제 리더십을 바탕으로 하고 있다. 웰치의 조직 강화 프로그램은 경영진에서 중간 간부로, 그리고 일반 사원으로 확장하는 단계적인 순서로 이루어졌으며 이들 간의 유기적 관계와 연계를 CEC의 역할 강화, 크로톤빌 연수원을 통한 인재 양성, 그리고 워크아웃과 같은 전사적 운동을 통해 심화하고 강화시키는 방향에서 추진하여 갔다.

과거 GE의 수직적 계층 조직은 강제력에 의해 통제력을 유지하였다. 조직의 모든 계층에 있는 관리자들은 명령을 내리고 집행하는 데 대부분의 시간을 보냈다. CEO에서 사업 섹터로, 사업 섹터에서 사업부문 책임자에게로, 그리고 소규모 사업단위의 일반노동자에게로 명령이 하달되었던 것이다. 이와 같은 전형적인 관료주의를 기본으로 한 명령체제는 GE에서 자리 잡을 수 있었지만, 사원 간의 원활한 대화와 정보교환을 통해서만 얻어질 수 있는 '창조성'과 조직 간의 긴밀한 대화와 협력 속에서만 나올 수 있는 '시너지'는 관료주의적 명령체제 속에서 질식되었던 것이다.

사원들은 그들이 명령받은 것만을 수행하고 그 이상의 것은 하지 않도록 길들여졌으며 누구도(그것이 임원인 경우에도) 책임지려 하지 않았으며, 위험 부담이 될 만한 어떤 일도 추진 및 감행하지 않았다. 이것을 간파한 웰치는 위계질서의 중추를 이루고 있던 사업 섹터[23]를 해체하고, 사업단위 그리고 사원 간의 의사소통과 정보교환의 보다 원활한 소통을 도모하였다.

이러한 조직 재편은 같은 사업부문에서 명령계통을 단축시켰다. 또한 사업단위의 책임자들이 직접 CEO에게 보고하게 됨으로써 웰치는 사업현장과 보다 가까워질 수 있게 되었다. 그러므로 그의 '조직 장악'을 보다 구체화시키며 자신의 조직 통제력(장악권)도 강화시켰다. 그러나 명령체제의 변화는 두 가지 심각한 문제를 유발시켰다.

첫째, 명령체제의 변화는 사업 섹터를 기준으로 하고 있던 조직의 큰 단위(macro-level) 위계질서를 부수어 버렸다. 그러나 위계질서는 문화로 존재하고 있었다. 위계질서라는 문화는 이것의 큰 단위가 붕괴되자, 작은 단위(micro-level)로 재정립되어 여전히 맹위를 떨쳤던 것이다. 각 사업단위에

---

23) GE의 조직은 사업 섹터를 중심으로 계열화되어 있었다. 사업 섹터는 일반가전(Consumer Products), 서비스와 신소재(Service and Materials), 기술 시스템(Technical System) 등 여덟 가지로 나누어져 있으며 서비스와 신소재 섹터에 엔지니링 메터리얼(Engineering Material), 프라스틱 비즈니스(Plastic Business Operation), 전지(Battery Business Department), 일렉트로메터리얼(Electromaterials Business Division), 그리고 GE 신용 카드(GE Credit Corporation) 등이 속해 있듯이 계열화되어 있었다.

서 위계질서는 여전히 남아 있었다.

둘째, 사업 섹터가 있을 때는 같은 사업 섹터 내에서의 동질성과 협력이 형식적으로나마 존재하고 있었다. 그러나 사업 섹터가 없어지자 같은 사업부문에서의 동질성도 희박해질 뿐 아니라, GE의 전사적인 동질성을 확보하는데도 커다란 문제가 생긴 것이다. 즉, 사업 섹터가 없어지면서 GE가 조직적으로 분해될 수도 있는 위험이 생긴 것이다.

각 사업 책임자들은 자신들의 사업단위를 다시 프로핏센터(profit center)로 운영하려 하였으며, 다른 사업 단위들과(그것이 같은 사업부문이라도) 정보공유를 하려고 하지 않았으며 협력하려고도 하지 않았다. 이들에게는 더많은 금융지원을 본사로부터 따내기 위해, CEO의 신임을 얻기 위해 그리고언젠가는 CEO의 자리를 차지하기 위해 서로 경쟁하는 관계로 변질될 위험도 도사리고 있었다.[24]

2) 조직 다지기 I(GE 조직의 DNA-기업경영위원회, CEC)

GE를 하나의 통일된 유기체로 묶어 GE의 경쟁력을 재정비하려는 웰치의 입장에서, 이들 간에 싹트고 있던 서로 간의 경쟁심은 결코 허용할 수 없는 것이었으며 그냥 무마시킬 수 있는 성질의 것도 아니었다. 신중하지만매우 획기적인 조치가 필요하였다. 이에 웰치는 1986년, 그동안 비공식으로 운영되었던 임원모임(회합)을 확대 재개편하여 기업경영위원회(Corporate Executive Council, CEC)를 공식적으로 출범시켰다.

CEC의 구성은 사업부문 책임자들과 수석스태프진 등 30명으로 이루어졌고, 분기별로 회의를 갖고 그때마다 GE에서 일어나는 모든 중요한 문제들을논의하였다. 이런 면에서 CEC는 GE에서 최고 의사결정기구의 모양새를 갖추고 있었다. 그러나 CEC는 명확히 정의된 권한이나 사업의 승인과 신규투

---

24) 노엘 티키 · 스트랫포드 셔먼 지음, 김동기 · 강석진 옮김, 위의 책, 236~237쪽.

자 등을 책임지는 등의 공식적인 의사결정권을 갖고 있지 않았기 때문에, 임원회(board of director)와 같은 최고 의사결정기구는 아니었다. 이는 또 다른 의사결정기구를 만들어 회사 의사결정에 혼선을 주고 싶지 않았던 웰치의 생각이었다.

CEC는 GE에서 최고 의사결정기구는 아니었지만 최고 정치조직이라고 할 수 있다. 웰치가 CEC를 통해 추구하였던 것은 GE의 각 부문의 사업리더들과 기업의 가치를 공유하고 교환하는 것이었다. 그러므로 CEC의 공식적인 임무는 신규투자를 결정하는 등의 의사결정이 아니라 정보를 공유하고 아이디어를 교환하며, GE의 모든 사업단위가 한 목표를 향해 나아가도록 방향성을 제공하는 데 있었다.

웰치는 GE가 지속 가능한 경쟁력을 확보하기 위해서는 GE 직원들의 마음을 지배하고 있는 낡은 위계적 관료주의 문화를 바꾸어야 된다는 점을 잘 인식하고 있었다. 그래서 그는 회사의 지도층이라 할 수 있는 회사 임원들과 각 사업단위 책임자들을 CEC라는 하나의 조직으로 묶어, CEC에서 먼저 낡은 문화를 바꾸고 새로운 문화를 창출하고, 이것을 CEC 구성원들을 통해 전사적으로 전파하려고 하였던 것이다.

웰치는 CEC의 구성원들에게 항상 자기 사업부문의 이익보다는 전체로서의 GE의 이익을 더 중시하도록 요구하였다. 웰치는 CEC가 하나의 진정한 팀으로 거듭나기를 원했다. 웰치에게 '하나의 팀(team)'이 된다는 것은 피상적이며 형식적인 것이 아니고 매우 구체적이며 실체적인 내용을 갖는 것이었다. 궁극적으로는 함께 마음을 나누어 하나가 되자는 것인데, 웰치는 CEC 구성원들을 하나의 팀으로 만들기 위해서 자신의 모든 노력을 아끼지 않았다.

CEC 모임을 처음 가졌을 때 초청된 사람들은 매우 어색하였다고 한다. 그것도 그럴 것이 CEC는 무언가를 결정해야 하는 의사결정기구가 아니었고, 회의의 주제(agenda)조차도 미리 결정되어 있는 것이 아니었기 때문에, 초청자들이 무슨 말을 해야 되는지 잘 모르고 어색해했던 것은 무리가 아니다. 그러나 웰치는 조직 장악 과정에서 격식이 없는 비공식 임원회합을 통해, 이미 CEC의 대부분의 임원들과 주요부서 스태프들을 자신의 혁신과 개혁의 추종자로 확보하고 있었다. 그러므로 웰치가 할 일은 나머지 13개 사업단위의 책임자들에게 조직 혁신과 개혁의 필요성을 설명하고 설득하여, 이들과 함께 새로운 질서와 문화를 CEC에서 만들어 가는 것이었다.

웰치가 CEC 회의에서 가장 중요한 원칙으로 제시하고 강조한 것은 '개방성(openness)'과 '솔직성(frankness)'이었다. 그는 CEC 회의와 회합을 개방적인 토론방식으로 이끌어 갔다. 개방적인 토론방식이란 격식을 차리지 않고 구성원들이 자유롭게 토론하는 것을 이야기한다.

여기서 웰치가 의도하는 것은 '어떤 문제든(그것이 전사적이든 단지 한 사업단위에 국한되어 있든) 모두 GE의 문제이니 다같이 GE라는 동질성과 동지적 관계에서 함께 머리를 싸매고 같이 풀어가자'라고 풀이 할 수 있다. 즉, 지금까지 만연되었던 위계적 관료주의 습성과 'NIH(Not-Invented-Here, 여기서 만든 것이 아님)'와 같이 내부에서 만들어지지 않은 것은 거부한다는, 자만심 가득한 비현실적인 안일주의를 경영층(지도층)에서부터 바꾸자는 것이다.

CEC 미팅과 같은 격식이 무시된 회의방식에 낯설었던 구성원들도 회의가 반복되면서 차츰 익숙해져 갔으며 하나의 팀으로 거듭났다. 회의는 보통 웰치가 주제가 될 만한 이슈에 대해서 설명하면서 시작된다. 여기에 대해 CEC 구성원 각자는 자신의 사업상황에 대해 구두로 간단히(약 10분간) 보고한다. 그런 다음, 회의는 사전에 준비된 회의일정에 따라 광범위한 내용을 가끔은 외설과 농담도 곁들여 격식 없이 솔직한 그리고 격렬한 토론의 장이 되었다고 한다.

회의가 끝날 무렵 누가 무엇을 어떻게 해야 하는지 합의를 만들어 내었으며, 또 서로가 어떻게 협력하여 결정된 사항을 성공적으로 수행할지에 대해서도 구체적으로 논의되었다고 한다.[25] 웰치는 기업의 경쟁력을 조직의 유기적 결합 속에서 찾았다. 각기 기능은 다르지만 하나로 통합되어 서로 상조

---

25) 노엘 티키 · 스트랫포드 셔먼 지음, 김동기 · 강석진 옮김, 위의 책, 240~241쪽.

하여 시너지를 내며 함께 진화·발전해 나아가는 조직, 그것이 웰치가 이상적으로 보는 조직 형태였다. 그는 늘 이렇게 말했다.

서로 다른 분야에 능통한 8명의 유식한 사람들이 함께 저녁식사를 한다고 생각해 보자. 만일 그들 각자가 갖고 있는 최고의 아이디어를 다른 사람들에게 전달할 수 있다면, 그 테이블에 앉아 있는 사람들 모두가 얼마나 더 똑똑해지겠는가![26]

웰치는 먼저 CEC를 하나의 유기체적 조직으로 만들고자 했다. CEC는 최상층 부서의 책임자들과 각 사업단위의 책임자들이 모두 모여 있는 그야말로 GE의 지도부라고 할 수 있다. CEC의 구성원들이 서로 긴밀하고 유기적인 관계로서 하나의 팀이 되어 혁신과 개혁을 이끌어 가게 되면서, 전사적인 혁신과 개혁은 부서와 사업단위 간에 갈등 없이 한 방향으로 추진될 수 있었다.

또한 각 부서와 사업단위의 책임자들인 CEC 구성원들이 유기적으로 연결됨으로써 부서와 사업단위 간의 커뮤니케이션도 용이해졌으며, 서로 간의 상조(相助)의 바탕도 마련되었다. 이런 면에서 볼 때 CEC가 유기체적인 조직으로 진화한다는 것은 전사적 혁신과 개혁의 핵심이며 전제 조건과 같다고 할 수 있다.

웰치는 CEC를 하나의 팀으로 만드는 것을 전사적 혁신과 개혁의 선차적 과제로 설정하고 모든 노력을 다하였다. 웰치는 자신의 업무에서 CEC 모임을 일차적으로 챙기며 개방성과 솔직성을 바탕으로 CEC 구성원들이 서로 유기적인 관계가 되도록 모임을 이끌었다. 웰치는 CEC 구성원들에게 자신들이 속해 있는 사업뿐만 아니라 GE의 전사적 경쟁력 제고를 위해 줄 것을 CEC 회합에서 강조하고 당부하였으며, 이것을 따르고 실천하는 사람들에 대한 칭찬과 찬사를 아끼지 않는 등, 그들의 감성 에너지(emotional energy)

---

26) 잭 웰치 지음, 이동현 옮김, 앞의 책, 272쪽.

를 자극하면서 CEC가 하나의 팀이 되도록 모든 노력을 아끼지 않았다.

CEC 모임을 통해서 만들어진 구성원들의 서로에 대한 헌신성(즉, 자신의 부서와 사업단위만을 고려하기보다는 전체 GE를 생각하는)은 후에 GE의 가장 중요한 가치가 된다. CEC가 더욱더 유기체적인 조직으로 진화하면서 회사의 주요 안건을 토론하고 사업의 방향성을 잡아가는 것뿐만 아니라, 최고 실행사례(best practices)[27]라고 부르는 각 사업단위에서 나온 유익한 아이디어와 실천을 신속하게 회사 전체에 전달하는 역할도 하게 되었다.

CEC는 하나의 유기체와 같은 조직으로 거듭나고 있었고 진정한 하나의 팀으로 변모하고 있었다. 이제 CEC에서 과거 관료주의적 행태에 빠져 격식을 따지고 서로 겉으로만 친한 척(congeniality) 하는 가식이 사라지게 되었으며, 'GE를 최고의 경쟁력 있는 회사로 만들자!'는 하나의 유일한 목적으로 뭉치게 되었다.

CEC는 GE의 최고경영자를 포함한 경영자 모임이었으므로 CEC가 하나로 뭉쳤다는 것은 GE의 지도층이 단합되어 있다는 것을 의미한다. 그리고 이것은 GE라는 조직이 자신의 혁신 과정에서 분열되어 있지 않은 지도부를 얻었다는 것과 마찬가지이다. 위에서 살펴보았듯이 GE는 CEC의 지도를 받으면서 회사의 일반적인 문제를 풀고 혁신과 개혁의 방향성을 잡아가며, 회사의 경쟁력을 강화시킬 수 있었던 것이다. 그런데 GE 전체의 부분조직이라고 할 수 있는 CEC를 분석해 보면 마치 혼돈이론(Chaos Theory)에서 설명하는 프랙탈(Fractal)[28] 현상과 같이 전체조직 구조와 닮아 있다.

CEC는 GE 전체로 볼 때 부분조직이지만 혁신과 개혁을 총지휘하고 지도하는 핵심이며 조직에서 중추신경역할을 하였다. GE의 경영진과 각 사업단위 책임자들이 모여 있는 CEC는 구성원들의 격이 없고 자유로운 토론을 통

---

27) 여기에는 플라스틱 부문에서 보험료를 줄일 수 있는 좋은 방법을 발견한 것이나, 항공기 엔진 부문에서 효과적인 종업원 참여 프로그램을 개발한 것 등 수많은 실례가 있다.

28) 전체와 부분의 구조가 같다. 일즉다(一即多), 다즉일(多即一)의 세계. 수학자이며 비교문화 학자인 김용운은 "자연 현상뿐만 아니라, 사회 조직, 국제 관계에도 프랙탈 현상이 있다"고 주장한다(김용운, 『카오스의 날개짓: 복잡성 과학과 원형사관으로 본 한국』, 김영사, 1999, 91쪽).

해, GE의 문제점에 대해서 논의하고 혁신과 개혁의 방향성을 함께 찾아가지만, 웰치를 중심으로(매개로) 뭉쳐 있으며 웰치의 지도(lead 또는 guide)를 받는다. 즉, CEC에서는 웰치가 지도의 핵심적 역할을 하는 것이다.

정리하여 보면 전체조직에서 혁신과 개혁을 지도하고 핵심적인 역할을 하는 것은 CEC라는 부분조직이다. 그리고 CEC에서는 마치 CEC가 전체조직에서 핵심이듯이 웰치가 핵심이다. 이것은 전체조직과 부분조직이 닮아 있는 '프랙탈 현상'이라고 할 수 있다. 또 이런 측면에서, GE는 웰치의 유일적 지도를 받게 된 것과 마찬가지라고 볼 수 있다.

웰치의 유일체제 리더십을 독재(dictatorship)와 혼동하여서는 안 된다. 독재는 권력과 관련된 정치학적 용어로 기업 경영가인 웰치에게 적용하는 것에도 일정하게 무리가 있지만, 관료주의와 매우 깊은 관련이 있으며, 일반적으로 독재자를 최상층으로 하는 위계적 질서를 가리킨다.

독재체제에서는 쌍방을 전제로 한 '대화(communication)'와 같은 상호작용은 존재하지 않고, 언제나 최상층인 독재자에서 하층으로 하달되는 명령이라는 일방통행만이 존재한다. 의사결정(decision making)도 언제나 독재자 한 명이 결정하며 다른 구성원들은 독재자의 결정을 따를 의무만 있을 뿐, 격식 없는 토론을 통해 서로 참여하여 결정을 함께 만들어가거나, 조직에 유익한 정보와 아이디어 공유와 같은 방식이 존재하지도 않고 허용되지도 않는다.

CEC에서의 웰치의 유일체제 리더십은 독재체제와는 확연히 구분되며 구성원들과의 유기적인 결합에 바탕을 두고 있다. 웰치와 CEC 구성원들은 각자 속해 있는 분야와 기능이 다르지만, 하나의 팀으로 뭉쳐 있는 유기체이기 때문에 무엇인가를 결정할 때 이들은 격이 없는 토론을 통해 '하나의(유일한) 합의점'에 도달한다. 그리고 회사의 경쟁력 강화라는 동일(유일)한 목표를 달성하기 위해 합의된 사항은 자신들의 지위와 환경에 맞게 일관되지만, 조화를 이루며 수행해 나아간다. 이와 같이 웰치의 유일체제 리더십은 구성원들과의 상호 관계에 기초를 두기 때문에, 한 명의 독재자가 모든 것을 결정하고 지도하는 독재체제와는 전혀 다른 리더십이다.

CEC가 관료주의와 자기 부서 및 사업단위 이기주의를 벗고 하나의 팀으로 거듭나자, 웰치는 GE의 각 사업단위에서도 CEC와 유사한 협의체를 만들고 모든 사업리더들이 자신의 사업단위에서 웰치의 역할을 하게 하였다. CEC 형태의 조직을 전사적인 차원으로의 확산을 시도한 것이다. 이것은 부분과 전체의 구조를 같이 만드는 GE 조직의 '프랙탈화'라고 할 수 있다.

이는 웰치가 혼돈이론을 잘 이해하고 신봉하여서 이런 시도를 하였다고는 할 수 없을 것이다. 그러나 이러한 조직의 프랙탈화와 같은 노력을 통해 웰치는 전(全)GE 구성체를 묶어 내어, 하나의 유기체와 같은 조직으로 만들려고 하였던 것은 분명하다. 아울러 이것은 GE를 유일체제로 묶는 것을 의미한다.

CEC의 세포조직(網樣組織)이라 할 수 있는 각 사업단위의 CEC는 조직 구조상 최종적으로 본사의 CEC 지도를 받게 되어 있다. 그러나 본사 CEC 역시 진화하는 과정에 있었기 때문에, 각 사업단위가 있는 CEC가 제대로 운영되고 기능하기를 앉아서 바라는 것은 우물에서 숭늉 찾는 것과 같은 것이었다.

CEC가 어느 정도 유기적인 조직으로 진화하며 나아가고 각 사업부도 CEC와 같은 혁신과 개혁의 핵심부를 가지게 되었지만, 이것은 구조, 즉 형식의 변화일 뿐이었다. 항상 '현실을 직시하라'를 모토로 삼고 있던 웰치에게 중요한 것은 GE가 하나의 유기체와 같은 조직으로 진화하는 데 필요한 내용을 채우는 것이었다.

3) 조직 다지기 II(크로톤빌 연수원)

개혁 초기 웰치가 CEC의 맹아(萌芽)인 격식이 없는 비공식 임원모임(회합)을 만들면서 동시에 추진한 것이 있는데, 그것이 바로 크로톤빌(Crotonville) 연수원을 GE의 경쟁력 강화를 위한 '교육의 장'으로 만드는 일이었다. 웰치는 한편으로는 조직 혁신과 개혁의 핵심부를 꾸리면서, 또 다른 한편으로는 현장에서 전사적인 혁신운동을 이끌어 갈 인재 양성을 준비하였던 것이다.

웰치에게 크로톤빌은 단순히 직원들이 의례적으로 교육을 받고 쉬는 곳이 아니었다. 웰치는 크로톤빌이 GE의 혁신과 개혁의 학교이며 체력단련을 하는 피트니스센터(fitness center)가 되기를 원했다. 이를 위해 웰치는 먼저 하버드 경영대학원의 교수를 역임하였던 짐 보면과 미시간 경영대학원의 교수인 노엘 티키 등 최고의 교사진을 확보하고, 4천6백만 달러라는 거액의 돈을 투자하여 크로톤빌을 재건하였다.

크로톤빌은 웰치의 조직 강화에서 혁신과 개혁 프로그램의 내용을 채우는 매우 중요한 기관이 되었으며, GE 혁신과 개혁의 메카와 같은 역할을 하게 된다. 크로톤빌에서의 경험은 후에 워크아웃(work out)이라는 GE의 전사적 운동의 모태가 되기도 하는데, 조직 강화 과정에서 크로톤빌의 역할과 여기서의 경험에 대해 좀 더 구체적으로 살펴보자.

크로톤빌에는 신입사원 오리엔테이션에서 특정 기능 훈련까지 매우 다양한 사원 교육 프로그램이 있는데, 이 중에서 웰치가 가장 중점을 두고 직접 챙긴 것은 리더십 프로그램이다. 웰치는 다양한 산업과 서비스 분야에서 사업을 벌이고 있는 GE가 하나의 유기체적인 조직이 되어 지속 가능한 경쟁력을 확보하기를 바랐다. 그러나 엄청난 다운사이징에도 GE는 여전히 사원 30만 명이 넘는 거대한 조직이었기 때문에, 이들을 하나의 유기체적 조직으로 묶어내기란 무던히도 어려운 일이었다.

CEC를 통해 임원들과 각 분야의 사업단위 책임자들을 하나로 묶어내고 각 사업부에 혁신과 개혁을 지도할 CEC 세포조직이 만들어졌지만, 웰치는 보다 실체적이고 구체적인 측면에서 GE 전체를 유기체적인 조직으로 만들기를 원했다. 이것을 실현하는 가장 확실한 방법은 웰치가 전 사원과 만나서 CEC에서 했던 것처럼 모든 사원들과 격이 없는 토론을 하면서, GE에서 문화로 굳어져 버린 관료주의와 안일주의 등 GE의 경쟁력 강화의 발목을 잡고 있는 낡은 문화를 타파하는 것이다. 그러나 30만 명이 넘는 사원을 모두 만난다는 것은 현실적으로 불가능한 일이었다.

크로톤빌에서 웰치가 직접 참여하며 챙긴 리더십 프로그램은 이런 맥락에서 이해될 수 있다. 웰치는 자신과 함께 GE 혁신과 개혁에 동참할 수 있는 인재들을 리더십 프로그램을 통해 양성하고 이들을 통해서 혁신과 개혁 프로그램을 전사적 차원으로 전파하고 확산하려고 하였던 것이다.[29]

크로톤빌에서 교육하는 리더십 프로그램은 EDC(Executive Development Course), BMC(Business Management Course), 그리고 MDC(Management Development Course) 등의 세 단계로 나누어져 있다. MDC는 가장 기초적인 프로그램으로서 연간 400명에서 500명가량의 관리자들이 참여하며 3주간 일 년에 여섯 번에서 여덟 번 정도 실시되었다. 고급 과정인 BMC는 각 사업부에서 책임자의 승인을 얻은 60여 명의 관리자들을 대상으로 일 년에 세 번 실시되었다. 임원개발 과정인 EDC는 인사담당 수석 부사장(CHRO)과 웰치의 승인을 받은 35명에서 50명의 엄선된 인재들을 대상으로 일 년에 한 번 개설되었다.

모든 리더십 프로그램은 노엘 티키가 고안한 현장 학습(action learning)을 위주로 실시되었는데, EDC와 BMC에서는 연수대상자들이 직접 각 사업부에서 일어나는 사업과 관련된 실제 이슈들을 다루게 하였다고 한다. EDC와 BMC에서 연수를 받는 관리자들은 미래에 CEC 멤버가 될 가능성이 많은 사람들이므로 CEC와 깊은 연관을 갖고 연계되어(두 과정 모두 매 분기에 열리는 CEC에서 그들이 얻은 결과물을 발표할 수 있도록 날짜와 시간을 맞추어 진행되었다) 실시되었고, 프로그램 진행 형식도 CEC 회의 방식과 유사하다. 즉, 웰치가 직접 이들과 격이 없는 대화를 나누면서 토론을 하고 이들 스스로 그리고 다 함께 결론과 합의에 도달하는 방식이다.

위에서 알 수 있듯이 크로톤빌에서 실시되었던 리더십 프로그램은 단순한 리더십 교양 프로그램이 아니었다. 중간 관리자들 그리고 미래 임원들과 현

---

29) 이 점은 웰치가 정의한 리더십에도 잘 나타나 있다. 웰치는 리더십의 특성으로 혁신과 개혁을 수행하는 어렵고 험난한 과정에서 주위 사람들에게 용기와 활력을 불어넣을 수 있는 능력인 'Energize'를 네 가지 E 중 하나로 꼽고 특히 강조하였다.

재 GE에게 닥친 상황에 대해서 같이 고민하고 연구하여, 문제에 대한 답을 CEO와 함께 도출해 내는 것이 프로그램의 중점이었다. 그러므로 리더십 프로그램은 참여하는 사람들이 GE 혁신과 개혁 프로그램에 수동적으로 또는 피동적으로 참여하는 것이 아니라 주인 의식을 갖고 능동적으로 참여하는, GE의 혁신과 개혁의 매우 중요한 부분이며 GE경영에서 실체적인 중요성을 갖고 있다.

웰치는 궁극적으로 이들이 연수 프로그램을 통해 자신의 혁신과 개혁을 이들이 속해 있는 각 사업단위에 전파하고 이루는 인재가 되기를 원했다. 웰치는 리더십 프로그램에 대해 매우 만족하였다고 다음과 같이 회고하고 있다.

> 이러한 과정은 많은 부분이 실제 업무에 초점을 맞춘 것들이기 때문에 이 과정을 마친 직원들은 최고경영진의 사내 컨설턴트 역할을 하게 되었다. 이 과정들을 통해 직원들은 어떤 방법으로 성장을 이루어야 할 것인가를 생각해 보고, 모든 선진국 또는 개발도상국에서 성공한 회사들이 어떻게 성장해 왔는지를 살펴보았다.
>
> 그들은 우리의 네 가지 이니셔티브들(Be number 1 or 2; otherwise, fix, sell, or close)이 얼마나 빨리, 그리고 효과적으로 이루어지고 있는지를 평가했다. 모든 경우에 있어서 이러한 여러 평가들은 GE의 실제 사업에 적용되어 많은 실질적인 성과를 도출했다.
>
> 우리는 회사에 깊은 애정을 가지고 있는 최고의 직원들로부터 훌륭한 컨설팅을 받을 수 있었을 뿐만 아니라, 이 과정들은 영원히 지속될 사업부 간의 우정을 형성해 주었다.[30]

MDC와 EDC의 교육 과정을 거친 연수생들은 자신이 속한 각 사업단위에서 웰치의 혁신과 개혁을 전파하고, 혁신과 개혁에 대해 잘 인식하지 못하고

---

30) 잭 웰치 지음, 이동현 옮김, 앞의 책, 256쪽.

머뭇거리는 주위 사람들에게 개혁에 대한 확신과 용기를 주며 개혁에 동참시키는(Energize) 리더로 성장하였다.

이들은 또한 리더십 프로그램을 통해 웰치가 회고하듯이 깊은 동료의식을 갖는 하나의 팀이 되었는데, 이것은 전체 GE가 하나의 유기체적 조직으로의 진화를 촉진하는 현실적인 힘으로서 작용하게 된다. 웰치는 MDC와 EDC 같은 리더십 교육을 통해 전사적인 혁신과 개혁을 추진할 수 있는 인재를 확보할 수 있었다.

일반적으로 혁명과 같은 혁신과 개혁 과정에서 이것을 지도하는 지도부의 일관되고 주도적인 역할은 혁신과 개혁의 승패를 좌우할 정도로 중요하다. 중국에서 일어난 문화혁명은 여기에 대해 좋은 시사점을 제공하여 준다. 문화혁명은 초기 수많은 젊은이들을 열광시키고 마오쩌둥 주석의 열성적인 추종자로 만들었으나 혁명 과정에서 심각한 사회적, 세대적 그리고 계층적 갈등과 혼동을 야기하였다. 혼란과 갈등은 극에 달하여 같은 마오 추종자들인 홍위병들 간의 총격전이 벌어지어지는 등, 서로 살상하는 상황까지 가게 되고 말았다. 중국에서 문화혁명이 이렇게까지 무정부적인 상황을 맞게 된 가장 주된 이유는 혁명을 지도하고 주도하는 지도부가 없었기 때문이었다.

마오는 문화혁명의 필요성과 중요성에 대한 총론적인 이야기만을 하였고 실천에 해당하는 각론은 문화혁명 참여자들의 해석에 맡겨졌다. 혁명에 참여한 홍위병과 청년들은 오로지 마오 한 명만을 바라보며 자신들 나름대로 마오의 총론을 각자의 주관적인 시각에서 해석하며, 자신들 각각의 혁명을 전체적인 고려 없이 밀고 나아갔기 때문에, 문화혁명은 혁명의 궁극적인 목표인 중국 사람들의 마음을 바꾸고 통합시키기보다는 심각한 혼란과 갈등만을 초래한 결과를 낳았던 것이었다.

만일 웰치가 CEC라는 GE 혁신과 개혁을 지도하고 이끄는 지도부를 무시하고 크로톤빌 연수원에서 자신의 추종자와 지지자들을 만들어 내었다면, 웰치의 개혁은 성공하지 못하였을 것이다. 그러나 위에서 보았듯이 웰치는 리더십 프로그램을 CEC와 연계시키고, 깊은 연관성을 부여하며—상호 작용을 통한 상호되먹임을 할 수 있도록—추진하였다.

리더십 프로그램에 참가하는 중간관리자(middle manager)들은 CEC 구성원들이 엄선하였으며, 이들은 최종적으로 CEC의 지도를 받게 되어 있었다. 웰치가 직접 챙기면서 실시된 크로톤빌 리더십 프로그램은 애초에 '조직 강화'를 목표로 하였던 것으로 그는 이 일관된 목표를 한 번도 잊지 않았고, 또 한 치도 벗어나지 않았다.

웰치는 GE 혁신과 개혁을 현장에서 수행해 나아갈 인재들을 크로톤빌 리더십 연수 프로그램을 통해 확보하였다. 이들은 자신들이 속해 있는 사업단위 현장에서 웰치의 GE 혁신과 개혁을 전파하고 앞장서서 수행해 나아가는 전도사와 전사의 역할을 하도록 양성되었다. 때문에 이들은 연수 프로그램을 마친 후 각자 자신이 속한 사업단위와 현장으로 돌아 가서도 CEC의 유일적인 지도를 받고 있었으므로 단합되고 통일적인 힘을 발휘할 수 있었다. 결론적으로 크로톤빌을 통해 GE에서 웰치의 유일체제 리더십은 한 차원 높게 강화되었다.

크로톤빌 리더십 연수 과정을 통해 양성된 인재들은 매우 높은 충성심(loyalty)을 가지고 혁신과 개혁 프로그램을 수행하는 데 앞장섰는데, 이들은 단지 교육을 통해서만 충성심 강한 개혁의 전도사로 바뀐 것이 아니다. 여기에는 웰치의 물질적인 인센티브(material incentive)도 효과적으로 사용되었다.

1989년부터 웰치는 크로톤빌의 교육 과정을 연수하는 다수의 관리자들에게 스톡옵션(stock option)을 부여하였다. 스톡옵션은 보너스나 급여를 올리는 것과는 성격이 매우 다른 물질적 인센티브이다. 보너스와 같은 인센티브는 임직원이 맡은 프로젝트나 임무를 잘 수행하고 목표 판매량 등을 초과 달성하였을 때 받는다.

이와 같은 인센티브는 물질에 대한 사원들의 개인적 욕구를 자극하여 신속한 성과를 얻어내는 장점이 있으나, 사원들의 시각을 매우 근시안적으로 만드는 단점이 있다. 왜냐하면 이러한 인센티브 아래서 사원들은 회사 전체의 이익을 고려하기보다는 자신이 맡은 일과 자신이 속해 있는 부서에만 관심과 초점을 맞추기 때문에 '자기만 잘하면 그만'이라는 근시안적인 디파트멘탈리즘(departmentalism)[31]에 빠지기 쉽기 때문이다.

GE 같은 거대한 조직에서 디파트멘탈리즘이 성행하게 되면 조직 상호 간의 협조가 이루어지기 어렵기 때문에, 시너지가 창출되지 않고 자신이 속한 부서나 사업단위는 우수한 성적을 낼 수 있으나, 회사 전체적으로는 손해를 볼 위험성이 높다. 그러나 스톡옵션이 사원들의 물질적 인센티브의 주(主)가 되었을 때는 사원 개인의 부(富)가 회사의 주식과 연동하여 움직이기 때문에, 사원들(특히 그들이 임원이나 관리자라면)은 회사 전체의 이익을 제일 중요한 위치에 놓게 된다.

그러므로 스톡옵션을 받는 사원들은 자신이 속해 있는 사업부서의 이익보다 회사 전체의 이익을 우선적으로 생각하게 되며, 시너지창출의 필수인 부서 간 그리고 사업 단위 간의 협력을 의식적으로 도모하게 된다. 웰치는 물질적 인센티브 역시 '조직 강화'—즉 유기체적 조직의 심화를 통해 확보되는 경쟁력—가 조장되는 방향과 범위에서 활용하였던 것이다.

웰치는 스톡옵션을 사원들이 자신의 혁신과 개혁 프로그램을 현장에서 잘 수행하고 이행하는가에 대한 척도(scale)로도 사용하였는데, 1991년부터 웰치는 스톡옵션을 받지 못한 사람들에게는 크로톤빌의 교육 과정에 참석할 수 있는 기회조차 주지 않았다. 임원들에게만 주어지던 스톡옵션제를 1989년, 부여 대상 범위를 확대해 3천 명의 우수한 인재에게 스톡옵션을 지급한 것을 기점으로 스톡옵션을 받는 사원들이 꾸준히 늘어났다.

웰치가 은퇴하기 바로 전년인 2000년에는 3만 2천 명이 120억 불에 달하는 스톡옵션을 받았다. 또한 GE 직원들은 스톡옵션 제도와 종업원 퇴직 저축 제도를 통해 GE 주식을 소유함으로써 회사에서 가장 큰 단일 주주 집단

---

31) Departmentalism [diptmntlzm / d-pt-] - 1. (관청 · 회사 따위의) 분 과제(分課制), 부문주의 (部門主義). 2.《경멸적》관료주의; 관료적 형식주의; 관료적 분파주의(야후사전: http://kr.dict ionary.search.yahoo.com/search/dictionaryp?subtype=all&prop=&opt=all&p=departmentalism& fr=).

이 되었다.[32] '하나는 전체를 위하고 전체는 하나를 위하는' 이상적인 조직의 형태가 스톡옵션으로 그 바탕이 더욱 견고해진 것이라고 할 수 있다.

4) 조직 강화의 하이라이트: 전사적 혁신운동

웰치가 원하는 혁신과 개혁은 그가 늘 강조하였듯이 현실을 직시하여 실질적인 내용을 가지고 현실 속에서 실행되어야 한다는 것이었다. 웰치는 1980년대 말까지 CEC를 GE의 혁신과 개혁의 중추 신경의 역할이 되도록 만드는 작업을 어느 정도 마무리지었고, 매년 크로톤빌 연수원을 통해 혁신과 개혁 프로그램을 전파하고 이끌어갈 인재들을 확보할 수 있었다. 그러나 웰치의 눈에는 아직도 문화로 남아서 GE인들의 사고와 행동양식을 지배하는 관료주의와 자신의 사업단위에서 만들어지지 않는 것을 거부한다는 NIH(Not-Invented-Here)와 같은 비혁신적인 안일주의가 곳곳에서 보였다. 웰치는 그것을 이렇게 회고한다.

> 1988년 10월의 어느 오후, 나는 지독한 좌절감에 빠져서 크로톤빌을 떠났다. 그날 처음으로 나는 엄청난 좌절감을 느끼게 된 것이다. 그날은 유난히도 수업이 순조롭게 진행되었다. 사람들은 그들의 사업을 혁신하는 과정에서 겪은 좌절을 끊임없이 쏟아냈다.
> 나는 그들의 자발적인 태도와 열정이 교실에서 시작되어 일터까지 전해져야 한다는 것을 잘 알고 있었다.……헬리콥터를 타고 페어필드로 돌아오면서 나는 짐 보먼에게 내가 느낀 좌절감을 이야기했다. "왜 크로톤빌의 생기 넘치는 분위기를 회사 전체로 확산시킬 수 없는 걸까요?"[33]

---

32) 잭 웰치 지음, 이동현 옮김, 위의 책, 280~281쪽.
33) 잭 웰치 지음, 이동현 옮김, 위의 책, 266~267쪽.

여기에 대해 보면이 대답하기 전 웰치 머리에서 무언가 불현듯 떠오르는 것이 있었다. 그것은 바로 회사 전체를 또 하나의 크로톤빌로 재창조하는 것이었다. 웰치는 곧바로 이 거대한 작업에 착수하였다. 이 엄청난 전사적 운동의 이름이 바로 '워크아웃'이었다. 워크아웃은 뉴잉글랜드에 정착한 미국의 초기 이주민들의 타운미팅(town meeting)[34]이라는 방식을 기초로 하고 있는데, 웰치에게 '워크아웃'이란 기본적으로 필요 없는 일들을 업무 과정에서 제거하는 것이었다. 그리고 궁극적으로는 GE에서 관료주의와 같은 조직 혁신의 발목을 잡고 있는 낡은 문화를 완전히 퇴출하고 새로운 문화를 만들어내는 데 있었다.

워크아웃은 크로톤빌의 경험을 모든 GE인에게 전파하고 공유함으로써 궁극적으로 그들의 마음을 변화시키고 문화를 바꾸는 것을 목표로 하고 있다. 크로톤빌의 경험이란 현장 학습을 가리킨다. 그리고 현장 학습을 전사적으로 전파하고 공유하는 것이 워크아웃의 주요 내용이었다. 크로톤빌에서의 현장 학습에서 연수생들(GE 사원들)은 CEO인 웰치와 직접 부딪쳐서 회사의 문제를 접하고 인식하고 풀어보는 기회를 가졌다.

CEC를 꾸릴 때와 같이 웰치는 격식이 없이 개방적이고 솔직하게 이들을 대하고 토론을 하였으며 이들에게도 똑같은 것을 요구하였다. 웰치의 이런 태도는 연수생들을 열광시키기에 충분하였다. 연수생들도 솔직하고 자유롭게 자신들의 감정과 감성도 이입시키면서 CEO인 웰치와 GE의 현황 이슈에 대해서 토론하며 함께 답을 구해 갔다.

이 과정에서 놀라운 변화가 일어났다. 연수생들은 상부에서 명령과 지시를 받아 수행하는 수동적인 입장에서 탈피해 직접 그리고 능동적으로 문제를

---

34) 직접민주정치의 한 형태로 미국의 민주주의를 발전시킨 기초가 되었다. 이 제도는 초기 미국의 북부 식민지인에 의해서 보급되었으며, 뉴잉글랜드지방에서 더욱 발달하였다. 해마다 적어도 1회 이상 열리며, 선거권을 가지는 전(全)주민의 직접 참여로 예산안의 확정, 공무원 · 학교이사의 선출, 조례 제정 등의 주요정책에 대한 토론과 표결이 이루어지는 타운의 최고의결기관으로서, 식민지시대 및 독립 전후에는 특히 중요한 역할을 하였다. 오늘날에도 형식적으로 남아 있는 곳이 있으나, 시장(市長)을 두거나 상설대의기관(常設代議機關)을 두는 곳이 많다(네이버 백과사전: http://100.naver.com/100.nhn?docid=153892).

해결하려는 당사자 또는 주인(master)의 입장에 서게 되었다. 또한 그들은 창의력과 창조성을 발휘하여 문제를 푸는 데도 주저하지 않게 되었다. 웰치는 워크아웃을 통해 이러한 현장 학습의 방식과 경험을 전사적으로 전파하며 공유하려 하였던 것이다.

전형적인 워크아웃은 2~3일간 진행되는데, 먼저 상사급인 관리자(manager)의 발표로 시작된다. 관리자는 광범위한 의제와 도전 과제만을 제시하고 그 자리를 떠난다. 하위 직원들은 상사가 없는 상태에서 회의 중계자 및 촉진자(facilitator)[35]의 도움을 받아 자신들이 느끼는 문제점을 나열하고 그것들에 대한 해결 방법을 토론하며 그들의 상사가 돌아왔을 때, 그에게 새롭게 제안할 내용을 준비해야 하였다. 상사는 돌아와서 직원들이 제안한 내용 중에 75% 이상에 대해 그 자리에서 가부(可否)를 주어야 한다. 그 자리에서 결정을 내릴 수 없는 경우에는 제안을 한 직원들과 합의하여 기한을 만들어 결정하도록 하였다.

워크아웃에 대해 하버드 경영대학원의 교수이자 GE의 외부 컨설턴트인 렌 슈레진저가 '마오쩌뚱의 문화혁명 이후 사람의 행동을 바꾸려는 가장 커다란 체계적 노력'이라고 평가하였듯이, 워크아웃은 모든 GE인에게 영향을 미쳤다. 1992년 중반까지 20만 명가량의 GE의 직원들이 워크아웃에 참여하였다. 워크아웃이 전사적인 차원에서 진행되면서 엄청난 변화가 일어났다. 그동안 억눌려 왔던 변화에 대한 현장 직원들의 요구는 활화산처럼 분출되었고, 관리자들은 관료주의와 안일주의 등 낡은 문화를 버리지 않으면 살아남기 어려웠다.

워크아웃에 참여하는 대부분의 사업단위 현장에서 크고 작은 개선이 이루어졌으며, 창조적이고 독특한 문제 해결방법이 수없이 도출되었다. 워크아웃은 각각의 사업단위에서 실행되었지만 전체적인 유기성을 갖고 진행되었는데, 그것에 가장 대표적인 예가 바로 '최고실행사례(Best Practices) 따라

---

35) Facilitator는 주로 외부로부터 영입한 대학 교수들로 이루어졌다.

배우기 운동'이다. 이 운동의 목적은 워크아웃이 진행되는 동안 훌륭한 실행 사례를 서로 공유하고, 따라 배우자는 것으로서 워크아웃에 참여하는 각 사업 단위들의 긴밀한 커뮤니케이션이 있었기 때문에 가능하였다.

초기 워크아웃에서는 외부에서 고용된 대학 교수나 경영 컨설턴트들이 워크아웃 과정촉진자(facilitator)의 역할을 하였으나, '최고실행사례 따라 배우기'와 같이 각 사업단위 간의 긴밀한 커뮤니케이션이 필요해지자, 웰치는 외부 컨설턴트 대신 GE 내부의 인력들에게 과정촉진자의 역할을 맡게 하였다. 이들은 크로톤빌에서 리더십 연수 과정을 받은 사람들로 연수관에서 다져진 팀워크와 우정을 바탕으로 각 사업단위 간의 커뮤니케이션 매개 역할을 효과적으로 수행하고, 각 사업단위에서 워크아웃 운동의 지도자 역할 또한 훌륭하게 수행하였다고 한다.[36]

워크아웃이 진행되는 동안 웰치는 조직에 대한 그의 비전(vision)을 제시한다. 그것은 바로 '벽 없는 조직(boundaryless organization) 만들기'였다. 웰치에 따르면 '벽 없는 조직'이란 서로 다른 기능을 가진 부서들(가령 엔지니어링, 생산, 마케팅) 간의 자유로운 의사소통을 가로막는 어떠한 장애물도 존재하지 않는 조직을 말한다.[37]

웰치는 1990년 매년 1월 보카에서 열리는 CEC 회의에서 '벽 없는 조직'이라는 개념을 처음 설명하고 GE가 벽 없는 조직이 되었을 때, 1990년대 전 세계의 다른 기업들보다 월등하게 앞서나갈 수 있는 경쟁력을 확보할 수 있다고 역설하였다. 웰치가 GE를 벽 없는 조직으로 만들자고 선언한 것은 워크아웃에 가속도가 붙어 한창 진행되고 있을 때였다.

웰치는 이와 같은 선언을 통해 워크아웃과 더불어 혁신과 개혁이 완성된 GE의 새 모습을 구호로 담아낸 것이라고 할 수 있다. 그러나 '벽 없는 조직 만들기'는 단순한 구호가 아니었다. 그것은 웰치가 목표로 하고 있는 하나의

---

36) 노엘 티키 · 스트랫포드 셔먼 지음, 김동기 · 강석진 옮김, 앞의 책, 306~307쪽.
37) 잭 웰치 지음, 이동현 옮김, 앞의 책, 273쪽.

유기체 조직을 통해 얻어지는 지속 가능한 경쟁력을 총체적으로 담아내는 웰치의 가치관적 표현, 즉 사상적 표현이었다.

'벽 없는 조직'이라는 개념은 워크아웃에서 시작된 학습 문화에 새로운 추진력을 더해 주었고 방향성이 되었다. 사실 '벽 없는 조직'과 '하나의 유기체와 같은 조직'은 표현만 다를 뿐 그 내용은 같다. 벽 없는 조직에서 각 사업 단위와 부서 상호 간의 자유로운 대화가 이루어지고 유익한 정보와 아이디어가 공유된다. 이와 같은 벽 없는 조직의 특성은 부서 간의 협동과 협력을 촉진시키며 조직의 경쟁력을 강화시킨다는 점이다. 유기체적 조직에서 각각의 부분과 기능들은 유기적으로 연결되어 있어 하나의 단결된 힘(경쟁력)을 만들어 낸다. 결국 벽 없는 조직을 만들자는 웰치의 구호는 GE를 하나의 유기체와 같은 조직으로 만들자는 것과 같은 것이다.

여기서 혼동하지 말아야 할 점은 벽 없는 조직이 결코 무정부주의적 조직이 아니라는 것이다. 웰치의 벽 없는 조직은 유일적 지도체계를 바탕으로 정교하게 조직되어 있다. 먼저 벽 없는 조직을 총체적으로 지휘하는 곳은 웰치를 중심으로 구성되어 있는 CEC이다. 벽 없는 조직에서 매개와 촉진역할은 크로톤빌의 리더십 프로그램 연수생들이며, 이들은 CEC의 지도를 받아 사업 현장에서 혁신과 개혁을 추진하고 지도한다. 벽 없는 조직은 이들의 지도를 받아 혁신과 개혁을 워크아웃의 형태로 실질적으로 실행하는 사원들로 조직되어 있다.

또 한 가지 중요한 점이 있다. 그것은 바로 이들이 유기적으로 연결되어 있다는 점이다. 이것은 관료주의를 바탕으로 하고 있는 위계적 조직과는 매우 다르다. 위계적 조직에서는 명령과 위계적 질서로 일을 처리하고 문제에 대한 답을 낸다. 그러나 '하나의 유기체와 같은 조직(벽 없는 조직)'에서는 워크아웃과 같이 집단적인 방법, 즉 대중(모든 GE인이 여기에 해당된다)에 의거하여 답을 찾아가고 문제를 해결한다. 이것은 유기적 조직(벽 없는 조직)의 매우 중요한 특징이며 위계적 조직과 대비되는 차이점이라 할 수 있다. 여기에 대해서 GE의 오랜 컨설턴트이며 크로톤빌에서 '현장 학습'이라는 개념을 직접 도입하고 프로그램을 고안한 미시간 경영대학원 교수 노엘 티키는 다음과 같이 이야기한다.

> 워크아웃은 GE의 고위 경영간부 1, 2천 명을 신봉자로 만들어냈다. 필자는 세계에서 가장 훌륭한 20대 기업에 속하는 기업에서 일해 보았지만, GE처럼 한 편으로는 구성원들이 '지적 자유'를 추구하면서, 다른 한편으로는 동일한 사고 패턴(like-mindedness)을 가지고 있는 기업을 알지 못한다.[38]

웰치의 '조직 강화'는 워크아웃 이후 완성되었다고 이야기할 수 있다. 그러나 끊임없이 변화와 진화를 계속하는 시장이라는 장(field)에서 경쟁을 하는 기업에게 '경쟁력의 완성'은 존재하지 않는다. 끊임없는 조직 혁신을 통한 경쟁력 제고 및 강화만 있을 뿐이다. 웰치의 사전에도 '완성'이라는 단어가 존재하지 않았다. 웰치는 자신이 은퇴하기 전까지 '워크아웃'의 경험을 바탕으로 한 전사적 조직 혁신 프로그램을 지속적으로 추진하고 실행하였다.

이 프로그램들이[39] 모두 대성공을 거두었다는 것은 GE의 기업적 위상과 실적이 잘 말해 준다. 결론적으로 웰치의 궁극적인 목표인 '지속 가능한 경쟁력확보'는 GE가 하나의 유기체적 조직으로 진화하면서 가능하게 되었다. GE에서 유기체적 조직으로의 진화가 의미하는 것은 바로 모든 GE인들의 마음을 하나로 모아 하나의 결집된 힘(일치단결의 힘으로 만들어진 경쟁력)을 낸다는 것을 뜻한다. 그리고 이것은 웰치의 유일체제 리더십을 통해 실현되었다.

---

38) 노엘 티키 · 스트랫포드 셔면 지음, 김동기 · 강석진 옮김, 앞의 책, 316쪽.
39) 웰치가 은퇴하기 전까지 추진한 네 가지 주요 이니셔티브는 세계화(globalization), 서비스(service), 6시그마(six sigma), e비즈니스(e-business)였다.

3. 조직의 재생산

웰치는 혁신과 개혁 프로그램을 그가 은퇴하기 바로 전까지도 쉬지 않고 추진 · 실행하였다. 웰치의 조직 혁신과 개혁의 최종적 목표는 GE를 하나의 유기체와 같은 조직으로 만들어 지속 가능한 경쟁력을 항시 확보하는 것이었다. 웰치는 자신이 은퇴한 후에도 GE에서 지속 가능한 경쟁력확보를 위한 조직 혁신과 개혁이 계속되기를 바랐다. 이것은 유기체적 조직의 재생산을 의미한다. 이 문제는 또한 자신의 뒤를 이어 조직 혁신과 개혁을 총지휘하고 지도할 후계자 문제와도 연결되어 있었다. 간단한 일이 아니었지만 웰치에게는 이 과제를 풀어갈 원칙과 제도적 뒷받침이 있었다.

웰치에게 조직 혁신과 개혁에서 가장 중요한 것은 바로 사람이었다. 조직 혁신과 개혁에서 웰치는 전략적 목표에 따라 사업 섹터를 없애고 다운사이징을 감행하고 무수히 많은 사업체를 매각하고 인수 · 합병을 하는 등의 하드웨어적인 측면보다도, 낡은 문화를 바꾸고 궁극적으로는 GE인들의 마음을 바꾸는 소프트웨어적인 측면에 더 큰 비중을 두고 중요시하였다. 웰치는 조직이 기본적으로 사람들로 구성되어 있고 구성원들(사람들)에 의해 만들어지며 조직의 혁신과 개혁도 이들에 의해서만 가능하다고 믿었다.

1) 웰치의 인재관

웰치는 '머리, 용기, 가슴'에 바탕을 두고 GE에서 '사람' 문제를 다루었다. 여기에서 '머리(head)'란 지적인 능력과 기술적인 전문성을 의미한다. '용기 (guts)'란 웰치가 가장 소중히 여기는 자질 중 하나인 자신감의 또 다른 표현이다. 셋 중 파악하기 가장 어려운 '가슴(heart)'에는 이해심, 사려 깊음 다른 사람들과 함께 일하고자 하는 자세 그리고 자아를 제어할 수 있는 능력이 포함된다. 웰치는 '머리'를 가진 사람은 쉽게 발견할 수 있고, '용기'를 가지고 있지 않은 사람들은 실패를 극복하고 성공을 경험함으로써 용기를 습득할 수 있다고 확신하였으며, '가슴'을 가진 사람은 매우 드물지만 교육을 통해 양성될 수 있다고 믿었다.

웰치는 조직 강화 과정에서 인재양성 및 관리 시스템을 구축하기 위해서 모든 노력과 정성을 다했는데, 그것의 가장 중요한 목적은 '가슴'과 '용기'를 가진 사람들을 꾸준히 배출해내고 확보하는 것이었다. 이것은 GE의 모든 인재양성 프로그램의 기본이며 인사평가의 기준이었다. GE의 인사관리 시스템은 매우 정교하고 세밀하게 디자인되어 있는데, 가장 중요한 것은 GE의 가치를 공유하고 확산하며 성과를 올리는 사람을 찾아내는 것이라고 할 수 있다.

웰치는 이 점에 대해서 이렇게 말한다.

1992년 보카 회의에서 나는 '벽 없는 행동'을 포함한 GE의 모든 가치들을 더욱 현실적이고 일상적인 것으로 만들기 위한 시도를 했다. 우리는 GE의 가치를 공유하면서, 동시에 어느 정도의 성과를 올리느냐에 따라 관리자들의 유형을 네 가지로 나누었다.

첫 번째 유형은 재무성과를 비롯한 그 밖의 여러 성과를 올리며, 가치들도 공유한다. 그들의 미래는 쉽게 결정된다. 그야말로 탄탄대로이다. 두 번째 유형은 성과를 달성하지 못하면서, 가치도 공유하지 않는다. 유쾌하지는 않지만 첫 번째 유형만큼 쉽게 결정된다. 그들은 떠나야 한다. 세 번째 유형은 성과는 달성하지 못했지만, 가치는 공유한다. 우리는 그들에게 다른 환경에서 두세 번 정도의 기회를 준다면 분명히 성과를 올릴 수 있을 것이라고 믿는다. 나는 그렇게 괄목한 만한 성장을 한 관리자들을 많이 보아왔다. 네 번째 유형은 결정을 내리는 데 있어 가장 까다로운 유형이다. 그들은 재무성과를 비롯한 모든 성과를 달성하였지만, 가치는 공유하지 않는다. 이러한 관리자들은 대부분 사람들이 성과를 달성할 수 있도록 용기를 북돋워주고 격려를 해주는 것이 아니라 독재자나 폭군처럼 강압적으로 몰아붙이고 닦달한다. 너무나 자주 우리는 이런 유형의 사람들을 좋게 생각하는 경향이 있다. 나 역시 그런 면이 없지 않았다. 예전 같았으면 네 번째 유형의 관리자들은 별 문제가 되지 않았을 것이다. 그러나 이제 조직 내에서 벽 없는 행동이 매우 명확한 가치로 자리 잡았기 때문에 더 이상 그런 관리자를 용납할 수 없다.[40]

웰치가 바라는 인재상은 '벽 없는 조직(유기체적 조직)'에 걸맞게 '벽 없는 행동'을 하고, '벽 없는 조직'을 위해 적극적으로 일하고, 능동적으로 '벽 없는 조직'을 새생산해 내는 사람이다. 벽 없는 조직은 웰치가 목표로 하고 있는 '지속 가능한 경쟁력확보'를 위한 모든 노력의 총체적 표현이다. 또한 여기에는 웰치가 바로 보는 시장, 경쟁 그리고 기업에 관한 철학이 담겨 있다. 웰치는 늘 기업에게 가장 중요한 목적이 무엇이냐고 묻는 질문에 간단히 '이기는 것(win)'이라고 대답한다. 그가 은퇴 후 집필한 저서의 제목도 『Winning』이었다. 웰치가 이야기 하는 'win'에는 그의 경영 사상이 담겨져 있는 것이다.

경쟁에서 진 기업은 아무짝에도 필요가 없다. 경쟁에서 졌다는 것은 소비자에게 경쟁사보다 더 좋은 제품과 서비스를 제공하지 못하였다는 것이다. 즉, 소비자에게 쓸모가 없다는 것이다. 또 경쟁에서 진 기업은 문을 닫을 수도 있기 때문에 이에 따라 해고를 감수해야만 하는 사원들에게 죄를 짓는 것이다. 또 만약에 경쟁에서 진 기업이 돈을 은행에서 빌렸다면 은행에게도 피해를 입히는 것이다. 그러므로 기업을 경영하는 데 가장 중요한 것은 이기는(winning) 것이다. 이것이 웰치가 기업을 경영하는 데 있어 가장 중요한 목적이며 웰치에게 있어서 기업 존립의 의미이다.

웰치는 전 사원들이 한마음으로 합심하여 한 힘을 내는 벽 없는 조직(유기체적 조직)을 만들어 내는 것이야말로 필적할 수 없는 경쟁력을 확보하고, 경쟁에서 승리하는 가장 중요한 필수 조건으로 보았던 것이다. 그렇기 때문

---

40) 잭 웰치 지음, 이동현 옮김, 앞의 책, 276쪽.

에 웰치가 모토로 내걸고 GE가치의 가장 핵심적인 것으로 벽 없는 조직을 내세운 것은 경영에서 웰치의 사상적 표현이라고 할 수 있다.

GE에서 웰치의 모든 노력(크로톤빌에서의 교육 프로그램, 워크아웃과 같은 전사적 운동, 그리고 철저한 인사평가 및 관리제도)은 모두 이 가치(사상)에 동조하고 또 이것을 전파하고 실천하는 사람들을 만들어 내는 것을 최종 목표로 하고 있다.[41] 이렇게 양성된 GE의 인재들은 모두 '벽 없는 조직'이라는 GE에서 유일한 가치(사상)를 공유하는 사람들이다.

제도적으로 웰치는 GE에서 유일사상(가치)을 바탕으로 한 유일체제를 구축해 놓았다. 웰치의 '조직 재생산'은 바로 이런 제도 속에서 시작되고 진행되었다. 즉, '조직 강화'와 '조직 재생산'은 긴밀하게 맞물려 진행되어 왔다고 할 수 있다. GE에서 후계자는 전통적으로 임기를 마치는 CEO가 선택하게 되어 있다. 웰치도 전임 CEO였던 레지나드 존스가 12명의 후보자 중에서 선택하여 CEO가 되었다. 존스는 GE에서 관료주의를 강화시킨 장본인 중 하나였지만, 그의 후계자 선택 과정은 매우 탁월하고 독창적이었다.

존스에서 웰치로의 회장 승계 과정은 무려 9년이란 긴 세월이 걸렸다. 존스는 먼저 12명의 후보자를 선정해 놓고 이들을 4년간 세심히 관찰하였다. 여기서 6명을 추리고 각자의 진정한 실력을 시험해 보기 위해 GE를 6개의 사업 섹터로 재편한 다음, 후보자들에게 맡겨 경영하도록 하였다. 이때 웰치는 소비자 제품 및 서비스(Consumer Products and Services) 섹터의 책임을 맡았다.

존스는 개인적으로 이들이 내면에 가지고 있는 GE에 대한 비전과 생각

---

41) 이것을 노엘 티키는 가치 중심의 조직(value-based organization)이라고 표현하였다. 티키에 의하게 되면 웰치는 "외부세계와 맞물어 경쟁에서 승리하고자 한다면 이를 원하는 사람들 사이의 일체감 있는 관계야말로 중요한 수단이 된다."라고 말하며 종업원의 헌신적인 노력을 이끌어 내기 위해서 아이디어와 가치관의 공유에 더 의존하는 조직을 구상하였고 그것을 현실에서 이루기 위해 항상 노력하였다고 한다(노엘 티키 · 스트랫포드 셔먼 지음, 김동기 · 강석진 옮김, 앞의 책, 340~341쪽). 여기서 아이디어와 가치관의 공유는 조직이 하나의 사상(유일사상)으로 뭉쳐지는 것과 같이 해석할 수 있다.

을 좀 더 구체적으로 파악하기 위해 그 유명한 '비행기 인터뷰'[42]를 이 시기에 주관하기도 하였다. 존스는 1979년 회장 최종 후보자들을 벌링앰, 후드, 웰치 세 사람으로 압축시켰으며, 이들 모두 부회장으로 승진시켜 본사 스태프진(executive staffs) 그리고 이사진(board of directors)과 가깝게 일할 수 있는 기회를 주었다. 또한 존스는 세 명의 후보들에게 2년 동안 본격적인 회장 수업을 시켰는데 이는 최종후보자들에게 2년 동안의 실질적인 CEO 수업을 받게 함으로써 수업을 받는 후보자들이 회장으로의 전환(transition) 준비를 효과적으로 할 수 있게 해 줌과 동시에, GE도 새로운 회장체제로의 전환에 대한 준비를 시켰던 것이다.[43] CEO 수업기간 중, 웰치는 이사회의 압도적인 지지를 얻어냈으며 1980년 12월 존스의 추천을 받은 이사회는 웰치를 만장일치로 회장에 추대하게 되었다.

존스가 후임 회장 선택을 위해 9년이란 긴 시간과 체계적인 절차의 과정을 거친 것은 매우 현명한 조치였다. 이 과정 속에서 존스 자신도 GE에게 다가오는 도전과 과제를 새롭게 이해할 수 있었으며, 충분한 시간과 체계적인 시험과정이 있었기에 이러한 도전과 과제를 잘 풀어갈 인물을 가려낼 수 있었다.

웰치가 회장에 취임하자마자 혁명과 같은 조직 혁신과 개혁을 과감하게 밀고 나갈 수 있었던 것은 이미 이사회의 절대적인 지지를 얻고 있었기 때문에 가능하였다. 여기에 대해서 웰치는 이렇게 회고한다.

> 만약 이사회의 무조건적인 지지가 없었다면 이러한 변화는 애초부터 일어나지 못했을 것이다. 이사회는 직원들이 그들에게 직접 보낸 항의 편지나 외부의

---

42) 후보자들은 GE전용기(Corporate Airplane)에서 두 번의 인터뷰를 치렀는데 첫 번째 인터뷰는 불시에 그리고 두 번째는 충분한 준비시간을 준 다음 이루어졌다고 한다. 인터뷰에서 존스는 후보자들에게 다음과 같은 두 가지 질문을 하였다고 한다. "당신과 내가 회사전용기를 타고 가다가 갑자기 비행기가 폭발해서 두 사람 모두 죽는다면, 누가 GE의 회장이 되어야 하는가?" 존스는 후보자의 대답을 들은 후 GE 앞에 놓여 있는 과제들을 한동안 설명한 후 다음과 같은 두 번째 질문을 하였다. "그러면 다른 후보자들 중 누가 그러한 장애물을 뛰어넘을 수 있다고 생각하는가?" (노엘 티키 · 스트랫포드 셔먼 지음, 김동기 · 강석진 옮김, 위의 책, 94쪽).

43) Tichy, Noel and Mary Anne Devanna, *The Transformational Leader*, John Wiley & Sons, 1986, p. 161.

비판적 여론 등 모든 반발에도 불구하고 결코 동요하지 않았다.[44]

이렇듯 웰치는 회장이 되기 전 이미 후임 회장 수업과 검증작업을 통해 이 사회의 지지를 받고 있었다. 웰치는 은퇴 후 TV프로그램에 참석하여 존스는 그가 회장으로 취임한 후 한 번도 자신이 하는 일에 대해서 간섭하지 않았다고 하며, 존스가 하던 것과 마찬가지로 자신도 GE의 새로운 CEO인 제프 이멜트(Jeff Immelt)가 자신에게 물어오지 않는 한 결코 이멜트의 일에 간섭하지 않을 것이라고 하였다. 웰치의 이런 말과 태도는 CEO에게 전권을 주고 간섭하지 않음으로써 유일체제 리더십을 공고히 하겠다는 것으로 해석할 수 있다.

웰치는 자신의 후임자 선택 과정이 존스의 것과 조금 다르다고 자신의 자서전에서 이야기하고 있으나, 실상 웰치는 존스의 후임 CEO 선택 과정을 그대로 답습하였다.[45] 그러나 비행기 인터뷰와 같은 후보자들의 진정한 속내를 알아보는 절차는 생략되었다. 왜냐하면 웰치는 자신의 혁신과 개혁 프로그램 및 정교하고 치밀하게 짜인 인사제도를 통해 후보자들뿐 아니라, GE에서 리더역할을 하는 수많은 사람들에 대해서 조직 혁신과 개혁 과정을 통해 이미 파악하고 있었기 때문이다.[46]

---

44) 잭 웰치 지음, 이동현 옮김, 앞의 책, 194쪽.
45) 23명의 후보자들을 웰치가 은퇴를 앞둔 7년 전에 선정하여 그들을 5년간 관찰하고 시험하여 8명으로 압축시킨 다음 그들 중 3명을 선정하여 2년간 더 관찰하고 시험하였다. 그리고 웰치가 은퇴하기 바로 직전 후임자를 선정하였다. 절차와 내용 모두 존스의 것과 같으나 웰치가 CEO로 있는 20년 동안 이루어진 조직 혁신과 개혁으로 GE가 바뀌었기 때문에 후보자들의 보다 객관적인 자료와 실적 및 가치관을 중심으로 선정하였을 것이다. 그리고 웰치가 자신의 자서전에서 서술하고 있듯이 모든 후보자들은 비형식적이고 잘 통합된 조직체계(유일체계)에서 배출된 인물들이다. 이런 면에서 존스의 것과 차이가 있다고, 웰치가 말한 것으로 분석된다.
46) 비즈니스위크지의 보도에 따르면 웰치는 적어도 천여 명의 주요 관리자에 대해서는 그들의 이름뿐만 아니라 개인상의 문제를 이야기할 수 있을 정도로 그들에 대해서 잘 파악하고 있다고 한다(BusinessWeek, June 8, 1998: http://www.businessweek.com/1998/23/b3581001.htm).

2) 웰치와 이멜트

웰치가 자신의 후임으로 선택한 이멜트는 웰치와 많은 면에서 대조를 보이는 인물이다. 웰치는 원래 제조(manufacturing) 분야에서 발군의 실력을 발휘하여 CEO자리까지 올라갔으며 CEO가 되어서도 제조를 중요시하였다. 그는 극도의 효율성 속에서 고품질의 제품을 낮은 가격에 생산하고 있던 일본 기업들의 방식을 벤치마킹하여, 오늘날 세계 표준이 되다시피 한 3S (Speed, Simplicity, Self-Confidence)와 6시그마를 도입하여 경영 혁신을 이루었다. 이런 면에서 웰치의 경영의 또 다른 핵심은 제조효율성을 극대화한 '품질 개선'이라고 할 수 있다.

한편 이멜트는 GE의 새로운 경영 모토로서 '창의성(creativity)'을 들고 나왔다. 이멜트가 웰치의 후임 후보자들 가운데 한 명으로 올라왔을 때, 월가(Wall Street)에서 그를 마케팅의 귀재(marketing whiz)라고 평가하였듯이[47] 이멜트는 물건을 생산하고 공정하는 제조(manufacturing)보다는 시장을 개척하고 물건을 파는 마케팅 분야에서 소질을 보여 왔다. 원래 마케팅은 많은 창의성이 요구된다.

새로운 상품을 개발하여 새로운 시장을 만들기도 하고 때로는 존재하지 않았던 마켓 세그멘트(market segment)를 마케팅에 의해 창출해 내기도 한다. 이멜트가 웰치 시대의 품질, 효율성 경영에서 창의성 경영으로 바꾼 것은 그의 배경을 반영한 것이라고 볼 수 있다.

웰치와 이멜트 각자가 보는 리더십 요건에도 차이가 존재한다. 웰치는 자신의 리더십을 'P가 싸고 있는 네 개의 E'라고 표현하였다. 여기서 P란 Passion으로 리더로서 조직의 일에 대한 끊임없는 열정, 정열 그리고 용기를 뜻하고 네 개의 E(Energy, Energize, Edge, Execution)를 하나로 관통하는 가치이며 공통분모이다. 그런데 이멜트가 역설하는 리더십 요건은 4E+V이다.

---

47) BusinessWeek, October 28, 1996: http://www.busiessweek.com/1996/44/b34991.htm.

4E는 웰치의 것과 같고 V는 비전(vision)을 가리킨다. 리더십 요건에서 이멜트에게 중요한 것은 Passion과 같은 감성적인 요소보다는 Vision으로 표현되는 과학성이라고 할 수 있겠다.

이것과 연관되어 있는 또 한 가지 흥미로운 점이 있다. 웰치는 사람들을 다룰 때 머리, 가슴, 용기를 중요시하였다. 그런데 이멜트는 그가 2006년 7월 크로톤빌 연수원에서 한국 기업 고위 임원 20여 명을 상대로 한 강연에서도 이야기하였듯이 머리, 가슴, 지갑을 강조하였다. 여기서 지갑이란 물질적 보상을 이야기한다.

웰치와 이멜트는 분명히 대조적인 인물이다. 한마디로 웰치는 정열, 용기 등 인간의 감성을 자극하고 자신이 직접 발로 뛰고 사람들과 부딪쳐서 드라마와 같은 것을 현실에서 만들어 내는 인물이라면, 이멜트는 사람들의 인센티브를 좀 더 과학적 방법으로 자극하고 묶어내는 테크노크랫(technocrat)에 가까운 사람이다. 그러면 왜 웰치가 자신과 별로 닮지 않은 이멜트를 자신의 후계자로 선택하였을까?

웰치가 CEO로 있는 동안 GE는 많은 전문가들의 지적대로 혁명을 겪었다. 위에서 살펴보았지만 웰치의 혁명은 그가 CEO로 취임하면서 시작되어 그가 은퇴하는 날까지 20년간 지속되었다. 이로 인해 GE에서 오랜 관행으로 그리고 문화로 굳어져 있던 관료주의와 안일주의가 타파되면서, 조직은 위계적 조직에서 유기체적 조직으로 바뀌었다.

또 워크아웃과 6시그마 운동과 같은 전사적 운동으로 조직은 더욱 강화되었다. 그리고 웰치가 그토록 바라는 '지속 가능한 경쟁력'을 확보할 수 있었다. 그러나 시장은 끊임없이 변화하고 진화하기 때문에, 지속 가능한 경쟁력을 확보하기 위해서는 지속적인 혁신과 개혁이 필요하였다. 웰치는 이 점을 잘 알고 있었다. 그리고 자신과 같은 인물이 연이어서 GE를 이끌어 가는 데는 두 가지 문제점이 있을 것이라고 생각하였을 것이다.

첫째, 자신과 똑같은 인물을 찾기 어려웠을 것이다. 그는 Passion을 리더의 가장 중요한 덕목으로 꼽을 정도로 열정적인 사람인데 자신의 Passion은 보여줄 수는 있어도 누구나 배울 수 있는 덕목이 아니다. 둘째, 존스가 당시의 '전형적인 GE 경영자'와는 180도 다른 사람인 웰치를 선택한 이유는 GE를 변화시킬 사람이 필요하다고 결정하였기 때문이다. GE는 20년이라는 긴 시간 동안 혁명과 같은 조직 혁신과 개혁을 경험하였기 때문에, 웰치는 자신의 방식과는 다른 측면에서 GE의 지속적인 변화를 모색할 수 있는 인물이 필요하였다고 생각하였을 것이다.

웰치는 경영에서 과학성을 무시하지는 않지만 보다 인간의 감성, 감정적인 면을 강조하고 자극하는 리더이며 사업의 '성과'보다는 얼마나 '열성'을 가지고 GE의 가치를 공유하고 전파하는가를 더 중요시 보았다. 자신이 20년 동안 조직을 다지고 묶어냈다면 새 CEO는 GE의 사업을 보다 숙성되고 완성된 단계로 이끌어 낼 수 있는 인물이 필요하였을 것이라는 결론을 내렸을 것이다. 웰치의 이러한 의도를 반영이나 하듯이 후임인 이멜트는 기존 사업에서의 숙련도와 완성도를 높인 '유기적 성장(organic growth)'을 새로운 성장 전략으로 세웠다.

이멜트는 분명 웰치와는 다른 특성을 가진 CEO이다. 그러나 이멜트가 이끄는 GE는 시장에서 웰치가 CEO로 있었을 때와 유사한 성과를 내고 있다. 성장 리더십을 발표한 2004년 9월 이후, GE는 10분기 연속 유기 매출 성장률 8%를 달성했으며 2006년 4분기에는 9%를 올렸다. 그 결과 2006년 매출은 1,630억 달러로 전년 대비 10%, 순익은 207억 달러로 11% 성장했다. GE는 2007년 미국 경제전문지 포춘이 선정한 올해 미국의 가장 존경받는 기업으로 2년 연속 선정되었다.

이로써 GE는 지난 10년간 6차례나 포춘이 뽑은 존경받는 기업 1위에 오른 것이다. 또한 GE의 인사 관리와 자산 활용, 사회 책임, 경영진의 질, 재무 건전성, 장기투자, 제품의 품질 등 거의 모든 항목에서 1위를 차지했다. GE는 포춘지뿐만 아니라 파이낸셜타임스(FT)가 선정하는 가장 존경받는 기업에서도 지난 8년 동안 단 한 차례를 제외하고는 1위를 지키고 있으며, 투자전문지 밸런스 조사에서도 수위를 차지하였다.

이것이 웰치가 유산과 같이 남겨 놓은 유일체제 리더십의 관성(momentum)에 의한 것인지, 아니면 이멜트가 새롭게 구축한 자신의 리더십에 의한 성과인지는 아직 판단하기 이르고 어렵다. 이멜트는 웰치가 구축하여 놓은 유일체제 조직, 즉 유기체적 조직에서 배출된 인물이지만, 웰치와 비교하여 대조적인 인물이고 다른 경영 스타일을 가지고 있다. 유일체계를 바탕으로 하는 유기체적 조직은 사람을 중심으로 하기 때문에, 리더(지도자)와 대중(사원들) 간의 유기적 관계의 '지속성'만이 이런 형태의 조직의 '연속성'을 보장할 것이다.

웰치와 많은 측면에서 다른 이멜트가 지속 가능한 경쟁력을 계속하여 확보할 수 있을 것인가는 앞으로 더 두고 볼 일이다. 그러나 유일체계가 제도로서 또는 관리체제로서 굳어지게 된다면 매우 심각한 형태의 관료주의를 낳게 될 것이고, 웰치가 구축해 놓은 유기체적 조직은 심각한 도전을 받게 될 것이다. 그리고 '지속 가능한 경쟁력확보'는 역사 속으로 사라지게 될지도 모른다.

3장

이건희 유일체제 리더십

▲ 삼성그룹 사장단들과 함께 걸어가는 이건희 회장(사진 / 연합뉴스).

3장
이건희 유일체제 리더십

1. 아버지의 유산 '이병철의 유일체제'

이건희는 1987년 이병철의 뒤를 이어 삼성그룹의 회장에 취임하였다. 당시 이건희의 나이는 45세였다. 이병철의 3남인 이건희는 우여곡절 끝에 1978년 후계자로 선정되어, 아버지와 삼성 부회장이며 중앙일보 회장인 장인 홍진기로부터 9년간 후계자 수업을 혹독하게 그리고 철저하게 받았다고 한다. 그러나 이병철이 이룩하여 놓은 삼성그룹은 단순한 재벌기업이 아니었다. 삼성은 이미 국내 최대 그리고 최고의 기업이었으며 철저히 이병철 체제로 운영되고 있었다.

이건희는 부친의 별세로 회장직을 이어받았으나 후계자 시절에는 회사의 경영참여가 배제되었다. 이병철 생전 당시 서울 태평로 삼성본관 28층에 회장실과 부회장실이 나란히 있었다. 삼성 고위임원 출신인 한 인사에 따르면 이병철 회장은 자신에게 결재받으러 오다가, 아들(이건희) 방에 들른 임원이 있으면 혼줄을 냈다며 "이건희 부회장은 공식 후계자였지만, 의사 결정에 전혀 관여하지 못했고 아무런 힘이 없었다."고 회고한다.

이병철은 회사의 지휘라인은 오직 하나뿐이어야 한다는 확고한 소신을 갖고 있었다. 이건희를 실질 경영에서 배재한 이유는 만약 후계자에게 힘을 실어주어 지휘라인에 혼동이 생기면, 전체 조직이 일사불란하게 돌아가지 않을 수 있기 때문이었다. 또한 이병철은 타계하기 3~4년 전에는 이건희 외의 다른 아들과 딸들을 사장단회의에 참석시켜, 마지막까지 후계자가 긴장을 늦출 수 없도록 했다고 한다.[1]

이런 상태에서 삼성이라는 거대한 조직을 장악한다는 것은 9년이라는 적지 않은 기간 동안 후계자 수업을 받아온 이건희로서도 매우 어려운 일이었다. '조직의 삼성'이란 말이 있듯이 이병철이 이룩하여 놓은 삼성은 타 재벌그룹과 비교하여도 많은 차별성을 갖고 있는 매우 특별한 조직이었다. 이건희의 조직 장악 과정을 설명하기 전에 먼저 이병철이 만들어 놓은 삼성이라는 조직에 대해서 좀 더 구체적으로 알아보자.

1) 한국의 전형적인 경영체제: 일인체제

경제개발 초기 한국 대부분의 재벌그룹의 기업지배(corporate governance) 구조는 창업주 오너가 직접 경영전면에 나서서 모든 권한과 책임을 갖고 총지휘하는 철저한 일인(一人)체제 구조였다. 이것은 한국이 국가주도의 경제발전전략을 채택한 것에 기인한 것으로 박정희가 1961년 쿠데타로 정권을 잡은 후 강화되어 체제화되었다.

모든 개도국에서 초기 경제개발에 가장 부족하고 또 필수적인 것은 자본이다. 그런데 박정희는 시장을 열어 외국자본을 받아들여서 경제를 발전시키는 전략(FDI 전략)보다는, 우방국에서 차관과 원조를 들여와 경제개발에 필요한 자본을 조달하는 전략을 채택하였다. 경제개발에 필요한 모든 자금을 정부가 독점하고 있었으므로 자금에 목말라하던 기업들은 정부 정책에 순응하고 따라감으로써 사업에 필요한 자금을 정부로부터 조달받을 수 있었다.

이런 구조에서 기업총수들의 주 역할은 정부에서 주도하는 경제발전전략(수출

---

1) 곽정수 기자, '삼성경영승계 물위로 ① 이건희와 이재용의 다른 점'(『한겨레신문』 2007년 2월 7일자).

주도 전략)에 순응하여 기업전략을 세우고 여기에 필요한 자금을 정부로부터 받아오는 것이었다. 결국 이와 같은 정부주도의 경제개발전략은 창업주가 CEO와 CFO의 역할뿐 아니라, 기업의 모든 일을 총괄적으로 운영하고 책임지는 구조를 낳게 되었는데, 이것은 기업에서 창업주 일인체제를 강화 및 존속시키는 주된 요인이었다. 여기서 일인체제는 유일체제와 비슷한 면이 있으나 매우 다르다.

일인체제는 기업총수 한 명이 기업의 모든 것을 결정하고 명령하는 일방통행(one-way)적인 체제를 가리킨다. 한국의 대표적인 재벌기업이었던 현대와 대우는 일인체제의 전형(典型)이라고 할 수 있다. 현대와 대우의 창업주인 정주영과 김우중은 각자 매우 독특한 경영스타일을 갖고 있어 두 인물 모두 독립적인 연구대상이 되기도 한다. 그러나 이들에게는 중요한 공통점이 하나 있다. 그것은 두 사람 모두 조직이라는 테두리에서 정의되는 조직 속의 리더이기보다는, 조직이 두 사람을 위해 존재하였다는 점이다.

현대와 대우라는 조직은 각각 정주영과 김우중을 위해 존재하고 두 사람의 전용물과 같았다. 이러한 공통점은 비단 현대와 대우뿐 아니라 대부분의 다른 재벌기업에서도 발견된다. 그러나 삼성의 조직운영체계는 다른 재벌기업들에서 통용되었던 '일인체제'와는 구별된다. 기업의 사업과 운영에 필요한 자금의 중요한 부분을 정부의 정책에 순응하여 받아 오고, 삼성에서 절대적인 권한을 갖고 있다는 점에서 이병철은 현대의 정주영과 대우의 김우중과 비교하여 다르지 않다. 그러나 이병철의 경영방식은 다른 재벌총수들과 달랐다.

흔히들 이병철의 경영방식을 '인재경영'이라고 한다. 생전 이병철 역시 자신은 사람 복이 많고 자신을 도운 인재들 덕분에 삼성이 국내제일의 기업으로 도약할 수 있었다고 늘 말하였다고 한다. '인재경영'이란 좋은 인재를 영입하여 이러한 인재들을 통해 회사 경영과 사업을 펼치는 것을 의미한다. 그러나 단순히 전망이 밝은 인재를 영입하고 또 많은 인재를 확보한다고 경영이 자동적으로 잘 되어서 타 기업과의 경쟁에서 이길 수 있는 것은 아니다.

타 기업과의 경쟁에서 이기기 위해서는 영입된 인재들이 자신의 능력을 십분 발휘할 수 있는 조직적인 뒷받침이 있어야 하고, 더 중요하게는 이들을 하나로 묶어 내고 조율하여 시너지가 창출되도록 해야 한다. 이런 측면에서 이병철의 경영방식을 단순한 '인재경영'이라기보다는 조직에 의한 또는 조직을 통한 경영방식으로 보아야 하며, 이것이 바로 타 재벌기업의 '일인체제' 경영방식과는 다른 점이다. 그러면 이병철식 경영이란 구체적으로 어떤 경영을 말하는가?

2) 이병철식 경영, '인재 경영'과 '경영 합리화'

한국 대부분의 재벌 창업주가 드라마 같은 인생을 살았듯, 이병철이 삼성을 창립하고 국내 제일의 기업으로 만들기까지의 과정 또한 한 편의 영화라고 해도 과언이 아닐 정도로 드라마틱하다. 해방 전 이병철은 풍운아였다. 일찍이 학문보다는 사업에 관심이 더 많았던 이병철은 28세가 되던 해 아버지 이찬우에게 쌀 300섬[2]을 받아 정미소를 시작하면서 사업가, 경영자로서의 인생을 시작한다. 그러나 시세를 잘못 읽은 것이 원인이 되어 불과 1년 만에 자본금의 절반을 잃어버렸다. 이렇듯 사업 초기 큰 손실을 보았으나 이병철은 자신의 실수에서 배우고 분발하여 정미소 사업을 적자에서 흑자로 바꾸어 놓았다고 한다.

정미소에서 이윤을 보자 이병철은 운수회사를 설립하여 정미소와 함께 운영하여 많은 돈을 벌었다고 한다. 여기서 번 돈으로 부동산업에 뛰어들었으나 마침 중일전쟁의 여파로 은행융자가 동결되고 땅값이 폭락하면서 치명적인 타격을 입었다. 이후 이병철은 혼자 한반도와 중국의 주요도시를 둘러보는 여행을 떠나는데, 이 여행을 통해 좀 더 큰 세상을 보았다고 한다.

여행에서 돌아온 이병철은 무역이 시대의 대세임을 깨닫고 1938년 30세가 되던 해 대구에 지금의 삼성그룹의 모태인 삼성상회를 설립한다. 이병철은 대구에서 조선양조를 인수하는 등 활기차게 사업을 확장해 나간다.

---

2) 당시 시세로 약 5만 원 정도인데 반듯한 기와집이 2~3만 원 하였으므로 적은 돈이 아니었다.

해방 후 '10월 폭동'이 일어나는 등 대구는 매우 혼란스러웠으나, 조선양조의 신제품인 '월계관'이 전국적으로 보급되면서 이병철의 사업은 더욱 번창하였다.

남한의 정치와 경제가 1947년부터 서울에 집중되기 시작하자 이병철은 서울로 자신의 거주지를 옮겼다. 이병철이 서울로 거주지를 옮긴 것에는 또 다른 중요한 이유가 있었다. 그것은 자신의 부친인 이찬우가 당시 대통령이었던 이승만과 친분이 있었기 때문에, 이를 통해 당시 정계·제계의 실력자들과 서울에서 교류와 친분을 쌓는 것이 자신의 사업을 펼치는 데 유리하다고 판단하였기 때문이다. 이병철의 생각은 빗나가지 않았다. 이병철은 1948년 삼성물산을 설립하였는데, 삼성물산은 해가 갈수록 이례적인 성장을 하여 설립 만 2년 만에 무역상사부문에서 10위권 안에 들어가는 쾌거를 이룩하였다.

하지만 승승장구하던 이병철에게 큰 시련이 닥쳐왔다. 그것은 바로 한국전쟁이었다. 한국전쟁이 시작된 지 3일 만에 서울이 함락되자, 이병철은 인민재판에 회부될 것을 우려하여 약 3개월간 도피생활을 하였다. 이병철의 도피생활은 9월 29일 서울이 연합군에 의해 수복되면서 끝났지만, 중공군의 개입으로 전쟁이 다시 치열해졌기 때문에 사업을 재계할 수가 없었다. 더군다나 이병철은 도피기간 중, 그동안 사업을 통해 모아두었던 자신의 재산과 사업 자산들을 모두 잃어 버렸기 때문에, 사업을 다시 일으킬 기반마저 없는 처지가 되었다.

이병철은 거의 무일푼 상태에서 대구로 내려갈 트럭 하나만 확보하고 식구들과 자신을 따르는 사원들을 데리고 서울을 떠나야만 했다. 이때 이병철의 심정은 자포자기에 가까웠을 것이다. 대구에는 양조장이 남아 있었으나, 당시 대구는 '조선의 모스크바'라고 불릴 정도로 공산주의자들의 세력이 강했으며, 낙동강에서 전투가 치열했던 만큼 양조장이 아무 피해를 입지 않으리라는 보장이 없었다. 그래서 이병철은 유일한 희망이었던 양조장에 큰 기대를 하지 않았는데 걱정과는 달리 양조장은 건재하였으며, 이병철이 재기하는 데 기회의 발판이 되었다.

이병철은 서울로 가기 전 양조장을 김재소와 이창업에게 맡겼는데, 이들은 수완을 발휘하여 전쟁 상황임에도 불구하고 양조장을 폐쇄하지 않고 사업을 계속 유지했을 뿐 아니라, 당시 돈 3억 원이라는 엄청난 거액을 이윤으로 남겨 이병철이 돌아오자 고스란히 넘겨 주었고, 이 돈은 이병철에게 재기자금이 되기에 충분하였다. 여기에서 중요한 것은 이병철에게 이 사건이 경영에 있어서 사람이 얼마나 중요한가를 다시 한 번 일깨워 주는 계기가 되었다는 점이다. 여기서 얻은 교훈이 이병철 인재등용 철학의 핵심이 되는데, 그는 인재등용에 대해서 다음과 같이 역설하였다.

> 사람을 채용할 때 의심스런 사람은 채용하지 말라. 이미 채용하였다면 의심하지 말라. 일단 사람을 받아들였다면 모든 것을 맡겨라.

이병철은 처음 정미소를 세우고 15년 가까운 세월 동안 사업가로서 적지 않은 경험을 하였다. 그리고 그 경험들을 통해 세 가지 매우 중요한 교훈을 얻게 된다. 첫 번째는 사업은 결코 혼자 할 수 없다는 것이다. 왜냐하면 한 개인의 능력과 동원할 수 있는 자금력의 한계가 분명하기 때문이다.

두 번째는 사업은 '감(感)'만 갖고 되지 않는다는 점이다. 이것은 그의 첫 번째 사업의 실패에서 얻은 교훈이다. 이병철은 정주영과 김우중과 같이 거의 무일푼으로 사업을 시작하지 않았다. 그는 아버지 이찬우로부터 쌀 300섬, 당시 돈 약 5만 원이라는 결코 작지 않은 자본금을 갖고 사업을 시작하였다. 그러나 시세를 잘못 읽은 것이 원인이 되어서 사업을 시작한 지 불과 1년 만에 자본금 절반을 잃어버렸다.

결코 적지 않은 돈을 잃어버렸지만 이병철은 단념하지 않고 시세 거래에 관한 상식과 시세의 함정에 대해서 학습하며 자신의 잘못된 점을 시정한 후, 다시 사업을 재기하였다. '감'보다는 일종의 경영합리화를 통해 사업을 재기하였던 것이다. 이렇게 사업을 재기한 후 1년, 이병철은 2만 원의 이윤을 내었다.

이후 '합리성'은 이병철이 사업을 전개함에 있어서 가장 중요한 원칙 중

하나가 된다. 이병철에게 경영과 사업에서의 합리성 추구는 정보 수집과 분석에 의한 시장 흐름에 대한 정확한 예측을 말한다. 정미소사업이 일정한 괘도에 오르자 운송 사업을 시작하고 단시간에 성공을 맛볼 수 있었던 것도, 마산에 집결된 쌀을 비롯한 많은 물자에 비하여 수송능력이 크게 부족하다는 정보를 정미소 사업을 통해 얻을 수 있었기 때문이다.

세 번째는 '인재등용'이 사업의 성패를 궁극적으로 결정한다는 점이다. 이 점은 대구로 다시 피난 왔을 때 더욱 확실해졌다. 앞서 말했듯, 이병철은 더 큰 사업을 도모하기 위해 서울로 이주하기 전 자신의 부하 직원인 김재소와 이창업에게 양조장을 맡겼다. 이병철은 이들이 그동안의 경험으로 자신이 없어도 충분히 양조장 경영을 할 수 있다고 판단하였고, 양조장 경영의 전권을 이들에게 일임하고 떠났던 것이다. 이러한 이병철의 판단은 정확히 맞았을 뿐 아니라, 이들은 전시(戰時)라는 어려운 상황에도 불구하고 사업 경영을 잘하여 이병철이 거의 무일푼으로 식솔들을 이끌고 대구에 피난왔을 때, 당시 돈 3억 원이라는 거금을 재기자금으로 제공할 수 있었다.

원래 이병철은 사업을 전개할 때, 자신이 모든 것을 챙기기보다는 자신은 사업가로서, 또 창업 오너로서 사업의 커다란 틀을 잡고 사업의 방향성을 제시하고 사업의 구체적인 부분은 자신의 부하직원이나 전문가에게 맡기면서 사업을 추진하고 키워 왔다. 이렇듯 대구 양조장에서의 경험은 이병철식 경영방식이 맞는다는 것을 다시 확인시켜 주었을 뿐 아니라, 인재중심의 경영이 이병철식 경영의 핵심이 되는 중요한 계기가 되었다.

대구 양조장의 경험에서 더욱 분명해졌듯이 이병철에게 '인재'란 사업적 능력을 가짐과 동시에 신뢰성을 가진 사람을 가리킨다. 이런 측면에서 전쟁 중 대구로의 피난은 삼성이 타 재벌기업들과 구분되는 '조직의 삼성'으로 거듭나는 분기점이라고 할 수 있다. 이후 이병철은 자신의 경험에서 얻은 교훈을 제도화시킨다. 그것은 경영과 사업을 전개함에 있어 조직을 통한 접근 방식이었다. 이병철은 경영과 사업 성공여부의 열쇠를 조직에서 찾았다.

기업 경영과 사업에서 합리성 추구는 결국 유용한 정보를 경쟁자보다 먼저 그리고 더 많이 입수해서 분석하여 시장의 경향과 추세를 정확히 예측하고, 이에 대한 투자, 상품 및 서비스 개발을 적시에 하는 것을 뜻한다. 이 모든 것을 개인 혼자서 감당한다는 것은 불가능하다. 그렇기 때문에 기업은 많은 사람들을 필요로 하고 분업이 불가피하다. 그러나 기업의 진정한 경쟁력은 모든 직원들이 일사불란하게 하나의 목적을 위해 함께 움직일 때 생긴다.

이병철은 이 점을 자신의 경험을 통해 잘 알고 있었다. 그리고 경험을 통해 배운 교훈을 현실 경영에 적용하였다. 이것이 바로 이병철의 트레이드마크(trademark)라 할 수 있는 '인재 중심의 경영'이다. 이병철은 삼성상회를 운영할 때부터 은행융자, 대량주문 등 매우 중요한 문제 이외에는 모든 경영을 지배인에게 위임하였다. 삼성이 재벌기업으로 성장한 후에도 자신이 그룹의 회장으로서 주로 챙긴 일은 인재를 채용할 때, 입회하는 것과 각 사장으로부터 사업계획과 결산보고를 듣는 정도였고, 그 밖의 업무는 모두 각 기업의 책임자에게 일임했다. 이병철은 그룹총수로서 삼성이 나아가야 할 방향을 제시하는 것과 같은 큰 그림을 그리는 것에 집중하였고, 직원들(전문가들)로 하여금 사업을 추진하고 운영하게 한 것이다. 이병철은 사업의 성패에 대해서 늘 이렇게 이야기하였다고 한다.

> 사업은 어디까지나 사람이 만드는 것이다. 우수한 인재가 많을 때 사업은 발전한다. 사람이 사업의 주축을 이루기 때문이다. 우수한 인재가 없으면 사업은 쇠퇴한다. 자본? 그것은 2차적인 문제이다.[3]

이병철에게 적재적소에 인재를 배치하는 것은 인재확보만큼 사업성패를 좌우하는 중요한 요인이었다. 그런데 어느 인재가 어디에 배치되었을 때, 그의 능력을 십분 발휘할 수 있는가를 판단하기 위해서는 각 인재에 대한 정확한 정보를 가지고 있어야 한다. 또한 기업은 근본적으로 조직체이기 때문에

---

3) 야지마 긴자 · 이봉구 지음, 이정환 옮김, 『삼성 경영철학』, W미디어, 2006, 156쪽.

각 인재들의 능력과 노력이, 같이 일하는 다른 인재들과 조화를 이룰 때, 조직은 통일된 힘을 낼 수 있고 기업의 경쟁력도 제고된다. 즉, 인재들의 능력은 그들의 재능에 맞게 전체조직차원에서 조율(coordinate)되어 쓰일 때 조직의 경쟁력이 제고될 수 있는 것이다. 이병철은 '경영합리화'를 통해 인재들을 관리하고 그들의 능력을 조율하였다.

'경영합리화'란 앞에서도 집어보았듯이 합리적(또는 과학적)인 방법을 바탕으로 경영하는 것을 의미한다. 즉 '감'에만 의지하는 것이 아니라, 정보의 수집과 분석을 통해 시장의 추세를 읽고 조직적으로 대응하는 것을 말한다. 그런데 산발적으로 또는 자의적으로 대응하는 것이 아닌 조직적으로 대응하기 위해서는 정보가 하나의 통일적인 체계에서 전달되고 분석되어야 하며 각 인재들의 능력과 소질은 전체조직차원에서 조율되어 기업이 하나의 유기체와 같이 움직일 수 있어야 한다.

GE의 예에서도 보았지만 기업이 하나의 유기체와 같이 움직인다는 것은 유일지도체계를 갖는 것을 의미한다. 삼성에서 '경영합리화'와 '인재경영'이란 이병철의 유일체제 리더십을 바탕으로 하고 있으며 유일체제 리더십을 이루는 두 축이라고 할 수 있다.

이병철 시절부터 삼성은 독특한 신입사원채용절차를 갖고 있었다. 지원자는 1차 학과시험을 통과하면 2차에서 상식 인물 평가를 위한 면접을 보게 되는데 이병철 자신이 직접 면접을 보았다. 이병철은 지원자가 1차 시험을 아무리 좋은 성적으로 통과하였다 하여도, 자신이 주관하는 면접에서 만족할 만한 성적을 내지 못하면 가차 없이 불합격시켰다고 한다.

여기에 대한 재미있는 실화가 있다. 서울의 한 명문대학을 좋은 성적으로 졸업한 청년이 삼성에 지원하여 1차 학과시험을 우수한 성적으로 합격하였다. 그런데 2차 면접에서 불합격되었다. 이 청년은 그 다음해 다시 삼성에 지원하여 1차를 전년과 마찬가지로 매우 우수한 성적으로 통과하고 2차 면접에 나왔다고 한다. 아마 이 청년은 이병철이 무수히 많은 지원자를 대하기 때문에 1년 전 자신을 기억하지 못할 것이라고 생각했을 것이다. 그러나 이

병철은 정확히 이 청년을 기억하고 있었고, 또다시 불합격시켰다.[4]

이병철이 면접에서 가장 중요하게 보는 것은 과연 "이 사람이 삼성을 배반할 사람인가 아닌가?"였다고 한다. 그래서 항간에는 이병철이 관상전문가까지 대동하고 면접을 보았다는 소문이 있었다. 이병철이 면접을 직접 챙긴 이유는 인재들에게 일을 위임하기 전에 그들을 자신 중심으로 묶어 내고 관리하려던 노력으로 파악된다.

면접은 능력을 갖춘 인재들이 이병철 자신의 사람이 될 수 있는가를 가려내는 관문이며, 자신이 삼성에서 지휘체계의 최고중추임을 인식시키고 각인시키는 첫 시간이었을 것이나. 이병철은 삼성의 모든 인재들의 신상과 업적에 대한 파일을 자신 스스로 기록하고 관리하였을 것이다. 그랬기 때문에 1년 전 낙방한 지원자가 다시 응모하였을 때도 알아보는 것이 가능하지 않았나 싶다.

이병철은 다른 재벌총수들처럼 자신이 직접 사업현장을 발로 뛰어다니며 사업을 펼치고 지휘하기보다는 사람들을 관리함으로써, 즉 조직을 챙김으로써 사원들의 능력을 극대화시키는 동시에, 전체조직을 효과적으로 조율하여 기업의 경쟁력을 높이려고 하였다. 이러한 이병철의 조직 관리는 삼성 조직의 인재들을 뽑는 입사시험 면접에서부터 시작하여 사원이 되어서 삼성에 몸담고 있는 전반기에 걸쳐 철저하게 실시되었다.

이병철이 직접 주관한 면접에서 통과한 인재들은 각자 능력에 맞는 부서에 배정된다. 이들은 회장이 제시한 전반적인 사업방향성에 맞추어 일을 하였으며, 최선을 다해 성과를 내면 회장에 의해서 보상을 받게 되어 있었다. 또한 회장은 사업의 방향성과 테두리만 정해 주고 구체적인 사업은 이들에게 일임되었기 때문에, 이들은 자신들의 능력을 발휘할 수 있는 기회도 갖고 일을 추진하게 되어 사업의 성공도를 높일 수 있었다.

조직운영체제 차원에서 이러한 이병철식 경영은 삼성에서 자신의 유일체제를 확고하게 하는 것이었다. 삼성의 사업이 확장되면서, 삼성의 조직은 다양

4) 엄일영, 『재벌들』, 장학서림, 1968, 91쪽.

한 사업체로 나눠지게 되었고 복합기업(conglomerates)적인 형태를 띠게 되었다. 단일 기업이 아니라 복합기업으로서 삼성의 경쟁력은 전체조직차원에서 이루어지는 각 사업체에 대한 효과적인 조율과 여기에서 나오는 통합적인 힘이다.

3) 이병철식 '인재(조직) 경영의 사령부' 삼성 비서실

이병철은 회장으로서 각 사업체를 묶어주는 삼성의 중심이다. 또 각 사업체는 이병철을 중심으로 유기적으로 연결되어 있다. 이것이 이병철식 '인재경영'의 핵심이다. 즉, 이병철의 '인재경영'이란 유일체제를 바탕으로 이루어져 있다. 초기 삼성이라는 조직은 복잡하지 않았다. 이병철은 이 시절 자신이 직접 정리하고 기록하는 노트를 갖고 사업 책임자들과 수시로 직접 만나 상의하고 지시하는 것으로 조직을 관리하였다. 그러나 사업이 확장되고 사업체가 다각화되면서 보다 합리적이고 조직적인 방법을 통해 조직을 관리할 필요성이 생기게 된다.

이병철은 1952년 삼성물산을 세우는 것을 필두로 1953년 제일제당을 그리고 1954년 제일모직을 연이어 창립한다. 그리고 세 사업체 모두는 빠른 시간에 각 분야에서 국내 최고의 기업으로 성장한다. 제일제당과 제일모직의 국내 시장 점유율은 이미 1950년대 말 모두 50%에 육박하고 있었다. 두 사업 모두 생필품을 생산하고 있었으므로 삼성에서 캐쉬카우(cash-cow) 역할을 하게 되었다. 이 덕분에 삼성그룹은 한국 총 세수의 2.8%를 납세하게 되었고, 이병철은 국내 최고의 재벌이라는 명성도 얻게 되었다. 그러나 이병철은 여기에 만족하지 않았다.

이병철은 이승만 정부가 은행의 민영화를 추진한다는 정보를 미리 입수하고 철저히 준비를 한 후, 정부가 여론의 반대에도 은행 민영화를 추진하자 가장 먼저 입찰에 참여하여, 흥업은행 주식의 83%, 조흥은행 주식의 50%, 상업은행 주식의 30%를 인수하여 전체 시중은행이 발행하는 주식의 약 절반을 손에 넣었다. 이제 이병철의 삼성은 금융업에서도 가장 큰손으로 등장하게 된 것이다. 이병철은 은행주식을 인수하는 것 이외에도 동양제당, 천일증권, 삼척시멘트, 안국화재, 제일방직 그리고 한국 타이어까지 인수하여, 삼성그룹의 사업영역을 한국 산업 전반으로 확대시켜 삼성그룹을 거대한 복합기업으로 만들어 놓았다.

이처럼 삼성물산, 제일제당과 제일모직 세 사업체를 경영할 때와는 달리 삼성그룹의 규모가 엄청나게 커지고 계열사의 일들을 직접 챙기기 힘들어지자, 이병철은 관리조직을 더욱 체계화하고 합리화하는 차원에서 1959년 비서실을 만들었다.[5] 처음 비서실은 삼성물산 내에서 20명 안팎의 작은 인원으로 시작되었다. 그러나 1970년대 들어 정부의 수출주도 정책에 힘입어 삼성그룹의 사업규모도 급성장하고 이에 따라 그룹의 조직규모도 급팽창하게 되자, 비서실의 기능은 단순한 정보수집과 분석뿐만 아니라, 그룹차원에서의 사업의 기획과 조정 등으로 크게 확대되었다.

지난 1972년 당시 비서실 구성을 보면 송세창 실장, 이두석 실차장, 이수빈 재무팀장, 심명기 기획팀장, 손병두 조사팀장, 양인모 비서팀장, 이용석 감사팀장, 한의현 마케팅팀장 등이 비서실에서 일을 하고 있었다. 이러한 비서실 구성에서 알 수 있듯이 감사팀까지 갖춘 비서실은 삼성그룹의 전 사업을 총괄하고 지휘, 감독 그리고 관리할 수 있는 체제를 갖추고 있었다.[6]

이병철은 비서실의 기능 확대와 역할강화로 그룹에서 자신의 유일적 경영체계를 더욱 강화시켰다. 삼성 비서실의 가장 중요한 역할과 임무는 삼성의

---

5) 이병철이 비서실을 만든 것은 사업의 규모가 커지면서 현실적인 필요성에 인한 것도 있지만 일본에서 많은 정보를 얻고 일본 기업들의 경험을 철저히 벤치마킹하여 한국에서 삼성의 성공을 일구어 냈던 이병철은 미쓰비시, 미쓰이, 스미토모, 이토추 등 일본 굴지의 재벌그룹 비서실을 보고 삼성에도 비서실을 만들었다.

6) 1978년부터 1990년까지 비서실장을 맡은 소병해는 강력한 추진력과 엄격한 관리로 비서실의 기능을 크게 강화시켰다. 소 실장 시절 비서실은 기존의 정보수집, 기획, 기획조사, 재무, 감사, 비서의 6개 팀에 정보시스템, 경영관리, 인사, 국제금융, 홍보, 기술 등의 팀을 더하여 15개 팀에 250여 명의 인력을 거느린 대 조직으로 성장했다. 그러나 비서실의 기본목적은 결코 변하지 않았다. 그룹 내에서 비서실의 기능과 역할이 강화되었고 국내 최고의 엘리트로 채워졌으나 이것은 모두 이병철을 더욱 잘 보좌하여 그룹에서 그의 유일체제를 강화하기 위해서였다.

뇌수인 이병철이 제시한 사업방향성과 가이드라인을 전체 그룹에게 전파하고 실행될 수 있도록 지휘 감독하고, 또 그룹의 각 계열사에서 일어나는 일과 국내·국외에서 발생하는 삼성그룹과 연관되거나 그럴 수 있는 정보를 모아 분석하여 이병철에게 보고하는 것이었다. 이렇게 이병철은 비서실을 통해 삼성그룹을 하나의 조직으로 묶어내고 관리할 수 있었다.

삼성계열회사에서 삼성의 조직체계와 비서실을 직접 지켜본 당시 중앙일보 경제부 차장이었던 엄일영은 1966년 이렇게 기록하고 있다.

> 오늘날 삼성에는 기라성 같은 경제학사들이 모여 있다. 그중에서도 이 회장은 절대자로서 군림하고 있으나 그의 중역들에게는 역시 절대적 신뢰와 특례를 베푼다. 전 중역들은 한결같이 삼성왕국의 막료가 된 것을 영애로 알고 충성을 아끼지 않는다. 이러한 현상은 비단 중역 급에서만 아니라 상하좌우로 고루 전파되어 국내 최대의 삼성가족은 누구나 矜持와 自負心을 가지고 공동 운명체의 인식 아래 결합되어 있다…….
>
> 삼성의 주요 경영정책이 산출되는 이 정예 중역회의에 대처하여 젊은 엘리트로 구성된 삼성 비서실도 항상 유동하는 경제 정세를 조사 분석하여 이 회장에게 보고함으로써 그의 최종적인 판단을 보좌한다. 원칙적으로 이 회장 스스로 주제하는 이 회의에서는 어떠한 의견도 거리낌 없이 털어놓을 수 있는 의사소통의 완전 자유분위기가 보장된다. 그러나 그 회의의 토의 내용은 반드시 이 회장 자신에 의하여 매듭되고 결정된다. 일단 결정된 일은 어떠한 어려움이 가로 놓이더라도 극복하고 관철하고야 만다. 일단 결정된 일을 기어코 완결시킨다. 그리고 경쟁에서는 반드시 이겨야 한다. 비록 어떠한 희생을 치르더라도…….[7]

한국에서 국가가 주도한 경제개발이 성과를 보이면서 한국은 1차 산업에서 2차 산업으로, 경공업 부문에서 중화학공업 부문으로 점차 산업구조가

---

7) 엄일영, 위의 책, 92~94쪽.

전환되어 갔다. 정부와 확고한 협력관계에 있었던 삼성도 정부의 경제개발 정책에 발맞추어 경공업인 제일제당과 제일모직에서 중화학공업 전자, 그리고 금융으로 사업을 확장해 가며 이미 1960년 중반 국내 최대의 재벌기업으로 성장하게 된다.

당시 이병철은 자신이 손을 대는 모든 사업을 성공으로 이끈다는 '불패의 신화'를 가지게 되는데, 이것은 비단 삼성이 국가의 비호를 받았기 때문만도 아니고 또 이병철이 남다른 사업에 대한 감을 가지고 있어서만도 아니었다. 실상 삼성은 박정희 정권이 들어선 후 다른 재벌기업과 비교하여 특별한 특혜를 받지 못했다. 오히려 성부와 같이 수만 명을 동원하여 설립한 한국비료를 정부의 발뺌으로 정부에 헌납해야 하는 시련을 겪기도 하였다.

삼성 성공신화의 비결은 이병철의 유일체제에서 찾아야 할 것이다. 이병철은 날로 커져가는 삼성그룹을 비서실을 통해 지휘하고 감독하고 조율할 수 있었다. 즉, 자신의 유일적 경영체제를 강화하면서 '조직의 삼성'은 다른 재벌기업에 비해 월등한 경쟁력을 확보할 수 있었고 '불패'라는 성공신화도 가능했을 것이다.

삼성에서 이병철의 유일체제경영은 조직의 규모가 커가면서 단계적으로 이루어졌다. 초기 이병철은 각 사업체의 경영책임자들을 자신이 직접 관리하고 챙기다가 사업의 확장과 새로운 사업의 시작으로 조직의 규모가 커지자 비서실을 통해 관리하였다. 비서실의 기능과 역할은 조직의 규모에 비례하여 커지고 강화되었다.

이와 같은 이병철 시절 삼성에서 유일체제경영의 단계적 발전은 리더십에서 나타나는 세 가지 단계적 역할, 즉 '조직 장악', '조직 강화', 그리고 '조직 재생산' 중 조직 장악의 단계가 필요 없게 만들었다. 이병철은 창업 오너였기 때문에 처음부터 삼성을 자신을 정점으로 묶어서 진화시켰다. 그러므로 처음부터 '조직 장악'이란 단계가 필요가 없었다. 그러나 창업주인 아버지 뒤를 이어 삼성그룹의 총수가 된 이건희에게 '조직 장악'은 삼성에서 유일리더가 되기 위한 필수적인 단계였다.

2. 이건희의 조직 장악

이건희가 삼성그룹의 후계자로 선정되고 회장이 되기까지 9년이란 적지 않은 시간 동안 후계자 수업을 받았다고는 하나, 유일 지휘체계의 혼란을 우려한 이병철은 이건희가 자신의 옆에서 경영을 지켜 볼 수 있는 기회는 주었으나, 직접 참여할 수 있는 기회는 결코 허용하지 않았다.

이건희는 아버지 이병철로부터 삼성그룹을 법적으로 상속받아 이병철이 세상을 떠난 후 삼성그룹의 오너(owner)가 되었으나, 삼성은 자신이 만들어 놓은 조직이 아니었고, 한 번도 유일적 경영자로서 지휘해 보지도 못한 조직이었다. 더군다나 삼성은 이병철이 제왕적 존재로서 자신의 유일적 경영지도체계를 한 치의 틈도 없이 구축해 놓았기 때문에, 이건희가 단지 상속자란 당위성 하나만으로 거대한 삼성을 장악할 수는 없었다. 이건희는 이병철로부터 삼성그룹의 오너십(ownership)을 상속받았지만 유일적 경영체계까지 상속받지 못하였던 것이다.

이병철은 생전 슬하에 4남 6녀를 두었다. 이병철 사망 후 재산상속 문제로 다른 재벌가와 같이 큰 문제를 겪지는 않았으나[8] 장남이 아닌 3남으로 그룹 총수 자리에 오른 이건희를 바라보는 눈은 그다지 곱지 않았을 것이다. 또한 이건희가 후계자 수업을 받는 부회장 시절 최고경영자로서 능력을 인정받을 기회를 전혀 갖지 못했기 때문에, 사람들은 최고경영자로서 이건희의 능력을 알지 못했다.

더군다나 이건희는 회장 취임 직후 추진된 마이크로파이브사(MFC) 인수와 프랑스 빠이오사와의 합작회사(SEF)설립에서 눈에 띌 만큼 가시적인 성

---

8) 삼성가의 재산상속은 이병철이 타계한 지 8년이 지난 1995년 2월 미국 LA에서 열린 가족회의에서 최종적으로 마무리되었다. 제일제당, 안국화재는 장남인 이맹희가로 넘어가 지금의 제일제당(CJ) 그룹이 되었고, 제일합섬은 새한미디어에 편입되어 이창희의 부인 이영자와 그 아들 이재관의 소유가 되었다. 장녀인 이인희는 전주제지, 고려병원을 받아 한솔그룹을 만든다. 5녀인 이명희는 신세계백화점을 받았다(유순하, 『삼성 신화는 없다』, 고려원, 1995, 41쪽).

과를 내지 못했다. 그러므로 사업에서 불패의 신화를 자랑하였던 이병철과 비교하였을 때, '이건희가 과연 이병철만큼 잘 할 수 있을까?' 하는 의문이 자연스럽게 주위에서 흘러 나왔고 이건희를 보이지 않게 압박하고 있었다. 이병철은 이건희에게 삼성그룹의 상속만 유산으로 남겨 준 것이 아니라 자신의 신화 '재창조'라는 매우 달성하기 어려운 숙제도 함께 남겨 두었다. 그러나 이건희에게 당면한 숙제는 신화 재창조보다도 먼저 삼성이라는 거대한 조직을 장악하는 것이었다.

1) 요동의 시작: 비서실 장악

이건희는 1987년 삼성그룹의 총수로 취임한 후 약 3년간 큰 행동을 보이지 않고 조용히 지냈다. 그는 주로 신라호텔에 머물면서 비서실을 통해 회사 경영에 필요한 최소한의 지시를 내렸는데, 태평로 삼성본사에 출근하지 않았던 이유는 아마 선대 회장인 이병철의 자리를 그냥 물려받지 않겠다는 것으로 해석된다. 이건희는 자신이 이병철의 자리를 법적으로 상속받았으나 이병철의 자리가 의미하고 있었던 권위와 리더십이 저절로 자신에게 주어지리라고는 생각하지 않았다. 자신이 회장의 자리를 물려받았으나 아직까지 삼성은 자신의 아버지가 이룩하여 놓고 꾸린 이병철의 조직이었다.

이건희는 본질주의[9] 사고를 하는 사람이다. 그래서 그는 늘 본질주의에 입각한 입체적 사고를 강조하면서 삼성의 임직원들에게 "기업의 위상이 근본적으로 변화하는 시기에는 외관상 난삽하기 이를 데 없는 표피적 변화를 꿰뚫고 사물의 본질을 포착할 수 있는 능력이 요구된다."고 말했다.[10] 이러한 이건희의 본질주의 사고는 업(業)의 특성으로 이어지고 이건희는 삼성그룹의 각 사업체의 업의 특성을 명쾌하게 정의하여, 각 사업체의 성공의 핵심

---

9) 본질주의(essentialism)란 무엇이 되는 데 그것이 없으면 안 되는, 무엇을 규정하는 근본적인 속성들이 있다는 관점이다.
10) 강준만, 『이건희 시대』, 인물과 사상사, 2005, 90쪽.

역시 잘 파악하고 있다. 이건희의 이러한 본질주의적 사고는 부모로부터 타고나고 물려받은 것도 있지만 어려서부터 훈련을 통해서 익혀졌다고 한다.[11]

이런 이건희는 이병철이 이룩하여 놓은 삼성 신화의 본질에 대해서 잘 알고 있었다. 삼성의 힘은 이병철의 유일적 지휘체계 아래 온 사원이 일치단결하여 일사불란하게 움직이는 조직의 힘이었다. 그러나 이건희의 눈에 비친 당시의 삼성은 관료주의에 빠져 경직되어 있었다. 그리고 늘 일등이라는 자만심에 빠져 새로운 것에 도전을 하고, 또 새로운 도전을 맞아 이겨낼 수 있는 능력을 상실해 가고 있었다. 실상 삼성은 조직적으로 경직되어 있었다.

위에서 살펴본 것과 같이 삼성에서 이병철은 구체적인 일을 사업 책임자에게 위임하여 그들이 자신의 능력을 최대한 발휘하도록 하였다. 그러나 삼성그룹은 다양하고 많은 기업체가 상호출자로 연결되어 있는 복합기업적 형태를 갖고 있었기 때문에, 그룹차원에서 힘을 내고 경쟁력을 갖추기 위해서는 각 사업체와 부문 간의 협력과 협조를 극대화할 수 있는 조율이 필요하였다. 그리고 조율은 하나의 유일지도체계 아래서 이루어져야만 통일적인 힘을 낼 수 있다. 즉, 유일체제 아래서 조직은 하나로 통합될 수 있고 일사분란하게 움직일 수 있어 경쟁에서 이길 수 있는 것이다.

경영에서 유일체계를 세우는 것은 또한 각 사업체가 하나의 체계로 묶이는 것을 뜻하는데, 이것은 전 장에서 살펴본 웰치의 '벽 없는 조직(boundaryless organization)'과 일맥상통한다. '벽 없는 조직'이란 자기가 물리적으로 속해 있는 조직만을 앞세우는 조직 이기주의 또는 디파트멘탈리즘(depart-mentalism)이 배제되어 있는 조직을 말하며, 그룹 안에 각기 다양한 조직이 서로 벽 없이 정보를 주고받으며 그룹 전체를 위하는 목적 하나로 결속되어 통일적인 힘을 낼 수 있는 조직을 뜻한다.

---

11) 여기에 대해서 이건희는 이렇게 회고한다. "나는 어려서부터 수없이 많은 물건을 구매하여 뜯어 보았다. 그 속을 보고 싶었기 때문이다. 나는 이러한 일을 누구보다도 많이 하였다고 자부한다. 이러한 활동을 통하여 나는 사물의 외관이 던지는 의문에 대하여 겉모습뿐 아니라 그 이면까지도 들여다보는 훈련을 받을 수 있었다."(권터 뷔르테레 편, 연기영 옮김, 『21세기의 도전과 전략: 세계정치 · 경제지도자 26인의 미래예측과 그 대안』, 밀알, 1996, 242~243쪽).

이병철도 이 점에 대해서 어느 정도 이해하고 대책을 세웠던 것 같다. 이병철은 삼성에서 순환사장제를 실시하여 어느 한 사업체가 특정인물에 의해 독점되어 그룹 내에서 아성을 구축하는 것을 방지하려 하였다. 그런데 삼성그룹의 사업이 확장되고 조직의 규모가 커짐에 따라 각 특정사업에서 전문가가 필요하게 되자, 이병철은 순환사장제를 없애고 비서실을 통해 계열사를 관리하였다.

이병철은 비서실을 통해 삼성그룹을 관리하는 것을 제도화시켰다. 이것이 현실에서 구체화된 것은 소병해 비서실장 시절부터였다. 소병해는 1978년 발탁되이 1990년까지 비서실장을 맡으면서 강력한 추진력과 엄격한 관리로 비서실의 기능을 크게 강화시켰다. 소 실장 시절 비서실은 기존의 정보수집, 기획, 기획조사, 재무, 감사, 비서의 6개 팀에 정보시스템, 경영관리, 인사, 국제금융, 홍보, 기술 등의 팀을 더하여 15개 팀에 250여 명의 인력을 거느린 대 조직으로 성장했다.

그러나 비서실은 어디까지나 이병철의 유일적 경영체제를 돕기 위해 존재하였던 것으로, 생전 이병철은 비서실이 회장의 그림자로서 밖으로 드러나면 안 된다는 철학을 가지고 있었기 때문에 비서실의 기능을 삼성에서 자신의 유일체제를 보좌하는 데 국한시켰다. 그러나 소 실장이 아무리 그림자 역할을 자처하더라도 당시 비서실장의 파워는 갈수록 강해지고 확대되어 갔다.

그러자 계열사 사장들이 일단 이병철 회장 대신, 소병해 실장의 눈치부터 먼저 보기 시작하는 현상까지 나타났다. 더군다나 이병철 회장의 일거수일투족에 대한 정보는 소 실장을 통하지 않고는 알 수 없었기 때문에 계열사 사장들은 소 실장에게 기대어 정보를 구할 수밖에 없는 실정이었다.

그룹에서 소 실장의 높아지는 파워와 위상에 대해 이병철 회장까지 일정하게 우려하였던 것으로 보인다. 주변에서 '소 실장의 파워가 하늘을 찌른다'라는 소문이 들려오자, 이병철 회장은 의도적인 경고를 주었다고 한다.[12] 그

---

12) 이런 일화가 전해진다. 어느 날 이병철 회장은 슬며시 소병해 실장을 불러서 이렇게 물어보았다

러나 이병철 회장의 소병해 실장에 대한 신뢰는 그가 세상을 떠날 때까지 계속되었다. 특히 이병철은 소 실장 시절 일 년 중 삼 분의 일 이상을 일본에서 생활하였기 때문에, 일상적인 경영활동의 많은 부분을 비서실에 위임한 것이나 다름없었다.

순환사장제의 폐지와 비서실로의 이병철 회장의 경영업무 위임은 필연적으로 삼성에서 관료주의가 성행하는 결과를 가지고 왔다. 순환사장제 폐기로 각 계열사에 자리를 굳게 굳힌 사장들은 아성까지는 아니지만, 자신들의 일정한 영역을 구축하기 시작하였고 비서실은 삼성그룹 내에서 가장 큰 권한을 가지고 있다는 의미에서 '왕국'으로까지 불리어지게 되었다.

삼성에서 만연하여 있던 '삼성 제일주의'도 조직의 정체(停滯)를 부추기고 있었다. 이병철이 만든 불패의 신화는 처음에는 삼성의 자부심과 자신감의 원동력이었으나 글로벌 시대가 왔음에도 삼성맨들을 국내 1위라는 현재 위치에서 만족시키고 옭아매는 덫으로 작용하고 있었다.

이건희의 본격적인 경영활동은, 즉 '조직 장악'은 비서실의 조직 재편으로부터 시작된다. 아버지의 3년 탈상(脫喪) 시점인 1990년 12월 이건희는 소병해를 비서실장에서 전격 사퇴시키고 삼성생명 부회장으로 전출시켰다. 이것은 당시 삼성의 조직구조를 고려했을 때 원자탄을 터트리는 것과 같은 강력한 조치였다.

많은 삼성인들은 이병철 회장시절 2인자였고 비서실장을 10년이 넘게 역임하면서 비서실을 삼성 내에서도 최고의 권위를 갖는 조직으로 키운 소병해가 이병철 사망 이후 실질적인 CEO역할을 할 것으로 생각했다. 실제로 이병철 사망 이후 3년간 이건희가 장고(長考)에 들어갔을 때, 소병해는 삼성의

고 한다. "소군, 자네는 직책이 뭐꼬?" "예, 저는 이사입니다." "그래 이사제, 이사 맞제!"(타이르듯 이사임을 확인시켜줌으로써 계열사 사장들 위에 군림하는 듯한 행동을 하지 말라는 뉘앙스)라고 확인성 경고를 주었다고 한다. 또 이병철 회장은 어느 날은 소병해 실장에게 자신의 스케줄을 전혀 알려주지 않은 채 느닷없이 외부 손님을 받아들여 소 실장을 당혹스럽게 만드는가 하면, 계열사 사장이나 임원들과의 점심 약속을 일부러 소 실장에게 알려주지 않아 소 실장을 당황하게 한 적도 있다고 한다.

실질적인 CEO역할을 하고 있었다.

또 사람들은 부회장시절 현실 경영에서 배제되어 아무런 경험도 없고 성과도 올리지 못한 이건희 역시, 소병해를 의지하지 않고서는 경영을 할 수 없을 것으로 예상했다. 그런데 그런 소병해를 이건희가 비서실장에서 사퇴시킨 것이다. 이건희에게 삼성은 비서실체제라는 관료주의로 운영되는 '우물안의 개구리'였다. 그러므로 삼성에서 막강한 권위를 갖고 있고 삼성그룹의 핵심부이며 심장이라고 할 수 있는 비서실의 개편 없이는 삼성에서 진정한 개혁은 불가능하다고 생각하였을 것이다.

이건희가 택한 방법은 정공법(正攻法)이었다. 바로 막강 비서실의 책임자이며 삼성에서 이병철 다음의 2인자라고 하는 소병해를 비서실로부터 분리시킨 것이다. 이건희는 이어 비서실의 15개 팀을 10개 팀으로 축소하고 비서실장의 권한을 대폭 축소하였다. 이건희가 삼성그룹이라는 대 조직을 장악하기 위해서는 바로 삼성에서 권력의 핵심인 비서실을 선차적으로 장악해야 했다.

회장에 취임하는 연설에서 이건희는 개혁이 삼성에게 절실히 필요하다고 하였다. 그러나 개혁의 구체적인 내용은 이야기하지 않았다. 그런데 이건희가 1987년 삼성 회장에 취임하면서 한 연설내용을 들어보면 개혁의 실체가 무엇인지 가늠할 수 있는 대목이 있다. 이건희는 그룹 경영권에 대해 이렇게 이야기했다.

> 과거 선대 회장은 경영권의 80%를 쥐고 비서실은 10%, 각 계열사 사장이 10%를 나눠 행사하도록 했다. 그러나 앞으로는 회장이 20%, 비서실이 40%, 각 사장이 40%를 행사하는 식으로 바꾸겠다.[13]

이건희는 이병철이 경영권의 80% 그리고 비서실이 10%를 갖고 있다고 하였는데 소병해 비서실장 시절 실질적으로 이병철 회장이 자신의 경영권을 비서실에 위임한 것을 감안할 때 비서실은 90% 이상의 경영권을 행사하는

---

13) 조일훈, 『삼성공화국은 없다』, 한국경제신문사, 2005, 126쪽.

것이 된다. 이러한 상황에서 이건희가 선차적으로 착수해야 할 일은 바로 본래의 취지대로 비서실을 회장의 보좌역할로 복귀시키는 일이었다.

또한 이건희는 계열사의 자율경영을 강조하였는데 이것은 계열사 스스로 사업에 대해 기획, 결정, 추진하는 것을 의미한다. 이건희가 자율경영을 강조한 것은 비서실의 관료주의적 영향 때문에 계열사가 정체되어 가고 있었기 때문이다. 소병해 비서실장 시절 이병철은 비서실에게 일상경영권을 위임하였는데, 이것은 비서실이 여러 역할 중에서 감사에 치중하는 결과를 초래하였다.

비서실에는 그룹전체에 대한 기획의 업무도 포함되어 있으나 실질적인 기획은 어디까지 그룹의 오너인 이병철 회장의 고유한 영역과 역할이었고, 비서실은 기획에 필요한 정보를 모아 분석하여 보고하는 역할에 치중되어 있었다. 이렇듯 비서실의 권한과 파워는 감사업무, 즉 '그룹의 관리'에 집중되어 있었다. 비서실 감사팀은 삼성 모든 계열사의 공포의 대상이었는데, 감사팀은 계열사 화장실에 비치된 두루마리 휴지의 길이까지 직접 재면서 회사돈을 관리하였다고 한다.[14]

비서실의 지나친 계열사 감독은 계열사로 하여금 실수와 위험부담을 극소화시키는 방향으로 경영하게 하였고, 이것은 계열사의 새로운 사업으로의 도전과 창조성을 가로막고 있었던 것이다. 이건희는 그룹차원에서 경쟁력확보를 위해 각 계열사의 자율경영을 보장하고 비서실의 지나친 감독과 관리를 조종하였다.

2) 요동의 절정: 프랑크푸르트 선언과 7·4제

이건희는 1990년 비서실 조직개편을 단행하고 구체적인 개혁 내용을 대내외적으로 공포하고 시작하는 1993년 프랑크푸르트 선언이 있기까지 약 3년간 개혁의 구체적인 계획을 준비하고, 이것을 일순간에 추진하여 삼성그룹

---

14) 이상원, 『이병철 3만원으로 삼성을 시작하다』, 거송미디어, 2004, 136쪽.

전체를 장악한다. '이건희 개혁' 내용의 근간이 된 것은 '후쿠다 보고서'라고 널리 알려져 있다.

이건희는 회장 취임 직후인 1989년 일본 전자업체의 선진 기술을 전수받기 위해 후쿠다를 포함한 서너 명의 일본인 고문을 이미 초빙하여 자문을 받고 있었다. 이건희가 이 문제의 보고서를 처음 접한 것은 1993년 6월 4일, 일본 도쿄 오쿠라 호텔에서 이건희 회장의 주재로 열린 삼성전자 기술개발대책회의였다고 한다.

이건희는 후쿠다 고문을 포함한 서너 명의 일본 측 고문을 따로 불러 이들에게 그동안 삼성전자에 대해 보고 느낀 점을 허심탄회하게 이야기해 보라하여 이들에게 구체적으로 삼성의 문제점을 들었는데, 이때 후쿠다 고문은 뜻밖에도 이 자리에서 이 회장에게 삼성전자에 대한 문제점을 담은 '경영과 디자인'이라는 보고서를 전달하였다고 한다.[15]

후쿠다 보고서는 후쿠다 고문이 삼성전자 정보통신 부문 디자인 고문으로 일하는 과정에서 겪었던 삼성 디자인 부문의 문제점을 정리한 것으로 56쪽짜리 건의 보고서인데, 이 보고서는 주로 디자인 측면에서 집중 분석되어 삼성의 제품이 큰 위기감을 느껴야 할 정도로 갖가지 문제점을 가지고 있다고 지적하면서, 21세기의 일류 진입을 위해서는 전면적인 조직개편이 불가피함을 피력하는 내용이 들어 있었다.

또한 이 보고서는 삼성의 구성원들이 디자인이라 하면 패션디자인만 떠올릴뿐 공업디자인, 상품디자인이라는 개념 자체를 아직 이해하지 못하고 있다고 지적하였다. 더 나아가 보고서는 "삼성전자 만한 규모의 회사가 새로운 상품을 생산할 때, 아직도 상품기획서가 없다는 것은 기가 막히다."는 등의 신랄한 비판이 담겨 있었다.[16]

이건희는 회의 다음 날 독일의 프랑크푸르트에서 개최되는 회의에 참석하

---

15) 김성홍 · 우인호, 『이건희 개혁 10년』, 김영사, 2003, 18~19쪽.
16) 이채윤, 『이건희, 21세기 신경영노트』, 행복한 마음, 2006, 82~83쪽.

기 위해 현지로 가던 비행기 안에서 이 보고서를 읽었다고 하는데, 이 보고서를 읽으면서 마음속으로부터 치밀어 오르는 분노를 억제하기 힘들었다고 회의 때마다 이야기한다고 한다.

이건희는 삼성전자 각 부문의 현 실태와 위기에 대해 디자인 측면에서 심각하게 문제를 제기하고 있는 이 보고서가 이미 1991년 10월부터 세 차례에 걸쳐 위로 전달됐는데도, 그동안 상부에 의해 그냥 묵살됐다는 사실을 개탄한다고 회의석상에서 말하기도 했다. 이건희 연구자들은 이건희가 이 보고서를 계기로 삼성에서 개혁이 필요하다는 사실을 다시 깨닫고, 보고서 내용을 근간으로 개혁을 추진하였다고 분석하고 있다.[17] 그러나 이건희는 이미 개혁에 대한 준비를 다 끝내고 프랑크푸르트 회의를 준비하였던 것 같다.

잘 알려진 바와 같이 이건희는 '정보수집의 광'이라고 할 정도로 정보에 대한 집착을 가지고 있다. 그런 그가 회장 취임 후 3년간 장고(長考) 그리고 프랑크푸르트 선언이 나오기까지 3년, 도합 6년간 삼성그룹의 각 계열사, 삼성의 경쟁사 또 미래산업과 경제 전망에 대한 정보를 입수하고 이를 바탕으로 삼성을 분석하고, 또 삼성의 미래에 대해 여러 측면에서 예측하고 기획한 것을 이건희라는 인물의 특성을 고려해 보면, 어쩌면 당연하다고 볼 수 있다.

이건희는 비서실을 재편하고 비서실 장악이 어느 정도 끝나갈 무렵 그동안 준비한 개혁을 프랑크푸르트 회의를 계기로 시작한 것이다. 이런 측면에서 볼 때 후쿠다 보고서는 두 가지 측면에서 큰 의미가 있다. 먼저 이건희 자신의 개혁을 다른 사람, 특히 전문가의 입을 빌어서 제시함으로써 개혁의 정당성을 높여주었다.

두 번째 후쿠다 보고서는 이미 1991년에 작성되었지만, 회장인 이건희에게 전달되지 못하고 2년 후인 1993년 프랑크푸르트 회의 바로 전에야 그에게 그것도 극적으로 전달되었다. 이것은 삼성에서 관료주의와 안일주의가 얼마나

---

17) 이건희에 관한 연구의 대부분은 후쿠다 보고서를 다루고 있고 후쿠다 보고서가 삼성 개혁의 근간이라고 서술하고 있다. 대표적인 책은 김영사에서 2003년에 발간된 김성홍과 우인호가 공저한 『이건희 개혁 10년』이다.

만연하여 있는지 상징적으로 말해 주며, 이건희가 관료주의와 안일주의에 일 격을 가하면서 개혁 프로그램을 시작할 수 있는 좋은 빌미를 제공해 주었다.

이건희가 어떻게 후쿠다 보고서를 받았는가에 대한 해석이 이건희가 보고 서에서 지적한 디자인의 중요성을 공감하고, 이것을 바탕으로 자신의 개혁 프로그램을 '질(質) 경영'으로 함축한 것을 부정하는 것은 아니다. 보고서는 56쪽밖에 되지 않는 비교적 짧은 분량이지만 이건희 개혁의 주요한 내용과 일치되는 부분이 많았다. 다만 프로듀서 입장에서 개혁이라는 드라마[18]를 기 획하는 이건희에게 보고서는 개혁의 실질적인 근간이 되기도 하지만, 영화 에서의 '조명'과 같은 좋은 기술 장지적인 역할도 하였을 것이다.

이건희는 프랑크푸르트 켐핀스키 호텔에서 삼성 핵심 경영진 200여 명을 모아 놓고 '질 경영'으로 대변하는 새로운 경영을 선포한다. 프랑크푸르트에 서 이건희는 삼성 핵심 경영진에게 '마누라, 자식 빼고 모두 다 바꾸자!'라고 하면서 경영의 개혁 없이 앞으로 닥쳐올 경쟁에서 살아남을 수 없음을 강조 하였다고 한다. 이건희는 프랑크푸르트에 이어 오사카, 도쿄 그리고 런던에 서 1,800여 명의 임직원을 불러 3개월간 도합 500여 시간이 넘게 회의를 가 졌다고 한다.

이건희가 국내가 아니고 해외에서 이처럼 중요한 회의를 주재한 것은 회의 의 내용이 '신경영'이었기 때문이다. 늘 회의를 하는 장소가 아니고 색다른 장소에서 삼성의 개혁을 주제로 회의[19]를 함으로써 회의 주제에 대한 경각심 을 한층 높일 수 있었다. 임직원들과 해외에서 회의를 가짐으로써 삼성 현

---

18) 이건희는 1993년 6월 3일, 하네다 공항을 떠나기 직전 SBC(삼성사내방송)팀이 제작한 30분짜리 비디오테이프 한 개를 전달받았다고 한다. 이 테이프에는 세탁기 제조 과정에서 불량품이 나오 고 있는데도 어설픈 응급조치를 하면서 생산되는 과정이 그대로 취재되어 담겨 있었다고 한다. 이것을 본 이건희는 곧바로 이학수 비서실차장에게 전화를 해 지금부터 자신의 말을 녹음하라고 하고 사장들과 임원들을 모두 프랑크푸르트에 집합시키라고 하였다고 한다(이채윤, 위의 책, 84 쪽). 이 테이프도 경영진과 임원들의 치부를 드러내는 좋은 증거였다. 이 모든 것이 프랑크푸르 트 회의를 앞두고 일어났는데 이것은 우연의 일치보다는 회의의 효과를 극대화시키기 위해 잘 준비되고 기획된 측면이 강하다. 그러므로 프랑크푸르트 선언은 즉흥적인 것보다 치밀하게 기획 되었을 것이다.

19) 회의에서 무엇이 논의되기보다는 이건희 회장의 자신의 '신경영'에 대해서 일방적으로 이야기하 였기 때문에 회의보다는 이건희 회장의 강연이라 하는 것이 보다 정확한 표현일 것이다.

사태의 심각성을 이들에게 보다 효과적으로 일깨워 주고 공유하려고 하였던 것이 이건희의 의도였던 것으로 파악된다.

이건희의 개혁은 프랑크푸르트 선언을 기점으로 현실에서 본격적으로 진행된다. 1993년 7월 30일 후쿠오카를 마지막으로 해외 회의(경영특강)를 마치고 이건희는 먼저 자신의 강연내용을 책자로 만들라고 지시한다. 이를 수행하기 위해서 곧바로 태스크포스팀(Task Force Team, TFT)이 만들어지고 이건희 강연내용은 『삼성 신경영』과 『삼성인의 용어: 한 방향으로 가자!』라는 두 권의 책으로 만들어진다.

두 권의 책은 삼성의 모든 임직원에게 배포되었으며, 임직원들은 매일 아침 '신경영 교본'을 놓고 1시간씩 윤독회를 갖고 토론하는 시간을 가져야 했다. 또한 이건희는 삼성 신경영에 담긴 내용을 만화책으로 제작하여 삼성과 직간접적으로 연관이 있는 협력업체에도 배포하였다. "삼성이 변할 것이기 때문에 삼성과 관계를 맺고 있는 협력업체들도 이 점을 이해하고 같이 변해야 한다."는 메시지를 던진 것이었다.

자신의 '신경영'이 프랑크푸르트에서 선언되고 자신이 주제하는 해외 회의(강연)가 진행되고 있을 때, 이건희는 또 한 가지 중대한 지시를 내린다. 스위스 로잔에서 강연을 마치고 도쿄에 도착한 이건희는 이학수 비서실 차장에게 전화를 걸어 당장 '7·4제'를 실시하라는 짤막한 지시를 내리고 전화를 끊었다고 한다. 출근과 퇴근을 한 시간씩 앞당겨 7시에 출근하고 4시에 퇴근하여 남는 시간을 자신의 업그레이드(upgrade)를 위해서 쓰자는 것이 '7·4제'의 요지인데, 이것은 프랑크푸르트 강연에 들어 있던 내용이기도 하다.

기존의 경영을 바꾸는 '신경영'을 성공적으로 이끌기 위해서는 참여하는 모든 임직원들이 먼저 변화하지 않으면 살아남지 못한다는 위기의식이 있어야 하는데, 회의와 강연만을 통해서 되지 않는다는 점을 이건희는 잘 파악하고 있었다. 그래서 삼성 임직원들의 일상생활에서 물리적인 변화를 주면서 무언가 변하고 있다는 것을 인식시키려 하였고 그것이 바로 '7·4제'였다.

이건희 연구자들은 '7·4제'가 삼성 임직원들의 아침잠을 깨워 가면서 '변해야 산다'라는 위기의식을 던져 주었고 오후 시간을 임직원 개인시간으로 돌려 삶의 질을 높였다고 평가하고 있으나, 대부분의 경우 한 시간 이른 7시에 출근하였지만 4시에 퇴근하는 경우는 드물었다고 한다.[20] 그러나 7·4제는 삼성 임직원들에게 이건희 회장체제가 들어서면서(이병철 전 회장 시절과 달리) '무엇인가가 변하고 있다'는 점을 빠른 시간에 효과적으로 느끼고 인식하게 해주었다.

또 아침에는 한 시간 일찍 출근하자마자 위기를 강조한 신경영교본으로 윤독회의 시간을 가지도록 하였기 때문에, 이러한 생활을 하는 삼성 임직원들은 변해야 살 수 있다는 이건희의 주장이 머릿속 깊숙이 각인되었을 것이다. 더욱 중요한 것은 이런 생활을 하게 되면서 삼성의 임직원들 모두 위기에 대한 경각심을 공유할 수 있게 된 것이다.

이건희의 개혁 드라이브는 두 가지 목적을 가지고 있었다. 삼성그룹 내에 만연해 있는 관료주의와 안일주의를 쇄신하고 위기의식을 불러일으키는 것이 첫 번째 목적이었고, 두 번째는 개혁 드라이브를 통해 30년이 넘는 긴 시간 속에서 이병철의 유일체제에 굳어진 삼성이라는 거대하고 복잡한 조직을 자신 중심으로 새롭게 짜고 묶어내는 것이었다. 이 두 목적은 서로 깊숙이 연관되어 있었다. 첫 번째 목적은 두 번째 목적을 보다 효과적이고 신속하게 달성하기 위한 방법이었다.

이건희의 개혁 드라이브가 본격적으로 가동되기 전 일련의 사건들을 살펴보면 개혁 드라이브는 우연과 즉흥적인 것이 아니라는 사실을 알 수 있다. 1993년 6월 이건희 회장의 일행이 프랑크푸르트로 떠나기 전, 도쿄에서 이 회장의 주재로 삼성 기술개발 대책회의가 열렸다. 그러나 이 회의가 있기 2개월 전, 이건희는 미국 출장을 갔고 LA에서 사장단을 이끌고 백화점과 대형 전자제품 할인마트를 방문하였다. 여기서 일본의 제품들에 밀려 먼지만

---

20) 필자는 이 책을 쓰기 위해 삼성그룹의 전(前)·현(現)임직원 약 30여 명을 인터뷰하였는데, 7·4가 실시되어 이들 모두 한결같이 아침 7시에 출근하였으나 정각 4시에 퇴근한 사람은 단 한 명도 없었다고 한다.

쌓인 채 구석에 놓여 있는 삼성 제품을 보여주었다. 그리고 같은 해 5월 도쿄에서 삼성 기술개발 대책회의를 열었다.

이 자리에서 그동안 회장에게 전달되지 못하고 삼성의 문제를 신랄히 지적한 그 문제의 후쿠다 보고서를 일본인인 후쿠다에게 직접 받았다. 미국에서 일본의 소니 파나소닉 등에 밀려 삼류에 처져있는 삼성 제품을 목격한 사장단에게 일본인이 직접 작성한 보고서를 일본 한복판인 동경에서 입수한 것은 보고서에서 지적한 내용의 중요성을 극대화하는 효과를 내기에 충분하고도 남았을 것이다.

곧이어 독일 프랑크프루트에서 수백 명이 넘는 삼성 임직원을 불러 모아 자신의 개혁 프로그램인 '신경영'을 선포한다. 다시 런던, 오사카, 후쿠오카 등을 돌며 총 1,800명이 넘는 삼성 임직원들을 해외로 불러서 자신의 '신경영'에 대해서 강연했다. 여기에 불려온 삼성 임직원들은 일상적으로 한국의 연수원이나 해외 출장과는 매우 다른 강연회를 접하게 되었다.

임직원들은 취임식 때나 잠깐 본 그룹 총수가 직접 회의를 소집한 강연이었기 때문에, 시차적응도 안 되었지만 조금도 한눈을 팔 수 없었을 뿐더러 낯선 외국이었기 때문에, 밤에 잠깐 어디 나가 술을 한잔 할 수도 없는 처지였다. 모두들 매우 긴장된 마음이었을 것이며, 또 한편으로는 '이거 무슨 중대한 일이 일어나고 있구나!' 하는 두려운 마음에서 이건희 회장의 말을 경청할 수밖에 없었을 것이다.

영화를 볼 때도 주인공뿐 아니라 등장인물, 또 영화 만드는 모든 이들의 입장에서 영화를 본다는[21] 이건희는 회의를 주재하고 강연할 때 회의에 참여하는 사람들의 입장과 처지를 영화를 볼 때와 마찬가지로 그들의 입장과 처지에서 생각하고 예측하였을 것이다. 그리고 영화감독이 영화 속의 배경을 중

---

[21] 여기에 대해서 이건희는 이렇게 이야기했다. "영화를 예로 들겠다. 단순히 영화를 재미로 보지 말고 다양한 입장에 스스로 서 보라. 주연 입장, 좋은 사람, 악당, 조연 입장, 조연 입장에서의 주연 입장, 작가 입장, 영화가 사회에 미칠 영향, 카메라맨의 앵글 처리 등등 다양한 입장에서 보면 그 영화가 전혀 새로워진다."(박원배, 『마누라 자식 빼고 다 바꿔라: 삼성 이건희 회장의 신경영 어록』, 청맥, 1994, 314~315쪽).

요시하듯이 이건희도 자신의 메시지의 중요성을 극대화하기 위해서 어떤 세팅(setting), 즉 어디서 회의를 그리고 어떻게 열었을 때, 그 효과가 극대화될지에 대해서도 분명히 고민하였을 것이다.

이건희가 직접 주재한 해외 강연에서, 또 한 가지 중요한 점은 바로 삼성의 문제점을 공개하고 질타하였다는 점이다. 이건희의 이러한 행동은 삼성에서 그동안 행해졌던 기존의 질서, 즉 비서실체제에 익숙해진 삼성의 지도층인 임원들과 경영진에 대한 간접적이지만 공개적인 질책이었다. 이건희가 해외에서 주재한 회의에는 임원 및 경영진과 같은 삼성 상층 간부뿐 아니라, 많은 수의 중간 관리자들도 참석하였다. 이들 앞에서 기존의 질서를 비판한다는 것은 결국 대중에게 기존의 질서를 집행하는 임원들과 경영진에 대한 비판[22]을 하는 것이나 마찬가지였다.

이것은 이건희가 조직을 장악하는 데 매우 중요한 의미를 갖고 있다. 왜냐하면, 삼성의 문제점에 대한 공개적인 비판은 회의에 참석한 중간 관리자들과 또 이것을 녹화나 녹음으로 한국과 세계각처에서 보고 청취할 일반 사원들에게 삼성의 문제점 중 가장 시급한 문제가 바로 상층부 임원들과 경영진에 있다고 알림으로써 대중(중간 관리자 그리고 일반사원들)을 이건희 편, 즉 개혁 쪽으로 유도하고 기존의 파워세력이었던 상층부 임원들과 경영진을 고립시키는 효과가 있기 때문이다.

여기에 대해 이들이 크게 반발할 수 없었던 것은 이건희가 삼성의 오너이기 때문이기도 하지만 이미 LA 백화점과 할인마트 견학 및 SBC(삼성사내방

---

22) 이건희의 강연내용 중에는 이런 대목이 있다. "내가 잘하자 하면 모든 게 해결된다. 그런데 이게 잘 안 된다. 왜 안 되느냐? 각자의 이기주의와 무의식과 무책임이 엉켜서, 노력 안하고 거저먹자는 사람들이 밑바닥에서부터 높은 사람들까지 엉켜 있다. 이게 힘들었다. 앞으로도 힘들다. (중략) 어떤 집단에 가보아도 거저먹자고 하는 사람 5%, 일하지 말라고 해도 일하는 사람 5%가 있다. 나쁜 쪽 5%와 좋은 쪽 5%의 사람 가운데 어느 사람들이 잘되느냐 출세하느냐에 따라서 나머지 95%의 사람이 그쪽을 따라간다. 그 몇 명이다, 몇 명. 나는 앞으로 그 몇 명만 집어낸다. 잘하는 사람, 잘 가려는 사람 쪽으로 쫙 넘겨주면 된다. 60이 넘으면 젊은 사람한테 사장 자리 넘겨줘야 한다." 여기서 눈에 띄는 점은 거저먹는 사람들에 대한 비판에 이어서 60세가 넘는 사장들을 이야기했다는 점이다. 이건희는 직접적이지는 않지만 기득권 세력인 경영진과 임원들을 비판하고 있는 것이다.

송)팀이 제작한 30분짜리 비디오테이프 그리고 후쿠다 보고서 입수 과정에서 이건희에게 치부를 들키고 있었기 때문이다.

이러한 이들에게는 회장이 추진하는 개혁에 앞장서서 동참하는 것 이외에는 별다른 선택의 여지가 없었다. 개혁을 추진하는 데 기존의 질서를 집행하고 향유하고 있는 기득권 세력이 항상 문제이며 큰 걸림돌이다. 왜냐하면 개혁이란 이들로부터 기득권을 뺏는 것을 의미하기 때문이다. 이건희는 자신이 직접 주재한 5개월 동안의 해외 회의(강연)와 '7·4제'로 이 문제를 어느 정도 해결할 수 있었다.

위에서 살펴보았듯이 이건희는 매우 독특한 리더십 스타일을 가지고 있다. 그의 일 처리 그리고 추진하는 스타일은 일종의 '속도전'이라고 할 수 있다. 구상과 기획단계에서 충분한 시간을 가지고 시나리오를 만들면서 철저히 준비하되 일단 일이 추진되면 빠른 시간에 밀어붙이듯 완성하는 스타일이다. 이건희는 이러한 독특한 리더십 방식으로, 이병철의 유일체제 아래서 실질적 현실 경영에 참여할 기회조차 없었지만, 순식간에 20만 명이 넘는 사원을 가진 삼성이라는 거대한 조직을 장악할 수 있었다.

'조직 장악'은 이건희 리더십에 있어서 매우 중요한 의미를 가진다. 삼성은 이병철의 유일체제로 경영되고 운영되어 왔다. 그리고 삼성의 경쟁력은 바로 이병철의 유일체제에서 일사불란하게 움직이는 조직의 힘이었다. 삼성그룹의 각 기업체는 이병철이 하나하나 키워왔기 때문에, 이병철에게 리더십 과정에서 필수적인 '조직 장악'은 필요하지 않았다.

이병철은 그룹의 모든 일을 담당자들에게 위임하여 인재들이 능력을 발휘하도록 기회를 주고, 조직은 자신을 최정점으로 묶어냄으로써 그룹 전체를 조율하고 통솔하여, 하나의 통일된 힘을 낼 수 있어 삼성그룹의 경쟁력을 높일 수 있었다. 이것은 그룹의 경영과 의사결정에서 총수의 일방통행만 허용되는 다른 재벌기업과 삼성과의 차이점이었다.

앞서 말했듯 이병철은 이건희를 후계자로 결정하고 부회장이라는 직책을 주었으나 이건희가 직접 경영에 참여할 기회를 주지 않았다. 이병철은 이건희를 후계자로 선정하여 '조직 재생산'의 틀을 마련하였으나 완성하지 않았던 것이다. 이건희는 이병철로부터 지위와 사업은 물려받았으나, 그룹을 실제적으로 이끌어갈 조직은 물려받지 못했던 것이다. 이건희는 9년간의 후계자 수업 동안 이병철의 도움이 좀 더 있었다면 보다 유리한 입장과 상황에서 '조직 장악'이 가능하였을 것이다. 그러나 원래 '조직 장악'은 누가 대신해 줄 수 없는 일이다.

더군다나 하나의 유일체제에서 또 다른 유일체제로 전환할 때, 새로운 유일체제는 새로운 지도자가 만들어야만 유일체제로서의 의미가 있다. 또한 그것은 지도지, 즉 리더의 역할이며 능력이라고 할 수 있다. 이건희는 이병철 시절 삼성이 국내 타사들에 비해 탁월한 경쟁력을 가질 수 있었던 배경에 대해서 잘 파악하고 있었다.

삼성의 힘은 조직의 힘이었으며 이병철의 유일체제 리더십의 힘이었다. 그러므로 이건희가 그룹총수로서 해야 할 일은 바로 삼성이라는 거대한 조직을 자신의 유일체제로 전환시키는 것이었다. GE의 경우, 웰치의 조직 장악은 GE에서 '웰치 혁명'의 서막이었다. 그러나 삼성의 경우, 이건희의 '조직 장악'은 삼성에서 혁명을 일으키는 것을 의미하지 않는다.

이건희는 이병철 말년 힘이 막강해진 비서실을 자신이 회장으로 취임한 후 개편을 통해 비서실의 힘을 축소시켰지만 비서실 자체를 없애버리지 않았다. 삼성그룹은 이병철의 유일체제 리더십으로 성장하였고 성공을 거두었다. 이건희는 이와 같은 삼성의 기존 경영체제를 바꾸려 하였던 것이 아니라, 이병철의 유일체제를 계승하여 발전시키려고 하였던 것이다. 이런 측면에서 '조직 장악'은 이건희 리더십에서 가장 중요한 과제였다고 할 수 있다. '조직 장악' 이후 이건희가 할 일은 웰치와 같이 혁명적인 방법을 통해 조직을 강화하는 것이 아니라, 조직을 업그레이드하여 조직을 강화시키는 일이었다.

이병철의 유일체제 리더십에서 가장 중요한 것은 '조직 강화'였다.[23] 이병철은 인재를 발굴, 등용하고 관리하는 것을 통해 조직을 강화시켜 삼성의 경쟁력을 제고하였다. 이병철은 인재들에게 일을 위임하여 그들이 자신의 능력을 발휘할 수 있도록 기회를 주고, 자신은 그들을 발탁하고 관리함으로써 삼성의 경쟁력을 강화시켰다.

이건희도 이병철과 동일한 방법으로 삼성의 경쟁력을 강화시켰다. 이건희는 1993년 한 해를 통해 삼성이라는 거대한 조직을 실질적으로 장악하였다. 그러나 이건희의 '조직 장악'이 결코 우연과 즉흥적인 것이 아니고 철저한 정보수집과 분석, 시나리오를 통한 계획과 예측에 바탕을 두고 추진되었기 때문에, '조직 장악'의 시작은 이건희가 회장에 취임한 1987년부터라고 보아야 한다. '조직 장악'을 위해 7년이란 긴 시간이 필요하였던 것이다.

이건희의 조직 강화의 핵심은 이병철과 마찬가지로 인재양성이었다. 이병철은 철저한 능력중시의 인재등용과 양성을 통해 국내 1위라는 목적을 달성하려고 하였다. 그러나 이건희의 화두는 국내 1위가 아니었다. 이건희는 엄청난 양의 독서와 다큐멘터리 시청, 비서실을 통한 정보 수집 및 분석, 그리고 엘빈 토플러와 같은 명사들과의 만남을 통해 세계시장의 흐름에 대해서 잘 파악하고 인지하고 있었다.

이건희에게 있어서 '조직 강화'의 키워드는 정보화 시대 글로벌 차원에서 이루어질 경쟁과 시장 변화에 대비한 철저한 준비였다. '조직 장악'으로 이병철에서 자신으로의 유일체제 전환을 이루어낸 후, 이건희의 인재양성과 등용을 통한 정보화시대에 대한 준비와 대비는 1994년부터 본격적으로 시작된다.

---

23) 뒤에서 살펴보겠지만 이병철 식의 조직 강화나 이건희의 조직 강화는 엄밀한 의미에서 모두 조직 강화가 아니다.

1) 다양한 교육프로그램과 사내교육기관을 통한 유일체제 강화

이건희는 향후 10~20년 동안 전 세계적으로 시장의 글로벌화(globalization of market)가 가속화될 것으로 예상하고, 여기에 대비하기 위해서는 인력을 확보하고 키워야 밀려오는 경쟁에서 살아남을 수 있음을 강조한다. 무한 경쟁이 글로벌차원에서 이루어질 것에 대한 준비와 대비책으로 우선적으로 추진한 것은 '지역전문가제도'였다.

'지역전문가제도' 또는 '독신파견제'라고도 불리는 이 제도는 3년차 이상의 사원, 내리급 인력을 1년간 아무 의무도 주지 않고, 해외에 내보내 자신의 자율 프로그램에 따라 언어를 배우고 문화를 익히도록 하는 제도이다. 지역전문가 제도가 실시된 첫해 삼성은 그룹차원에서 40개국에 4백여 명을 파견했으며, 매년 1천5백억 원 이상을 쓰고 있다.

이건희의 정보화 시대 글로벌 시장과 경쟁에 대비하는 또 다른 키워드는 첨단 기술이었다. 이건희는 1995년 '테크노 MBA제도'를 실시하여 기술을 중심으로 하는 경영을 삼성에 정착시키도록 한다. 이건희의 인재 양성과 등용은 국내에서뿐만 아니라 해외로도 확대되는데, 대표적인 것은 1997년 만들어진 '미래전략 그룹'이다. 미래전략 그룹은 100% 외국인으로 구성되어 있으며 모두 외국의 최우수 대학 MBA 출신이나 엔지니어 계통의 박사급 인재들이다. 또한 정보화 인력양성을 위해 1996년 서울 강남 지역에 7백억 원 이상을 투자하여 '삼성 멀티 캠퍼스'를 설립하였다.

이렇듯 이건희는 1993년 프랑크푸르트 신경영 선언 이후, 매년 수천억 원을 정보화 시대에 대비한 인프라 구축과 인재 양성에 투자하였다. 미래에 대비한 이건희의 이러한 과감한 투자는 이건희 연구자들이 이구동성으로 말하듯이 이건희의 뛰어난 점이며 탁월한 선견지명이라고 평가할 수 있다. 이건희는 분명 탁월한 선견지명을 갖고 있었을 것이다. 그러나 이건희의 전략과 투자가 성공적인 결과를 낼 수 있었던 것은 삼성그룹의 임직원들이 모두 일심동체가 되어서 일사불란하게 움직일 수 있었기 때문이다. 이처럼 이건희의 선견지명보다 더 중요한 점은 이건희가 조직을 장악하고 자신의 유일체제를 구축할 수 있었다는 점이다.

당시 이건희의 삼성그룹뿐 아니라 국내의 삼성 경쟁사도 정보화 시대에 대비하고 있었고 해외 경쟁사들은 정보화 시대를 주도하고 있었다. 정보화 시대는 오고 있었고 현실화되어 가는 과정이었다. 첨단산업을 추진하거나 경영하는 입장에서 이것을 모르는 경영자는 아마 없었을 것이다. 그런 가운데서도 삼성이 다른 기업에 비해 크게 성공할 수 있었던 이유는 삼성의 조직의 힘에서 찾아야 한다.

삼성그룹은 이건희의 '신경영' 선언을 기점으로 다시 유일체제 경영으로 복귀할 수 있었고, 모든 계열사와 직원들은 이건희를 중심으로 통합되어 재정비되고 있었다. 다르게 표현하자면, 삼성그룹의 대부분의 임직원은 이건희의 유일적 지휘 경영체계 아래서 다시 일사불란하게 움직이게 된 것이다.

이것이 삼성이 정보화 시대에서 그리고 글로벌 무한 경쟁시대에서도 승리를 구가할 수 있었던 비결이었다. 즉, 이건희의 탁월한 점은 미래의 흐름을 분석하고 예견하는 능력보다도 삼성이라는 거대한 조직을 다시 하나로 묶어내고, 일심동체가 되도록 하여 하나의 목적을 위해서 일사불란하게 움직이게 만든 것에 있다.

이건희를 중심으로 조직이 재정비되어 삼성그룹이 유일체제를 구축하여 미래에 대비하던 1997년 말, 갑자기 금융위기가 밀어닥쳤는데 이른바 'IMF 사태'였다. 하지만 이때에 삼성에게는 운(運)이 따라주었다. 내용인즉, 이건희가 회장이 된 후, 추진한 일 중 자신과 삼성그룹 전체의 발목을 잡을 수 있는 것이 있었는데, 그것은 바로 삼성 자동차 설립이었다. 삼성 자동차는 당시 여러 상황을 고려하여 보았을 때 무리한 사업이었다.

이건희는 회장으로 취임하자마자 이 사업에 의욕과 애정을 갖고 추진하였으나, 삼성 자동차 설립은 자동차 산업과 시장에 대한 철두철미한 분석을 바탕으로 이루어진 사업이라기보다는 이건희의 개인적인 욕망이었다. 당시 자동차 시장은 메이저 기업들 간의 인수·합병으로 세계 자동차시장은 큰손들의 의해 나누어지는 형국이었다.

자동차 사업의 아무런 기반이 없는 삼성이 설사 기업을 설립한다 하더라도 메이저 기업들과의 경쟁에서 결코 살아남을 수 없는 실정이었다. 그러나 이건희는 이러한 상황 속에서 삼성 자동차 설립을 무리하게 추진하였고, 당시 부산을 정치 기반으로 하고 있던 김영삼 정부의 정치적인 후원으로 회사를 부산에 설립하고 생산 조업에 들어가려는 순간이었다.

전무후무했던 금융위기는 한국의 모든 기업을 구조조정으로 내몰았다. 삼성그룹도 예외가 아니었다. 삼성은 금융위기 기간 동안 59개의 계열사 가운데 14개를 잘라내야 했으며, 전자·화학·기계·금융 서비스 부문 등 4대 소그룹을 전자 및 금융 서비스 등 2개 소그룹으로 축소해야 했다. 그리고 전력반도체, 방산 중공업, 건설기계와 지게차 부문 등은 매각해야 했으며 자동차는 포기해야 했다.

또한 이 기간 동안 엄격한 인원구조조정도 실시되어 직원의 32%를 감원하여 삼성그룹의 총 인원 16만 7천 명이 11만 3천 명으로 줄었다. 이때 이건희도 구조조정에 적극 동참하였는데, 그는 1천2백80억 원 상당의 개인 부동산을 비롯한 개인소득 주식 매각대금 등, 총 1천4백60억 원 규모의 개인재산을 기업 자금화하였다고 한다.[24]

금융위기는 이건희에게 두 가지 측면에서 매우 중요한 의미를 갖고 있다. 먼저 자동차 사업을 자의는 아니었지만 포기할 수 있게 되어서 사업과 투자의 초점을 전자(電子)에 둘 수 있었다. 즉, 금융위기가 이건희에게 선택과 집중을 할 수 있는 기회를 제공하였던 것이다. 만약 이건희가 자동차 사업을 끝까지 밀고 나갔다면, 삼성전자의 신화를 일구어 내는 것은 불가능하였거나 매우 어려웠을 것이다.

자동차 사업은 금전적으로나 인력적으로 대규모 투자가 들어가는 신규 사업이기 때문에, 삼성은 그룹차원에서 자동차 사업에 많은 재원과 역량을 할당하였을 것이고, 전자사업 부문은 상대적으로 소홀히 할 수밖에 없었을 것이

---

24) 이상원, 앞의 책, 144~145쪽.

다. 그러나 금융위기로 자동차 사업과 또 다른 사업들도 포기해야 했으며 전자에 초점을 맞출 수 있게 되어, 그곳에 그룹의 역량을 집중할 수 있었다.

두 번째, 이건희의 1993년 '신경영'의 핵심적인 메시지는 삼성이 정체되어 있으며 변화하지 않으면 정보화 시대 글로벌 차원의 경쟁에서 살아남을 수 없다는 것이었다. 즉, 나태해진 임직원들에게 위기의식을 불어넣어 개혁 드라이브에 동참시키는 것이었다. 그런데 이건희가 강조한 위기가 마치 예언처럼 '금융위기'라는 현실로 불현듯 나타났을 뿐 아니라, '구조조정'이라는 구체적인 변화를 갖지 않으면 살아남지 못하게 된 것이다.

1997년 말 국가비상사태를 초래한 금융위기는 나름의 개혁 과정에 있는 삼성그룹의 개혁을 더욱 가속화시켰으며, 삼성그룹에서 이건희의 리더십을 더욱 공고히 하는 결과를 가지고 왔다. 또한 삼성그룹에서 이건희의 유일체제 리더십을 강화시켰다. 이로써 삼성은 금융위기 기간 동안 더 강해진 것이다. 삼성은 2000년 한 해 동안에 15조 원의 영업이익을 내었는데, 이것은 삼성이 60년 동안 낸 이익에 두 배가 넘는 수치였다.

2년간의 국가 비상사태를 초래한 금융위기를 거치면서 이건희의 '신경영'도 삼성에서 어느 정도 자리를 잡아 갔다. 이건희는 긴축과 인원감원 등의 비상경영체제를 해체하고 다시 정상적인 경영체제로 복귀한다. 비상경영체제 기간 중, 이건희는 삼성에서 자신의 유일체제를 정착시킬 수 있게 되었다.

이건희는 '신경영'을 통해 잭 웰치가 GE에서 하였던 것과 같이 삼성에서 혁명을 하려고 하였던 것이 아니다. 신경영을 통해 삼성을 자신의 유일체제로 전환시키고, 정보화시대 글로벌 경쟁에 맞게 업그레이드시키는 것이 이건희의 목적이었다. 이에 따라 이건희는 삼성이 다시 정상으로 복귀하자 이병철의 경영스타일을 그대로 이어간다.

즉, 이건희는 이병철이 그랬던 것과 같이 각 계열사의 자율경영을 중시하여 일상 경영 현안은 각 사의 CEO에게 일임하고, 자신은 전략구상 등 좀 더 상징적인 역할에 주력한다. 그리고 나머지 제반 문제의 처리는 구조조정본부(금융위기 기간 중 바뀐 비서실의 명칭, 이하 구조본)에 일임하였다. 구조본은 회장이 결정한 사업에 대한 계열사 경영진의 경영판단을 자원하고 경영의 기본 실천 방향을 설정, 조정하는 역할을 하게 되었다.[25]

삼성은 정보화시대에 걸맞는 인재를 양성하기 위해 금융위기 이후, 수많은 교육 과정을 만들어 냈다. 삼성의 임직원들은 신입사원 때부터 체계적으로 자신의 능력을 개발하고 배양할 수 있는 교육 프로그램에 의무적으로 참여해야 하고, 또 더 필요하다면 온라인을 활용하여 선택적으로 참여할 수 있다.

삼성은 사내 대학을 두고 있고 2004년 처음으로 삼성전자공과대학이 박사를 배출하기도 하였다. 이제 삼성의 사내 교육을 통한 인재개발은 한국뿐이 아니라 국제적으로도 주목받고 인정받고 있다. 그러나 삼성의 인재 개발은 단지 임직원의 기술적 능력 배양에만 초점이 맞추어진 것이 아니다. 교육을 통한 인재개발은 철저히 조직적인 차원에서 이루어지고, 이건희 유일체제 강화를 바탕에 두고 진행되고 있다.

삼성의 각 교육 과정은 임직원의 능력을 개발하고 배양하여 삼성그룹의 전사적 경쟁력을 높이는 것을 목적으로 하고 있다. 그런데 이 목적 역시 조율이 필요했다. 삼성의 교육은 삼성 임직원, 각자의 능력을 배양하지만 궁극적으로는 조직 전체의 능력, 즉 그룹 전체의 경쟁력을 높이는 것을 목적으로 한다. 그래서 삼성은 모든 임직원 교육 과정에서 적용되고 지켜지는 불변의 원칙을 갖고 있는데, 그것은 바로 '최고 경영자(이건희)가 관심을 갖지 않은 교육은 하지 말자!'[26]라는 것이다.

이 원칙에 나타난 글만 보고 평가하자면, 이 원칙은 매우 수동적이며 아부성에 가까운 것으로 비판받을 수 있다. 그러나 이 원칙의 목적은 삼성에서의 모든 교육 과정과 연수 프로그램이 하나의 유일한 목적과 방향성을 가짐으로써 임직원 각자의 능력개발과 배양도 조율되어 이루어지고, 하나의 통합된 힘을 내어 삼성그룹 전체의 경쟁력을 높이자는 것이다. 삼성식 '집단주

25) 이채윤, 『삼성 신입사원』, 머니플러스, 2005, 180쪽.
26) 신원동, 『삼성의 인재경영』, 청림출판사, 2007, 38쪽.

의'라고 할 수 있다.

삼성에는 능력이 특출한 인재들을 뽑아서 운영하는 특별한 조직들이 있다. 삼성전자에는 소속부서도 없고 출퇴근도 자유로운 10여 명 인원이 각자 원하는 주제에 대해 연구하고 결과를 사장에게 직접 보고하는 타임머신팀이 있다. 이 팀은 예산도 독자적으로 계획하고 집행할 수 있어, 자유로운 분위기에서 수많은 아이디어를 모으고 혁신적인 상품을 개발하여 신제품으로 출시하는 데 기여한다고 한다.

삼성SDS에도 한계도전팀이라는 전자의 타임머신팀과 유사한 조직이 있는데 이 팀은 1년 동안 누구에게 어떤 일로도 아무런 간섭을 받지 않도록 보장해 주고, 자유롭게 자신이 하고 싶은 일을 마음껏 하면서 아이디어를 내는 팀이다. 또한 이건희 회장의 디자인 철학에 맞추어 디자인과 경영을 연구하고 실용화에 주력하는 디자인 경영 센터, CNB(Creating New Business)팀, 그리고 삼성의 초특급 인재들로 구성된 미래전략팀 등 수많은 특별팀이 조직되어 삼성의 경쟁력 향상에 주력하고 있다. 이 모든 특별팀들은 각자 자율성을 갖고 있다. 그러나 이 자율성은 어디까지나 이건희의 관심 테두리 안에서 허용되고 진행되어야만 하고 전체조직차원에서 반드시 조율된다.

2) 삼성맨 만들기(Making of a Samsung Man)

이 모든 특별팀들은 이건희의 지시로 만들어지지는 않았으나 이건희가 제시한 삼성의 비전(vision)을 성취하기 위해 조직된 팀들이다. 인재들은 이러한 팀에서 자율적으로 사고하고 연구하며 마음껏 상상의 나래를 펴서 창조력을 발휘할 수 있으나, 모두 하나의 유일한 목적을 갖고 있다. 이들은 이건희가 제시한 삼성의 전략 방향과 비전(vision)에 맞추어 자신의 창조력을 발휘해야 한다.

인재들이 이렇게 각자의 창조력을 발휘하지만 하나의 조직으로 움직일 수 있는 것은 이들이 처음 입사할 때부터 조직에 대한 교육을 철저히 받기 때문이다. 삼성에 처음 입사하면 모두 삼성인력개발원에서 4주간의 신입사원 교육 프로그램을 받아야 한다. 이 프로그램은 새벽 5시 50분에 시작하여 밤 9시에 끝나는 것으로 매우 빈틈없이 짜여 있다. 한 삼성그룹 연구자는 삼성 신입사원 교육 프로그램의 핵심은 '정신무장'이라고 평가하고 있다. 그의 평가를 들어보자.

> 신입사원들이 이러한 4주간의 그룹연수를 마치고 나면 한결같이 '사람이 달라졌다'는 평가를 듣는다고 한다. 학생 또는 일반인 신분에서 벗어나 사회의 첫발을 내딛는 사회 초년생으로서의 각오에다 삼성맨으로서의 자부심까지 더해져서, 그야말로 열정과 성실성으로 무장된 사람이 되는 것이다. 마치 신병교육을 통해 자신이 군인이라는 사실을 확실히 인지하고 군대의 일원으로 행동해야 한다고 느끼는 것과 마찬가지로 삼성 역시 4주간의 집중적인 훈련을 통해, '나는 삼성이라는 거대한 조직의 일부분이고, 그에 맞게 행동해야 한다'는 점을 개개인이 깊이 깨닫도록 한다.
>
> 이 과정을 마치고 나면 자신이 '삼성인'이라는 사실을 확실히 인지하게 되며, 삼성이 요구하는 인재상에 맞게 행동하고 사고한다. 이런 면에서 보면 삼성의 신입사원 연구교육 과정은 무언가 특정한 것을 배운다기보다는 이른바 정신교육의 과정이라고 볼 수 있다. 삼성맨은 이처럼 시작부터가 다르다. 회사에 대한 충성심과 열정으로 무장해 사회에 첫발을 내딛는 것이다. 삼성은 교육을 통해 끊임없이 자부심과 자긍심을 불어넣고 있는데, 사원들은 '삼성에서 일하는 것이 곧 애국하는 길'이라고 생각한다. 기업을 위해서, 조직을 위해서 일하는 것을 매우 의미가 있는 일로 여기는 것이다. 바로 이런 정신무장 때문에 '삼성맨들은 다르다'라고 평가받는다.[27]

삼성의 인재양성 교육은 두 가지 목적을 가지고 있다. 하나는 체계적인 교

---

27) 신현만, 『대한민국 인재 사관학교』, 위즈덤하우스, 2006, 91~92쪽.

육을 통해 삼성 임직원의 능력을 개발하고 배양하는 것이다. 또 다른 목적은 교육을 통해 임직원들을 '삼성맨'으로 만들어 내는 것이다. '삼성맨'이란 바로 삼성 조직의 일원으로서 삼성을 위해 개인의 이익보다는 전체 조직의 이익을 위해 모든 것을 바치며 일하는 사람을 뜻한다. 삼성의 모든 계열사가 이건희의 유일체제로 통합되어 있고 이건희의 유일적 지도를 받고 있음을 감안할 때, '삼성맨'이 된다는 것은 결국 이건희의 유일체제에 순응하고 조직을 위해 적극적인 사람이 된다는 것을 의미한다. 즉, 이건희가 제시한 전략적 방향과 비전을 위해 모든 것을 바칠 수 있는 사람이 곧 '삼성맨'이라고 할 수 있다.

삼성의 임직원들은 자신이 가지고 있는 능력을 사내 교육과 연수 프로그램을 통해 극대화시킨다. 그리고 이들은 이건희를 최정점으로 하는 통합된 시스템의 일원으로 참여하고 있기 때문에, 이들의 배양된 능력과 힘은 전체적으로 조율되며 서로가 시너지를 내게끔 유기적으로 연결되어 통일된 힘을 만들 수 있게 되는 것이다. 이것을 삼성전자 인사부장을 지냈던 신원동은 자신의 책에서 이렇게 이야기하고 있다.

삼성그룹은 계열사별로 나름대로의 문화를 가지고 있다. 계열사별 업종의 특성과 회사의 역사와 전통 등에 따라 문화가 조금씩 다르다. 하지만 모든 계열사가 삼성정신과 경영이념을 토대로 한 공동체 문화를 자랑한다. 이것은 삼성의 강한 인사 시스템과 인재육성 시스템이 효율적으로 작동하고 있기 때문이다.

삼성에는 사람을 소중하게 여기는 문화, 인재에 대한 아낌없는 투자, 인재경영을 위한 철학이 함께 녹아져 있고, 동일한 잣대로 모든 계열사를 움직인다. 그러므로 그룹 계열사 간 인프라의 공유와 비즈니스 협력관계는 혈연관계보다도 더욱 밀접할 수밖에 없다. 만약에 뭔가 빈틈이 보인다면 비서실에서 절대로 가만히 두고 보지 않는다. 계열사 간 같은 영역의 비즈니스를 가지고 선의의 경쟁을 하는 경우도 얼마든지 발생할 수 있다. 같은 회사 내에서도 사업부 간 경쟁을 하는 것이 성과를 중심으로 하는 책임 경영체제인 사업부제의 속성이다. 그럼에

도 불구하고 협력과 상호지원체제의 유지는 필수적일 수밖에 없는 구조이다.[28]

'삼성맨'이 조직에 충성을 다하는 것에는 신입사원이 되면서부터 받는 정신무장 교육, 전체적인 시스템적인 조율, 그리고 이병철 때부터 내려오는 조직문화의 영향도 중요한 요소이지만, 삼성의 철저한 인사 시스템과 보상 시스템도 빼놓을 수 없는 요소이다. 삼성이 일반사원들에게 주는 연봉수준과 대우는 국내 최고 수준이다. 또 삼성은 이병철 시절부터 매우 철저한 성과보상과 더불어 성과주의 인사를 펼치고 있어 능력과 성과에 따라 임직원의 연봉이 달라진다. 그러나 삼성의 보상제도는 결과만 갖고 따지는 업적주의에 바탕을 두고 있지 않다고 한다.

자신들의 보상제도를 삼성에서는 '역량중심의 인적자원관리 시스템'이라고 한다. 삼성에서는 성과(performance)를 평가할 때 업무에서 무엇을 달성하였는가를 따지는 결과(results)와 어떻게 달성하였는가를 따지는 과정을 통틀어 역량(competency), 두 카테고리로 구분한다. 보상은 이 두 카테고리(category)에서 평가된 점수에 따라서 이루어진다.

조직을 최우선으로 하는 삼성에서 개인의 역량이란 업무 처리 과정에서 개인보다는 전체조직을 고려하며, 주위 사람들과 얼마나 조화를 잘 이루면서 업무를 하였는가도 볼 수 있다. 삼성은 보상에서 업적뿐 아니라 역량도 함께 고려하여 개인의 능력이 전체조직의 경쟁력 향상에 도움이 되도록 제도화되어 있다.

이렇듯 삼성에서 성공하는 사람, 즉 승진하고 많은 연봉을 받는 사람은 기본적으로 골수 '삼성맨'이 되어야 한다고 한다. 삼성에서는 아무리 우수한 능력을 가진 인재라고 하더라도 조직의 특성이나 추구하는 가치관, 그리고 비전(vision)이나 미션(mission)에 대한 수용과 공유가 안 되는 사람은 승진하기 어렵고, 회사 분위기를 망치고 조직에 융화가 되지 않는 사람은 '퇴출대상 1호'라고 한다.[29]

---

28) 신원동, 앞의 책, 66~67쪽.

위에서 살펴보았듯이 삼성에서 인재양성을 통한 경쟁력 제고와 이건희 유일체제 리더십 강화와는 불가분의 관계가 있다. 인재양성의 근본적인 목적은 삼성의 정신을 공유하고 조직의 일원으로서 자신의 실력과 능력을 배양하고 발휘하는 '삼성맨'을 만들어 내는 데 있다. 삼성은 이건희 유일체제로 경영되고 있기 때문에 결국 인재를 '삼성맨'으로 만들어 낸다는 것은 이건희의 유일체제를 강화시키는 것과 다름없다.

그렇기 때문에 이건희도 이병철과 마찬가지로 자신의 모든 업무의 대부분을 인재확보에 쏟고 있다. 이건희의 핵심인재확보 전략은 이제 삼성에서는 제도화되었다. 이건희는 2002년부터 사장단 평가에 핵심인재 확보 여부를 평가 기준에 넣어 각 계열사 사장들의 업무 평가를 시작하였으며, 이후 핵심인재 확보에 엄청난 변화가 일어났다고 한다.

삼성전자의 경우 R&D 인력은 2001년 1만 5천 명에서 2007년 현재 3만 1천5백여 명으로 2배 이상 늘어났다. 연구인력 중 박사 인력은 2003년 1천918명, 2004년 2천345명, 2005년 2천7백 명 등 매년 약 300명 이상씩 증가하고 있어 2007년 현재 서울대 전체 박사인력 수인 2천6백 명을 능가했다.[30] 그러나 이건희는 여전히 자신은 인재에 배고프다고 하면서, 핵심인재 확보에 모든 힘을 쏟으며 이병철과 자신 방식의 '조직 강화'에 열을 올리고 있다.

4. 조직 재생산

이건희가 1987년 삼성 회장이 되었으니 2007년도에 회장에 취임한 지 만

---

29) 신원동, 위의 책, 97~98쪽.
30) 박용성 기자, "삼성전자 박사 서울대보다 많다"(『매일경제신문』, 2006년 12월 27일자).

20년이 되었다. 이건희는 두 차례에 걸쳐 폐암수술을 받았지만 현재 건강에는 큰 이상이 없는 것으로 알려졌다. 그러나 그는 1942년 1월생이니 2008년 현재 67세이고 이제 은퇴를 준비할 나이라고 할 수 있다. 이건희에게는 1남3녀가 있는데 장남이며 외아들인 이재용이 회장 자리를 이어받는 것은 이미 기정사실화되어 있다.

이건희는 3남으로 우여곡절 끝에 후계자가 되었다. 이병철은 유교전통을 매우 중요시 여기는 인물이기 때문에 당연히 장남인 이맹희에게 자신의 자리를 물려주려고 하였다. 이병철은 이맹희가 회장으로서 자질이 있는가를 시험하기 위해서 삼성그룹을 이맹희에게 잠시 맡긴 적이 있다. 이맹희는 1960년대 말부터 1970년대 초까지 약 3~4년간 삼성을 맡았으나, 이병철은 이맹희의 능력과 실력에 만족하지 않았다.

이어 차남인 이창희가 '사직 당국에서 이병철을 조사해야 한다'는 내용을 담고 있는 문서를 만들어서 그것을 박정희 대통령에게 보내는 일종의 내반(內反)사건을 일으켰다. 이 문서에는 '삼성 이병철 사장에게는 이런 잘못이 있으니 기업에서 영원히 은퇴하도록 해야 한다'는 내용이 들어 있어 일종의 탄원서와 같은 것이었다. 그런데 이것을 입수한 박정희는 다른 것은 문제 삼지 않고 해외도피 재산 문제만 조사하는 조치를 취했다고 한다.

천륜을 어기는 이 일은 이병철 입장에서는 기가 막힌 일이었으며 이병철은 이창희뿐 아니라, 이맹희도 이 일에 연관이 있을 것이라고 의심하였다고 한다. 결국 이 탄원서를 계기로 이맹희, 이창희 모두 후계자에서 제외되었고 3남인 이건희가 후계자가 된 것이다.

이병철이 이건희를 후계자로 결정하고 자신의 경영을 지켜볼 기회를 주었으나 직접적으로 참여할 기회를 주지 않은 것은 삼성그룹에서 자신의 유일적 지휘체제에 혼란을 주지 않으려는 것도 있지만 '이창희 내반사건' 이후 그 누구도 믿지 못한 것도 또 다른 중요한 이유였다.

이런 상황 속에서 회장이 된 이건희는 아버지의 조직이었던 삼성을 장악하기 위해 비서실을 개편하고도 3년이라는 시간을 투자하여 '신경영'으로 대표되는 '조직 장악' 기획을 치밀하고 철저히 준비해야만 하였던 것이다. 결국 이건희은 삼성을 완전히 장악하기 위해 회장으로 취임 후에도 7년이라는 긴 세월이 필요하였다.

1) 후계자 이재용 만들기

이재용의 경우 이건희와는 매우 다르다. 이건희의 장남이며 외동아들인 이재용은 처음부터 이건희 다음으로 회장 자리를 이어받을 삼성의 유일한 '후계자'였다. 이건희가 이병철의 후계자로 1976년에 결정되었으니 이재용은 초등학교 1학년인 8살부터 이건희의 뒤를 이을 후계자가 된 것이나 다름없었다. 이병철은 매우 엄격하고 냉정한 아버지였다고 한다. 그리고 이건희는 어렸을 때부터 외국에서 생활하게 되어 외롭고 고독하게 컸으며 '어부지리(漁夫之利)' 격으로 이병철의 후계자가 되었다. 그러나 이건희는 이병철과 달리 매우 자상한 아버지라고 알려져 있으며, 다음 회장이 될 이재용에게 최고의 교육과 기회의 여건을 제공하며 후계자로 준비시키고 있다.

이재용은 한국·일본·미국 등 각각 최고의 대학에서 동양사학, 경영학, 행정학 및 IT 경영학을 수료하였다. 이후 그는 2000년 한국에 돌아와서 e삼성이라는 인터넷 홀딩 컴퍼니를 설립하였으나 실패하였고 이듬해인 2001년 삼성 전자 상무보로 입사한다. 2003년 상무로 승진하고 2007년 전무로 승진하며 기업 내의 사업을 총괄하는 최고고객총괄책임자(Chief Customer Officer, CCO)의 역할도 맡았다.

지금까지 이재용의 모든 생활은 모두 후계자로의 준비하는 과정이라고 해도 과언이 아닌데 후계자로서 본격적인 수업은 2003년 상무로 승진하면서부터라고 한다. 당시 이건희 회장은 이 전무를 '전문성 갖춘 현장 중시형 경영자'가 되라고 권고하면서 '주말에 삼성전자 임원들과 골프를 칠 것, 임원들에 대한 사항을 꼼꼼히 파악할 것 그리고 삼성전자 해외법인을 모두 돌아볼 것'을 지시하였다고 한다.[31]

이재용은 아버지 지시에 따라 수원 가전공장과 기흥 반도체공장, 구미 휴대전화기공장을 비롯해 부산·천안·온양 등 삼성전자의 국내 사업장 전체를 둘러보며 현장수업을 익혔다. 또한 해외 유명 인사들과 자주 접촉하며 글로벌 경영감각을 익히기도 하였는데, 제프리 이멜트 GE 회장과 니시무로 다이조 일본 도시바 회장 등 세계적인 기업인들을 비롯해 주룽지 중국 총리와 자크 로게 IOC위원장, 미래학자인 앨빈 토플러 등이 이재용의 글로벌 경영감각의 시간강사들이었다고 한다.

여기에 메릴린치, 모건스탠리, 골드만삭스 등 금융 분야 전문경영인을 비롯해 해외 기관투자가들과 교류하며 국제 금융시장 동향에 대해 공부했던 것이 특별과외라면, 삼성경제연구소와 금융연구소 연구원들과 매주 경제 금융 관련 주제를 놓고 토의하는 것은 정기적인 과외수업이었다. 이렇듯 이재용은 다양한 과목의 경영수업을 받으며 후계자로서의 자질과 능력을 다졌다.

이재용의 후계자 수업은 전략기획본부에서 기획하고 관리하는 것으로 알려져 있는데, 삼성전자에서는 대표이사이고 그룹부회장인 윤종용과 기술총괄 부회장인 이기태가 특별히 이재용에게 전문 경영인 수업을 챙겨 준다고 한다. 그러나 무엇보다도 이재용은 이건희 회장으로부터 후계자 훈련을 도제식으로 일대일로 받고 있는 것으로 알려져 있다.[32]

이건희는 이병철과 달리 자신이 가지고 있는 모든 것을 이재용에게 전수시키고 있는 것으로 보인다. 이건희는 이재용에게 두 개의 휘호를 주었다고 하는데 하나는 고 이병철 명예회장으로부터 물려받은 '경청'이라는 휘호고, 다른 하나는 '삼고초려'라는 휘호다. '경청'은 이병철 명예회장이 이건희를 자신의 후계자로 낙점한 후 직접 써서 건넨 것으로 남의 말을 귀 기울여 들으라는 메시지가 담겨 있고, '삼고초려'는 인재를 맞아들이기 위해 참을성 있는 마음을 가지라는 의미로 이건희가 중시하는 인재경영관이 담겨

---

31) 특별취재팀, "미래의 삼성을 짊어질 준비된 후계자 이재용"(『한국경제21』, 2007년 2월 14일자).
32) 이철현 기자, "사장들도 벌벌 떠는 제왕적 카리스마"(『시사저널』830호, 2005년 9월 9일자).

있다. 이건희는 경영에서 인재의 중요성을 후계자인 이재용에게도 강조하고 있다.

이건희는 자신을 후계자로 선정하고도 실질적인 경영에서 자신을 배제한 이병철과 달리 이재용에게 가능한 한 자신의 모든 경험을 차근차근 그리고 조직적으로 교육시키며 후계자 수업을 받게 하고 있다. 이재용은 2007년 삼성전자 전무로 승진하고 최고고객총괄책임자(Chief Customer Officer, CCO)를 맡아 경영 전면에 나섰다. 이 과정을 살펴보면 마치 이건희 회장 자신이 스스로 나서서 분위기까지 만들어주면서 '이재용 시대'를 준비해주는 인상마저 들게 한다.

이건희는 2007년 1월 전경련 회장단 회의에서 "중국은 쫓아오고 일본은 앞서가는 상황에서 한국은 샌드위치 신세"라고 말하였다. 이건희의 이러한 경고는 뜻밖이었다. 왜냐하면 삼성전자는 불과 몇 달 전 2006년 한 해 영업이익 100억 달러를 넘어서면서 경쟁자인 일본기업들을 초긴장시켰기 때문이다. 이건희의 이 경고성 발언은 마치 전쟁에 임하는 총사령관으로서 "이번 전투에서는 승리하였으나 아직 전쟁이 끝나지 않았으니 다음 전투를 준비해야 한다."라고 말하는 것과 같아서 비장감마저 느끼게 하였다.

삼성은 같은 달 대대적인 조직개편을 단행하였다.[33] 이때 이재용은 최고고객총괄책임자(Chief Customer Officer, CCO)로 임명되었다. CCO로서 이재용은 세계 유수기업들과의 전략적 제휴와 협력관계 유지, 글로벌 업계의 동향 파악과 이를 통한 장기 비전의 수립 등을 담당하게 되어 삼성의 글로벌 경영을 실질적으로 주도하게 되었다.

삼성의 조직 개편이 있고 난 직후 이건희는 같은 해 3월 서울 효창동 백범기념관에서 열린 "투명사회협약 대국민 보고대회" 행사장에서 기자들과 만나 "삼성뿐 아니라 우리나라 전체가 정신을 차리지 않으면 5~6년 뒤에는 큰 혼란을 맞을 것"이라고 말하였으며, 또 "삼성전자 주력 업종의 이익률이 정

---

33) 부사장급 승진자가 30명이나 되는 사상 최대 규모였다.

말 갈수록 떨어지고 있느냐?"는 질문에도 어두운 표정으로 "심각하죠."라고 답하였다.[34]

이건희의 이러한 발언은 경제계뿐만 아니라 정치계에도 일파만파의 파장을 주었다. 또 2007년 8월 삼성전자 기흥 공단에서 사상 유례가 없는 정전 사태가 나자 이건희의 우려가 현실에서 나타나는 것이 아니냐는 목소리도 높아지고, 삼성전자의 경쟁력약화 그리고 한국경제의 위기까지 모두들 걱정하게 되었다. 그러나 같은 해 10월 12일 삼성전자는 본사 기준으로 3분기 16조 6,800억 원의 매출과 2조 700억 원의 영업이익을 올렸다고 발표했다. 매출은 분기 기준 사상 최대이며, 영업이익은 증권회사들의 평균 추정치인 1조 7,000억 원을 크게 웃도는 것이었으며 위기설을 잠재울 만한 실적이었다.

이건희가 당시 왜 위기론을 갖고 나왔는가에 대해서는 다양한 해석이 있을 수 있고 이건희도 자신의 발언에 다양한 목적을 담을 수 있으나 '이재용 경영체제'라는 새로운 시대를 준비하는 삼성으로서 각오를 새롭게 하고 분위기를 쇄신하려는 이건희의 이재용에 대한 후덕한 부정(夫情)의 소산일 가능성이 높다. 이건희가 경고하는 5~6년 후는 공교롭게도 이재용이 삼성그룹의 총수로서 자리를 잡아야 하는 시기이기도 하다.

이건희는 이재용이 회장이 되기 전 그룹차원에서 다가오는 변화에 대한 대비를 통해 미래를 준비시킴으로써 삼성에서 보다 안정적인 이재용 시대를 열어줄 수 있을 것이라고 생각하였을 것이다. 실제로 이건희의 위기론은 미래의 한국경제 전체에 대한 우려와 경고보다는 삼성그룹 내부에 초점이 맞추어져 있다.

삼성그룹 전략기획실 고위관계자에 따르면 삼성그룹은 5~6년 뒤 심각한 위기가 올 수 있다는 이건희 발언 이후 계열사별로 경쟁력 강화 방안을 마련하라는 지시가 내려졌다고 한다. 그리고 그룹차원에서도 기존과는 별도로 신 성장 동력 추진 태스크포스팀을 가동, 그룹과 계열사별 신종 사업의 발굴

---

34) 유창재 기자, "경제 5~6년 뒤 큰 혼란 올 수도"(『한국경제신문』, 2007년 3월 10일자).

과 경쟁력 강화를 위한 인력 재배치 등 다각적인 방안을 모색하고 있다.[35]

2) 삼성특검: 삼성에서 유일체제는 끝났는가?

이건희의 유일체제 리더십은 이건희 스스로 삼성그룹의 오너십이 없었다면 불가능하였다. 이건희는 삼성그룹을 대표하는 삼성전자의 회장이다. 그런데 이건희가 보유한 삼성전자 지분은 전체 지분의 1.9%에 불과하다. 이건희가 불과 1.9%의 지분으로 삼성전자의 오너역할을 하고 있는 것이다.

이것이 가능한 것은 삼성그룹 내의 상호출자[36]로 인한 복잡한 소유구조 덕분이다. 이건희는 구조본을 통해 이재용으로 삼성그룹 소유권 이전을 이미 마친 상태[37]이나 에버랜드 전환사채가 문제되어 기소되었다. 그런데 삼성에 핵폭탄이 터지는 것과 같은 사건이 일어났다.

2007년 10월 29일 삼성에서 구조조정본부 법무팀 이사, 재무팀 상무, 법무팀장을 두루 역임한 김용철 변호사가 천주교 정의구현사제단과 함께 특별 기자 회견을 가졌다. 이 자리서 김용철 변호사는 삼성 그룹이 50억 원 넘는 비자금을 차명 계좌로 갖고 있음을 폭로하였다. 또한 김 변호사는 삼성 그룹이 대한민국 모든 권력층을 망라하는 전 방위 로비를 조직적으로 벌이고 있는데, 이 모든 로비를 총지휘하는 사람이 이건희 회장이라고 주장하였다.

---

35) 김병수 기자, "삼성 5~6년 뒤 위기론, 해법은?"(『매일경제신문』, 2007년 7월 7일자).
36) 비상장에 자본금 규모가 작아 지배 지분 확보가 쉬운 계열사를 소유한 뒤, 그 계열사가 다른 계열사 지분을 가지고, 그 다른 계열사는 또 다른 계열사 지분을 가지며, 그 또 다른 계열사는 맨 앞의 계열사 지분을 가지는 방식을 '순환출자' 라 한다.
37) 삼성에버랜드는 삼성생명의 최대주주로 지분 19.3%를 가지고 있다. 삼성생명은 삼성전자의 지분을 7.8% 소유함으로써 삼성전자의 국내 1대 주주이다. 삼성전자는 삼성물산, 삼성 SDS 등 삼성그룹의 주요 기업 지분을 다량 소유하고 있다. 그중 삼성카드의 지분도 46.5%을 가지고 있어 카드의 최대 주주이다. 또 삼성카드는 에버랜드의 1대 주주(25.6%)인 순환출자의 전형을 이루고 있다. 삼성카드는 삼성전자가 1대 주주고, 삼성전자는 삼성생명이 국내 1대 주주, 삼성생명은 에버랜드가 1대 주주며, 에버랜드는 삼성카드가 1대 주주이다. 다시 말해서 에버랜드는 삼성카드가, 삼성카드는 삼성전자가, 삼성전자는 삼성생명이, 삼성생명은 에버랜드가 가지고 있고 에버랜드의 전체주식의 21.7%를 이재용이 최대 주주로서 가지고 있기 때문에 이런 순환출자 덕분에 이재용은 삼성그룹전체의 최대 주주가 되는 것이고 그룹의 실질적인 오너로 활동할 수 있는 것이다.

사실 '권력층이 삼성의 조직적인 로비의 주요대상'이라는 의혹은 이미 2005년 7월 22일 MBC 이상호 기자가 입수하고 폭로한 안기부 X-파일[38]로 불거졌었으나 무마되었다. 그러나 김용철 변호사는 삼성 그룹의 헤드쿼터인 구조본에서 법무팀장을 지낸 인물이고 확실한 증거를 갖고 있었기 때문에, 그의 이 같은 폭로는 그냥 지나갈 수 없는 사안이었다.

2007년 11월 6일 '참여연대'와 '민주사회를 위한 변호사 모임'은 이건희 회장과 이학수 부회장, 김인주 사장 등 5명을 대검찰청에 고발하고 이용철 전 청와대비서관이 "삼성에서 500만 원을 받은 뒤 돌려줬다."고 폭로하자, 삼성특검에 대한 여론은 탄력을 받아 1월 23일 삼성특검법이 국회를 통과했다. 폭로 이후 김용철 변호사와 사제단은 이건희 회장의 부인인 홍라희 씨가 삼성비자금으로 고가 미술품을 구입했다는 등, 추가 폭로를 하면서 특검 측과 삼성을 압박하였다. 조준웅 특별검사는 특검 출범 직후 김용철 변호사를 첫 참고인으로 불러 조사한 데 이어 99일간의 장기 특검에 돌입했다.

특검 출범 4일 뒤에는 이건희 회장 집무실과 이학수 부회장 자택 등 8곳을 압수수색하였으며 삼성본관 전략기획실, 이건희 회장 자택 등으로 압수수색 범위를 확대해 나갔다. 이 과정에서 성영목 신라호텔 사장과 이순동 삼성그룹 전략기획실 부사장, 이학수 부회장 등이 줄줄이 소환돼 특검 조사를 받았다. 또 이기태 삼성전자 부회장, 황창규 삼성전자 반도체총괄사장 등도 삼성특검에 출두했다.

100일 가까이 진행됐던 특검 수사결과 분식회계나 비자금, 정관계 로비 의혹 등은 모두 무혐의 처리됐고, 그나마 검찰이 일부 수사했던 경영권 불법 승계 의혹만 불법으로 판명났다. 조준웅 특검은 "기업 경영에 차질을 빚어

---

38) 이상호 MBC 기자가 2004년 말 국가안전기획부(안기부, 현 국가정보원)의 불법 도청 테이프에 대한 정보를 입수한 뒤, 2005년 1월 재미동포에게서 관련 자료를 더 입수하면서 불거지기 시작하였다. 이 기자가 입수한 자료는 95분 분량의 도청 테이프로, 1997년 대통령선거 당시 삼성그룹의 고위 임원과 중앙일보의 사주가 만나, 특정 후보에게 대선 자금을 불법적으로 지원하기로 공모한 내용 등이 담겨 있다. 의혹이 폭로되어 여론이 나빠지자 검찰은 X-파일 관련 삼성에 대한 수사를 벌이었다. 그러나 이건희 삼성 회장과 홍석현 전 주미대사 등은 무혐의 처리됐고, 오히려 이상호 MBC 기자가 불구속 기소되었다.

국내 경제에 부정적 영향을 미칠 것"이라며 이건희 회장 등 10명 전원을 불구속 기소했다.[39]

이건희 회장은 삼성특검 수사 결과가 나온 지 닷새 만에 특별 기자 회견을 가졌다. 이 자리서 이 회장은 "아직 갈 길이 멀고 할 일도 많아 아쉬움이 크지만, 지난날의 허물은 모두 제가 떠안고 가겠습니다."라고 말하며 경영 일선에서 물러난다고 밝혔다. 이어 그는 특검이 지적한 그룹 내 전략기획실을 비롯해 인사와 조직 개편 쇄신안을 전격 발표했다.

경영쇄신안은 이건희 회장의 경영일선 퇴진, 그리고 전략기획실 폐지 등이 포함되어 있다. 전략기획실[구(舊) 구조본]이 폐지된다는 것은 전략기획실장으로 재임하면서 사실상 삼성 관련 주요 의사결정의 중심에 서왔던 이학수 부회장과 전략기획실 전략지원팀장으로 재무와 경영진단, 감사 업무를 총괄해 온 김인주 사장도 일선에서 퇴진하는 것을 의미한다. 뿐만 아니라, 전략기획실의 해체로 3개 팀 1백여 명에 이르는 전략기획실 임직원들도 대부분 2008년 6월 말까지 원 소속사로 복귀하였다.

삼성특검 이후 이건희 회장의 경영 일선 퇴진과 전략기획실 해체 등, 경영쇄신안 발표는 그야말로 핵폭탄과 같은 선언이었다. 이건희는 1987년부터 2008년간인 20년 동안 삼성그룹의 회장으로 또 삼성이라는 유일체제의 지도자였다. 그런 그가 자신은 완전히 경영 일선에서 퇴진하고 자신의 유일체제에서 사령탑과 같은 역할을 하였던 전략기획실을 스스로 해체한다고 한 것이다.

대국민 성명의 형식으로 발표된 이건희 회장의 '삼성 경영쇄신안'은 잠시 폭풍우를 막자는 얄팍한 눈가림도, 또 국민의 동정심을 얻자는 시도도 아닌 것 같다. 더욱 중요한 점은 아직 이건희에서 이재용으로의 후계자 승계가 완전히 이루어지지 않았다는 점이다. 그러면 이건희는 삼성에서 유일체제를 포기한 것일까?

---

39) 박지환 기자, "김용철 폭로부터 이건희 사퇴까지⋯⋯. 삼성사태 177일"(『노컷뉴스』, 2008년 4월 22일자: http://www.cbs.co.kr/nocut/show.asp?idx=808453).

이건희는 순환출자를 바탕으로 실질적인 오너로서 삼성그룹을 하나로 묶어내고 삼성전자를 세계유수기업의 반열에 올려놓았다. 즉, 삼성에서 유일체제 리더십이 가능하였던 이유는 이건희가 그룹의 오너라는 통솔권과 지위를 가질 수 있었기 때문이었다.

삼성그룹에서 이건희로부터 이재용으로 회장직이 바뀐다는 것은 이건희 유일체제에서 이재용 유일체제로의 전환을 의미한다. 그러므로 순환출자를 통한 그룹통솔권과 오너 지위 유지는 이건희와 이재용이 결코 포기할 수 없는 것이다. 그러나 지난번 삼성특검으로 이건희는 이재용에게 공식적으로 회장직을 물려주지 않은 상태에서 회장직을 그만두고 자신의 수족과 같은 전략기획실을 해체하였다.

또한 이건희 회장과 이학수 부회장이 발표한 열 가지 항목의 경영쇄신안에는 순환출자 해소를 위해 순환출자의 핵심 고리 가운데 하나인, 삼성카드 보유 에버랜드 주식(25.64%)을 4~5년 내 매각하는 것을 검토한다는 내용이 들어 있는데, 이것이 만약에 실제로 실행된다면 순환출자를 고리로 한 삼성 계열사의 '그룹화'는 불가능하게 될 수도 있다.

이건희 회장의 퇴진 후에 대외적으로 삼성을 대표할 일이 있을 경우 삼성생명의 이수빈 회장이 그 역할을 맡게 될 것이라고 하였다. 이수빈 회장은 삼성 그룹 차원에서 대외적인 업무와 그룹의 사장단 회의 등을 주재하는 이건희 회장의 역할의 일부분을 맡을 것이며 그 역할이 제한될 것으로 전망된다. 또한 쇄신안에는 2007년부터 최고고객총괄책임자(Chief Customer Officer, CCO)가 되어 후계 승계의 막바지에 와 있는 이재용도 일선에서 물러나고 주로 여건이 열악한 해외 사업장에서 임직원들과 함께 현장을 체험하고 시장개척 업무를 맡을 것임이 명시되어 있다.

이 모든 것을 종합하여 보면 삼성에서 유일체제 리더십은 더 이상 유효하지 않을 것 같이 보인다. 그러나 과연 그럴까? 이건희 회장은 20년간 삼성의 제2의 창업을 이끌면서 취임 당시 14조 원이었던 삼성그룹의 매출액을 2006년 말 기준으로 152조 원으로 11배 올려, 순이익 1,900억 원에서 14조

2천억 원으로 75배, 시가총액은 1조 원에서 140조 원으로 140배로 만들어 놓았다. 삼성이 이런 경이로운 성과를 내는 데에는 이건희의 유일체제 리더십이 결정적인 역할을 하였다. 이 점을 누구보다도 잘 알고 있는 이건희가 스스로 유일체제 리더십의 종말을 고하는 것일까?

이건희는 이재용에게 최고 수준의 교육을 시키고 삼성그룹회장으로서 필요한, 가능한 한 모든 경험을 할 수 있게 함으로써 유능한 후계자로 키우려고 하였다. 이재용도 성실히 후계자 수업에 임하는 것으로 알려져 있었다. 이런 측면에서 이재용은 가장 높은 수준의 후계자 수업을 가장 긴 기간 동안 체계적으로 받아온 매우 잘 준비된 삼성의 후계자라고 할 수 있다. 삼성의 탁월한 경쟁력의 원천은 이병철과 이건희의 유일체제 경영에 있다. 그러나 유일체제 리더십은 전수될 수 있는 것이 아니다.

리더십, 특히 유일체제 리더십은 리더 스스로 창출하며 이루어 내어야 한다. 이 점은 이건희의 경우를 보면 더욱 확실해진다. 이건희가 9년이 넘는 세월 동안 삼성그룹의 후계자로서 수업을 받았어도 이병철의 유일체제 리더십을 그대로 전수받을 수 없었다. 이건희는 삼성에서 자신의 유일체제를 구축하기 위해서 회장직에 취임하고도 장장 7년이란 세월을 기다리고 준비해야 했다.

이건희에게 '조직 장악'은 이병철이 만들고 구축하여 온 이병철 조직을 자신의 조직으로 만드는 일이었으며 이것은 삼성에서 자신의 유일체제를 구축하는 일이었다. 그리고 이건희 스스로 이루어야만 했다. 만약 이건희가 후계자로 선정되고 이병철의 지도 아래서 그대로 삼성을 이어받았다면, 이건희는 오너로서 회장의 자리에 올라섰겠지만 이병철이 만들어 놓은 조직의 한 일원으로서 활동해야 했을 것이다. 그리고 이건희의 '신경영'은 나올 수 없었을 것이다. '신경영'이란 말 그대로 기존의 경영이 잘못되었거나 무언가 문제가 있기 때문에, 그것을 버리고 새로운 경영을 한다는 의미이기 때문이다.

이런 측면에서 보면 이건희가 후계자 시절 실질적 경영에서 배제되고 의사 결정에 참여할 수 없었던 것이 이건희가 회장이 된 후 보다 자유로운 입장에서 자신의 유일체제를 구축하는 데 유리한 배경이 되었다고 할 수 있다. 한편 이재용의 회장직 승계 과정은 이건희의 것과 비교해서 매우 달랐다.

이건희는 도제식으로 자신의 리더십을 이재용에게 전수하려고 하였고, 더 나아가서는 삼성그룹 내에서 위기 분위기까지 만들어 주면서 보다 안정적이고 치밀하게 이재용으로 경영권 인계 작업을 하고 있었다. 이것은 이건희가 주창한 인력운영에 관한 핵심원칙 중 하나라고 하는 '잡종강세론(雜種強勢論)'[40]과도 배치되는 것이다.

김용철 변호사의 폭로가 터지고 삼성특검이 시작되지 않았다면 순조롭게 이건희에서 이재용으로 이어지는 삼성그룹경영권 인계가 이루어졌을 것이다. 그러나 이제는 이재용이 스스로 '조직 장악'을 하지 못한다면, 이건희처럼 삼성에서 자신의 유일체제 경영을 구축하고 이루어낼 수 있을 지는 미지수이다.

앞에서 살펴보았듯이 이건희는 중요한 결정을 내리기 전 매우 신중히 또 길게 '심사숙고(深思熟考)'하는 스타일이다. 그는 1987년 삼성그룹 회장직에 올라갔으나 7년이란 긴 세월 동안 조직 장악을 위해 연구하고 숙고할 정도로 중요한 결정을 하기 전에는 심사숙고한다. 하지만 일단 결정을 내린 후에는 프랑크푸르트에서 한 것과 같이 '전광석화(電光石火)'처럼 일을 처리하는 습성을 갖고 있다.

이건희는 삼성에서 유일체제를 계승하고 완성한 인물이다. 이건희는 자신의 리더십에 대해서 대외에 상세하게 설명하거나 발표한 적은 없지만 유일체제 리더십의 속성에 대해서 그 누구보다도 잘 알고 있다. 이런 점들을 고려해 보면, 삼성특검이 종결되면서 발표된 이건희의 삼성 경영쇄신안은 상황대응 혹은 봉합적으로 급조된 것이 아닌 것으로 분석된다.

이건희는 9년간 경영 수업을 받았으나 스스로 조직 장악을 해야 했던 자신

---

40) 이건희는 공채를 기반으로 한 조직구조가 '시스템'을 이뤄 삼성 내에서 안정된 조직력을 만들어 내고 있다고 인정하지만, 이는 한편으로 삼성이 일류 기업으로 나아가는 데 한계점으로 작용한다고 절감하였다고 한다. 이후 그는 더욱 획기적인 발상의 전환이 필요하다고 보고 '잡종강세론'를 폈다. 즉 틀에 박힌 시스템과 순혈주의를 고집해서는 창의력이 뛰어난 핵심인재와 천재급 인재를 키워낼 수 없다고 판단했기 때문이다(신현만, 앞의 책, 67쪽).

의 경험을 잘 알고 있다. 이재용에게 모든 것을 전수하려고 도제식으로 치밀하게 후계자 수업을 시키고 있던 이건희는 한편으로, '과연 자신의 리더십 (유일체제 리더십)이 이재용에게 전수될 수 있을까?'하는 의문을 가졌을 것이다. 그리고 다시 삼성그룹을 보았을 것이다.

삼성은 곧 이건희이다. 삼성에서 이건희는 오너와 최고 경영자의 수준을 넘어 삼성그룹 전체가 이건희와 동일시되고 있었다. 20년간 자신이 삼성에서 구축해 놓은 유일체제는 너무나 견고하여 그 누구도 비집고 들어갈 틈이 없었다. 이재용이 이건희의 유전자를 받은 외아들이고, 긴 시간 동안 철저하게 후계자 수업을 받아왔지만 이재용은 이건희가 아니다. 이재용이 이건희를 승계하였다 해도 '이건희 체제'라는 '난공불락의 철옹성'과 그것을 호위하는 '경영전략실'이라는 '호위군'이 있는 한, 삼성에서 이재용의 '조직 장악'은 너무나도 어렵고 벅찬 일이 될 것이었다. 이 점에 대해서 이건희는 오랜 시간 숙고하였을 것이다.

김용철 변호사의 삼성 비자금에 대한 폭로는 김용철 변호사가 소신을 갖고 천주교 정의구현사제단의 도움을 받아 스스로 한 일이다. 또 그동안 삼성의 비리를 지적하고 열심히 투쟁을 벌여 온 시민 단체의 역할도 무시할 수 없었다. 그러나 삼성이 가지고 있는 영향력과 조직력을 고려하였을 때, 이건희가 회장직을 내놓고 경영기획실을 폐기하는 등 매우 전향적인 방향으로 가는 것은 바꿀 수도 있었을 것이다. 이번 특검이 벌어지는 동안 삼성은 조직적으로 컴퓨터 파일을 지우고 미온적으로 수사에 협조하는 등, 어느 정도 반발을 하였으나 전반적으로는 수사에 순응적이었다.

이건희 회장은 불기소되어 회장직을 고수하는 데는 문제가 없었으나 마치 '배수의 진'이라도 치듯 회장직과 자신의 수족과도 같은 그리고 삼성이라는 조직의 헤드쿼터격인 전략기획실까지 스스로 해체하였다. 이번 삼성특검은 분명히 이건희가 구상했거나 조정하지 않았다. 그러나 이건희는 삼성에서 결코 유일체제 리더십을 포기하지 않았고 이재용의 유일체제 리더십을 열어주고 싶었다. 유일체제 리더십에서 '조직 장악'과 '조직 강화'는 새로운 리더가 스스로 해야 할 임무이며 이 과정을 통해 유일체제 리더로 거듭나는 것이다.

이건희는 자신과 현재 삼성 조직의 헤드쿼터인 경영기획실이 이재용이 유일체제 리더십을 삼성에서 스스로 구축하는 데 얼마나 벅찬 걸림돌인지를 어느 순간 깨달았을 것이다. 그리고 자신과 경영기획실을 정리할 기회를 보고 있었을 것이다. 이때 터진 사건이 바로 '삼성특검'이다.

이건희는 기자회견에서 제시한 경영쇄신안 10대 과제에서 순환출자 문제를 해결하겠노라고 공언하였다. 그러나 자신과 이재용이 가지고 있는 삼성 계열사와 에버랜드 지분은 변하지 않았고, 정리한다고 하였으나 앞으로 두고 볼 일이다. 만약 삼성에서 순환출자가 폐지된다면 삼성은 '그룹'으로 존재하기는 어려울 것이다. 그러나 지주회사로 간다면 삼성을 그룹으로 계속 유지시킬 수 있을 것이다.

이건희는 이재용도 삼성전자 최고고객총괄책임자(Chief Customer Officer, CCO)에서 물러나고 여건이 어려운 해외 사업체에서 시장 개척을 할 것이라고 하였는데, 이것은 이재용에게 좀 더 밑바닥에서 후계자 수업을 하라는 명령과 동시에 스스로 조직 장악의 기회를 만들라는 주문으로 보아야 한다. 이건희는 일선에서 물러나 보다 자유롭게 이재용을 도울 것이다.

혹자는 위의 분석을 상상에 가까운 견해라고도 비판하겠지만 늘 예상하지 못하는 것을 하는 것이 이건희의 특성 중 하나이고, 이건희가 결코 유일체제 리더십을 포기하지 못한다는 점을 고려해 보면, 결코 상상적 견해, 즉 추측일 뿐이라고만은 할 수 없다.

슘페터가 제시한 경제학 이론과 같이 이건희는 이번 특검을 통해 '창조적 파괴(creative destruction)'[41]를 감행하였다. 앞으로 이재용이 어떻게 조직

---

41) '창조적 파괴(creative destruction)'란 경제학자 조셉 슘페터가 기술의 발달에 경제가 얼마나 잘 적응해 나가는지를 설명하기 위해 제시했던 개념이다. 슘페터는 자본주의의 역동성을 가져오는 가장 큰 요인으로 창조적 혁신을 주창했으며, 특히 경제발전 과정에서 기업가의 창조적 파괴 행위를 강조하였다. 1912년에 발표한 『경제발전론』에서 슘페터는 이윤이 기업가의 혁신에서 발생되는 것이라고 하였다. 즉, 이윤은 혁신적인 기업가의 '창조적 파괴행위'로 인한 생산요소의 새로운 결합에서 파생되며, 이윤이란 바로 창조적 파괴행위를 성공적으로 이끈 기업가의 정당한 노력의 대가라는 것이다. 이후 다른 기업인에 의해 이것이 모방되면서 자연스럽게 이윤이 소멸

장악을 하면서 경영일선에 되돌아 올(come-back) 것인가는 이재용의 과제이다. 이재용은 해외 사업체에 배치될 것이라고 하였는데 그가 어디를 가던간에 '조직 장악'은 이제 수업이 아니고 현실이 되어 버렸고 그가 '조직 장악'에 성공한다면 그것을 바탕(basis)으로 그의 유일체제 리더십을 삼성에서 열어갈 수 있을 것이다. 그의 첫 해외 사업장은 어느 분야이며 어디가 될까? 그는 과연 성공할 수 있을까? 그리고 아버지의 창조적 파괴가 옳은 것임을 증명할 수 있을까? 많은 의문이 남는다.

이건희는 회장으로 재임 당시 많지는 않지만, 때때로 중요한 말을 던지듯이 하였다는데 그가 한 말 중 눈에 띄는 대목이 있다. 이건희는 삼성이 진정으로 글로벌 기업이 되기 위해서는 부단한 개혁을 통해서 전 부분에서 초일류를 이루어야 한다며, 이른바 '마하 경영론'을 말하였는데 다음과 같다.

> 일반 제트기의 속력이 마하 0.9 정도로 음속의 조금 밑일 것이다. 그런데 이것이 음속의 2배로 날려고 하면 엔진의 힘만 두 배가 되면 가능한가? 천만의 말씀이다. 비행기를 둘러싼 모든 소재가 다 바뀌어야 한다. 재료 공학부터 기초 물리, 화학이 모두 동원되어야 하는 것이다. 그래야 일반 제트기에서 초음속 제트기로 넘어갈 수 있다.[42]

이건희의 이 말은 이재용에게 그대로 적용된다. 이재용이 자신의 아버지가 그랬듯이 삼성에서 자신의 유일체제를 열고 '제3의 창업'을 하기 위해서는 먼저 자신의 모든 것을 바꾸어야 한다. 삼성에서 이재용은 아직 유일체제를 이끌어 가는 리더가 아니라, 이건희의 외아들이며 삼성의 황태자이기 때문이다.

되고, 새로운 혁신적 기업가의 출현으로 다시 사회적 이윤이 생성된다고 본다. 다시 말해 '기술혁신'으로서 낡은 것을 파괴, 도태시키고 새로운 것을 창조하고 변혁을 일으키는 '창조적 파괴' 과정이 기업경제의 원동력이라는 것이다(네이버 용어사전: http://terms.naver.com/item.nhn?d irId=701&docId=7059).

42) 이광회 · 김덕한 기자, "이건희 회장 쏟아내는 화두 연일 화제"(『조선일보』, 2006년 10월 24일자).

4장

김정일 유일체제 리더십

▲ 김일성과 함께 새로 건립한 주체사상탑을 돌아보는 김정일(1982.4.1).

4장
김정일 유일체제 리더십

1. 김일성과 주체사상

북한에서 주체사상과 유일지도체제는 불가분의 관계를 갖고 있다. 주체사상이 북한의 국가 이데올로기로 되어 가는 과정은 곧 유일지도체제가 북한에서 자리를 잡아가는 과정이라고 해도 과언이 아니다. 그런데 남과 북에서 주체사상과 유일지도체제에 대한 해석과 입장은 극과 극이다. 북에서는 정치, 경제, 사회 등 모든 부문을 관통하는 공통분모라고 할 수 있고, 신앙과도 같이 취급되는 반면 남에서는 그다지 학문적인 근거와 가치 없는 통치 이데올로기로 취급되는 경향이 있다. 유일지도체제 역시 마찬가지다. 북에서 유일체제는 역사 · 과학적인 '합법칙'성을 가지고 있는 '진리'인 반면에, 남에서는 김일성, 김정일 부자가 자신들의 독재를 합리화하기 위한 수단으로 취급되고 있다.

주체사상과 유일지도체제 대한 해석과 입장은 남과 북 모두 극단으로 과잉되어 있다. 북에서 나온 주체사상과 유일체제에 관한 서적들과 글들을 보면 마치 어느 종교의 경전을 읽는 느낌이 들 정도이다. 한편 남에서 해석한 주체사상과 유일지도체제에 관한 서적들과 글들은 북한에 대한 극도의 적계심(敵愾心)이 바탕이 되었거나 지나친 정치공학적인 해석이 주(主)를 이룬다.

주체사상과 유일지도체제는 북에서 주장하는 대로 '합법칙'에 의한 필연적인 것도 아니고 남에서 주장하는 대로 김일성, 김정일 부자의 독재만을 위해 역사를 날조해서 만들어진 것도 아니다. 주체사상과 유일지도체제는 북한에게 늘 호의적이지만은 않았던 시대적 배경과 주변 강대국들과의 복잡한 이해관계 속에서 수많은 시행착오(trail and error)를 거치면서 자신들의 주권과 독립을 지키고 유지하려는 몸부림에 가까운 북한의 생존을 위한 노력으로 이해해야 한다. 북한의 유일지도체제에 대한 보다 올바른 이해를 위해 유일지도체제의 근거를 이루는 주체사상이 북한에서 국가 이데올로기로 자리 잡아가는 과정에 대해서 살펴보도록 하자.

북한에서는 김일성이 주체사상의 창시자라고 한다. 이에 국가 년도의 표기를 김일성 사후 주체(主體)로 고치고 김일성의 탄생 년도인 1912년을 기준으로 주체 년도를 표기하고 있다. 즉, 서기 2008년도는 '주체96년'으로 표기한다. 이것은 마치 예수의 탄생 년을 기준으로 서기(西紀)를 표기하듯이 김일성 탄생 년도가 북한에서는 새로운 시대, 즉 주체의 시대가 된다는 것이다. 물론 북한에서 서기를 따르지 않고 주체 년도를 표기하는 것은 북한의 독립성 그리고 주체성을 나타내는 것으로 이해할 수 있다.

또 한편으로, 기독교에서 예수 그리스도가 하느님의 아들로서 이 세상에 와서 새로운 구원의 시대를 열고 부활하여 다시 구세주로 올 것이 이미 예정되었듯이, 북한에서는 주체가 우주의 합법칙성에 따라 김일성이 창시하였고 그 합법칙성에 따라 김정일이 실현하고 있다는 식으로 선전하고 있다. 김일성과 김정일은 이미 신격화되어 있고 주체사상은 신앙화되어 있다. 그러나 주체사상은 우주의 합법칙성을 따라 창시된 것이 아니라, 김일성과 김일성을 리더로 대하고 따르던 사람들의 경험을 토대로 나왔다. 그러면 그들은 어떤 경험을 하였을까? 먼저 김일성에 대해서 알아보자.

김일성은 1912년 4월 15일 평안남도 대동군 고평면 남리(현재의 만경대)에서 태어났다. 그의 아버지는 김형직(金亨稷)이고 그의 어머니는 강반석(康盤石)이다. 김일성의 어린 시절의 이름은 김성주(金成柱)였다. 아버지 김형직은 김일성이 태어났을 때 평양의 미션스쿨인 숭실중학 학생이었다. 그리고 숭실중학을 마친 후 기독교계통인 명신학교의 교사생활을 하기도 했다.

김일성의 외할아버지인 강돈욱도 구한말 기독교가 한국에 처음 소개되는 시기 교회에서 장로직을 맡을 정도로 독실한 기독교 신자였다. 강돈욱이 얼마나 독실한 기독교신자였는가는 자신의 딸(김일성의 어머니)을 예수의 12사도 중 하나인 베드로의 이름을 따서 '반석'[1]이라고 지어준 것에도 잘 나타나 있다. 김형직과 강반석의 이런 배경을 고려해 보았을 때 둘은 교회라는 테두리에서 만나서 결혼하였을 것이다.

이렇듯 김일성은 당시 매우 독실한 기독교 집안에서 태어나서 성장했다. 맏아들인 김일성은 어렸을 적 아버지인 김형직으로부터 지대한 영향을 받았다. 김형직은 독실한 기독교 신자로서 조선 독립에도 관심이 많았으며 독립운동에 실제로 가담하기도 했다. 김형직은 1917년 3월 23일 평안남도 강동군에서 항일운동 단체인 '조선국민회'를 결성하는 데 주요 일원이었고 활동과정에서 일제경찰에 붙잡혀 옥고를 치렀다. 감옥에서 나온 후 김형직은 큰 아들 김일성과 가족을 데리고 1919년 만주로 이주했다.

이후 김일성은 만주에서 약 4년간 생활하는데 김형직은 김일성이 나이가 더 들기 전에 조국의 현실을 좀 더 잘 알아야 한다는 생각에서 김일성을 다시 평양으로 보낸다. 김일성은 1923년 홀로 평양으로 돌아와 외가가 있는 용산면 하리의 창덕학교를 1925년까지 다녔다. 창덕학교를 마친 후, 다시 만주로 돌아와 1926년 3월 천도교도인 민족주의자 최동오가 운영하였던 만주의 화전현 소재 정의부 소속의 화성의숙에 입학했다. 그러나 6월 아버지의 죽음과 더불어 화성의숙을 그만두었다.

한 인간에게 인격형성의 근간이 되는 시기는 태어나서 6년 동안이라고 한다. 이런 측면에서 볼 때, 유년시절 김일성에게 가장 중요한 영향을 끼친 것은 아버지 김형직의 기독교 활동과 독립운동이었을 것이다. 김형직은 김일성이 태어나기 전부터 기독교인으로서 독립운동에 가담하고 있었고 자신이 죽을 때까지 기독교인으로서 독립운동을 했다.

---

1) 반석(盤石) = Cephas(meaning 'rock' in Latin petra=Peter, 베드로).

김일성은 자신의 자서전 격인 『세기와 더불어』에서 아버지의 독립운동 활동과 자신이 김형직으로부터 받은 교육내용에 대해 상세히 회고하고 있다. 김일성이 1923년 홀로 천 리 길을 걸어 평양에 돌아가게 된 것도 아버지 김형직의 결정이었다. 김일성 회고록에 따르면 김형직이 어린 김일성을 고생시키며 다시 조국으로 홀로 보낸 이유는 식민지가 되어 버린 조국의 현실을 실감하고 거기에서 무언가 배우기를 원했기 때문이었다고 한다.

독실한 기독교 신자였던 김형직은 김일성의 회고대로 자신의 아들이 독립운동가로 자라나기를 원하였을 뿐 아니라, 기독교 신자로 성장하길 원했을 것이다. 김일성은 평양에서 2년을 보낸 후 아버지 김형직이 다시 일제경찰에 체포되었다는 소식을 듣고 만주로 갔다. 그리고 아버지 김형직 사망 후 자신이 아버지의 독립운동을 잇고 독립을 반드시 쟁취하겠노라고 기록하고 있다.[2] 그런데 김일성이 자신이 회고록에서 기록하듯이 아버지에게 영향받은 것은 독립운동뿐이었을까?

김일성의 어머니인 강반석은 죽을 때까지 독실한 기독교 신자였다. 그의 동생이며 김일성의 외삼촌이고 후에 부수상까지 오르며 김일성을 도왔던 강양욱 또한 목사의 신분을 갖고 있었다. 유년시절 김일성에게 가장 중요한 영향을 미친 것은 기독교였다. 김형직은 기독교를 통해 독립운동을 하였고 김형직이 가담되어 있던 독립운동 조직은 독립운동만 전담하던 조직이 아니라, 1907년 평양대부흥회를 기점으로 전국적으로 퍼져 나갔던 기독교 조직이었을 것으로 추측된다.[3]

김일성은 자신의 회고록에서 기독교 신자로서의 김형직에 대해서는 별로 이야기하지 않고, 독립운동가로서의 김형직을 부각시키며 서술하고 있다.

---

2) 김일성, 『세기와 더불어 1: 항일혁명편 제1편』(인터넷 버전: http://ndfsk.dyndns.org/kuguk8/ku10/Segi_1.hwp), 42~47쪽.
3) 김일성이 만주에서 평양까지 혼자 오게 되었을 때 "어디를 가나 아버지와 뜻을 같이하는 동지들이 있었다."라고 회고하였는데[김일성, 『세기와 더불어 1: 항일혁명편 제1편』(인터넷 버전: http://ndfsk.dyndns.org/kuguk8/ku10/Segi_1.hwp), 39쪽], 이들을 독립운동 조직의 일원으로 보기보다는 기독교 조직의 일원으로 독립운동을 하였던 사람들로 보아야 정황적으로나 상황적으로 타당하다.

즉, 김형직은 독립운동을 위해 기독교를 활용했다는 것이다. 그러나 과연 그랬을까? 당시 김형직은 인텔리 계층이었을 것이다. 그렇기 때문에 당시 아무나 갈 수 없었던 숭실학교에 들어갈 수 있었다.

그가 졸업 후 다시 기독교계통인 명신학교의 교사가 되었다는 것과 강돈욱의 딸 강반석과 결혼한 정황을 미루어 보았을 때, 그가 단지 독립운동을 위해 기독교인이 되었다는 설은 설득력이 없다. 기독교에 환멸을 느끼고 기독교가 싫었다면 굳이 기독교계통인 명신학교의 교사로 가지 않았을 것이기 때문이다. 그리고 강돈욱은 딸에게 베드로와 같은 이름을 지어줄 정도로 매우 신앙심이 깊은 사람이었다. 이런 강돈욱이 기독교를 단지 '도구'로 여기고 독립운동에만 관심이 있었던 김형직에게 딸을 줄 리 만무하기 때문이다.

이러한 정황을 고려하여 볼 때 김형직은 김일성이 회고하듯이 독립운동가로서 기독교 신자가 아니라, 기독교 신자로서 독립운동을 했다고 보아야 할 것이다. 당시 많은 기독교 신자들이 독립운동을 했다. 그러나 이들은 동학(東學)에서와 같이 서양을 경계하며 조선 민중의 결집된 힘만으로 독립운동을 전개하기보다는, 서양에서 배우고 도움을 받아 독립을 이루려고 하였던 계몽주의[4]적 인텔리들이었다. 김형직도 이런 인물 중 하나였을 것이다. 그러므로 김일성이 아버지인 김형직에게 받은 영향은 자신이 후에 창시한 '주체사상'과는 거리가 있는 '계몽주의 사상'과 연관된 것들이었을 것이다.

김일성은 15살이 되던 1927년 길림의 육문(毓文)중학에 입학했다. 바로 여기서 김일성은 공산주의 사상을 처음으로 접하게 되고 조선공산청년회라는 조직에 가입했다. 이때부터 김일성이 공산주의자가 되었다고 볼 수 있다. 당시 만주뿐 아니라 전 세계적으로 공산주의와 사회주의 사상은 세계를 새롭게 해석하는 신사상이자 기존의 질서를 대처하는 대안이며 최신 유행이었

---

4) 실력을 양성하여, 즉 선진자본주의 국가가 물질문명을 이룩한 지식을 하루빨리 습득해서 나라를 부유하게 하고 실업사상을 기르며 산업을 경영할 신민(新民)을 길러야 한다는 입장으로 안창호의 신민사상이 대표적이라고 할 수 있다. 계몽주의자들은 이와 같은 실력양성은 점진적으로 이루어져야 할 것이라고 인식하였으며, 서방 선진국의 도움과 연대를 통해서 일제로부터 독립할 수 있다고 생각했다.

다. 이런 분위기 속에서 김일성이 고등교육 기관인 육문 중학교에 진학하면서 공산주의를 접하게 되고 심취하게 된 것은 어쩌면 자연스러운 일이었다. 그러나 당시 김일성이 접했던 공산주의 사상은 김일성이 창시했다는 주체사상과는 매우 깊은 간극이 있었다.

공산주의 사상의 정수를 이루고 있던 마르크스-레닌주의는 유물변증법에 입각해 사회주의 혁명을 인간사회가 반드시 거쳐야 할 과정으로 간주하고 있었다. 그리고 마르크스-레닌주의자들은 국가를 자본가(계층)들과 제국주의자들이 자신들의 이익을 위해 만들어 놓은 것으로 이해하고 있었기 때문에, 한 특정 국가에서 노동계층이 일으키는 혁명이 아니라, 전 세계 모든 노동자들이 단결하여 들고일어나는 세계혁명을 목적으로 하고 있었다.

이것은 민족주의가 바탕이 된 주체사상과는 큰 차이가 있는 것이었다. 그러나 당시 김일성은 열렬한 공산주의자였다. 그러므로 김일성도 마르크스가 주장한 '만국의 노동자가 단결하여 사회주의 혁명을 일으켜 계급이 없는, 또 국가의 구분이 없는 공산사회를 만드는 것'에 공감하고 공산주의 활동에 적극 가담하였을 것이다. 즉, 김일성의 주체사상은 아직 태동되고 있지 않았다. 물론 김일성이 공산주의를 조국의 독립을 쟁취하기 위한 도구로 보고 공산주의자가 되었다고도 볼 수 있다. 그러나 당시 공산주의란 민족을 뛰어넘고, 즉 민족갈등 문제를 제쳐 놓고 계급갈등, 그리고 전 세계적 차원에서 계급갈등에 초점이 맞추어져 있었기 때문에, 김일성도 여기에 동조하지 않고서는 공산주의자가 될 수 없었고 공산주의자로 불릴 수도 없었다.

김일성은 조선공산청년회에서 항일활동을 활발히 하였는데 1929년 가을 반일활동 및 공산주의 활동 혐의로 중국군벌당국에 체포되어 수개월 동안 감옥살이를 하였고 육문중학교로부터는 퇴학처분을 받았다. 평양에서 다시 만주로 온 후 2년 만의 일이었다. 이로써 김일성의 학교에서의 정규 교육은 끝나게 된다. 1930년 봄, 출옥 후 길림성 소재 카룬 고유수 지방에서 이종락이 이끄는 국민부 계통의 조선혁명군 길강 지휘부 대원으로 본격적인 항일투쟁을 했다. 김일성은 1931년 초 조선혁명군이 붕괴되자 간도지방으로 이동하여 다시 공산청년동맹 요원으로 활동했다.

당시 공산주의 운동은 전 세계차원에서의 공산혁명을 목표로 하고 있었고 '인터내셔널'에 의해 지도되고 있었는데 레닌이 주도한 3차 인터내셔널을 '코민테른'이라 한다. 코민테른에서는 각국 공산주의자들의 활동을 조정하고 규정하는 매우 중요한 테제가 나오는데 그것은 '일국일당'의 원칙이었다. '일국일당'의 원칙이란 공산주의 운동의 국제주의 원칙을 강화하기 위하여 각국에 하나만의 공산당 지부를 두자는 것이다. 이 원칙에 의하여 만주에서 활동하고 있었던 김일성도 중국공산당에 입당하게 된다.

주체를 강조하는 북한에서는 김일성의 중국공산당 입당을 크게 부각시키지 않고 의미를 절하시키고 있는 반면, 북한에 적대심을 갖고 있는 사람들은 김일성의 중국공산당 입당이 마치 김일성의 치부인 양 부각시키고 있다. 그러나 세상 모든 일이 형성되기까지 제각기 다른 과정이 존재하고 이 각기 다른 과정에 의해 사물이 각기 다른 성격을 갖게 되듯이, 중국공산당원으로서의 김일성의 경험은 자신이 창시했다는 주체사상의 매우 중요한 배경이 되었다.

당시 김일성 인생의 가장 중요한 목표는 조국 광복이었다. 문제는 당시 김일성이 광복을 어떻게 쟁취하려고 하였는가이다. 김일성은 조국광복을 위해 정규 공부도 그만두고 항일활동을 하다가 어린 나이에 약 1년 동안 옥살이까지 하게 되었다. 옥에서 나온 후 김일성은 조국 광복을 위해 공산조직에 가담하게 되고 열렬한 공산주의자가 된다. 그는 한반도가 아니라 당시 중국 영토였던 만주에서 활동하고 있었으므로 코민테른의 일국일당 테제에 따라, 조선공산당이 아니라 중국공산당에 입당해야만 했다. 그런데 이것은 주체사상에 비추어 보았을 때 모순되는 행동이었다.

중국공산당도 마르크스-레닌주의에 입각하여 세계혁명을 궁극적인 목표로 하고 있었다. 그러나 현실적으로 중국공산당은 중국 공산화를 일차적인 목적으로 하며 만들어진 조직이다. 만주 사변 이후 중국과 만주에 있던 조선의 독립투사들은 공동의 적, 일본에 대항해 싸우지만, 결국 중국을 위해 만들어 진 조직에서 조선인으로서 가담하여 조선의 독립을 위해 싸운다는 것은 매우 어려운 것이었다.

김일성은 중국말에 능통하여 중국공산주의자들과 함께 활동하는 데는 어려움이 없었겠지만 처지는 다른 조선 독립운동가들과 크게 다르지는 않았을 것이다. 중국공산주의자들로부터 차별을 받아 서러움도 많았을 것이며, 자신들의 힘을 일차적으로 조국을 위해 쓰지 못하는 울분도 없지는 않았을 것이다. 그러나 김일성은 이런 정황 속에서도 항일투쟁 활동을 누구보다도 열심히 했다.

이런 김일성의 모습은 북한의 주장대로 이미 13세 살 때 ㅌ · ㄷ(타도제국주의동맹)[5]을 조직하고 주체사상을 태동시켰다는 김일성의 모습과는 매우 큰 간극이 있다. 그러나 이것은 김일성이 김형직으로부터 받은 영향을 감안하여 볼 때 큰 모순이 아니었을 것이다. 김일성은 아버지로부터 받은 계몽주의 영향으로 자신의 힘을 키우며 선진국의—이 당시 김일성에게는 중국이 가장 가까운 선진국이었을 것이다—도움과 연대를 바탕으로 조국 독립을 추구하였기 때문에, 중국공산당의 당원으로서 항일투쟁을 열심히 하는 것은 김일성에게는 별로 모순되지 않는 일이었을 것이다.

김일성은 1931년 9월 18일 일제가 만주사변을 일으키면서부터 항일유격투쟁, 즉 무장투쟁에도 본격적으로 나서게 된다. 중국공산당은 만주사변이 발발하자 만주성에 항일유격대의 창설을 지시하였고, 안도현의 공산청년조

5) 타도제국주의동맹 혹은 ㅌ · ㄷ(초기에는 E · I로 선전되었다)은 김일성이 화성의숙을 중퇴한 직후, 1926년 10월 17일 만주 화전현에서 결성한 것으로 선전되는 독립운동 조직이다. 기타 1929년에 세워졌다는 설도 있다. 그러나 타도제국주의동맹이 북조선 내에 선전되기 시작된 것은 1982년 10월 17일에 김정일이 「조선로동당은 영광스러운 E · I의 전통을 계승한 주체형의 혁명적 당이다」라는 장문의 논문을 발표한 이후부터이다.
타도제국주의동맹은 강령에서 당면과업으로 일본제국주의를 타도하고 조선의 해방과 독립을 이룩할 것을 내세웠다고 하며, 최종목적으로 조선에 사회주의, 공산주의를 건설하며 나아가서 모든 제국주의를 타도하고 세계에 공산주의를 건설할 것을 규정했다고 한다. ㅌ · ㄷ은 동맹원들이 노동계급의 혁명사상을 깊이 연구하고 광범한 군중 속에 조직을 빨리 늘여 나가는 것을 자신들의 강령을 실현하기 위한 활동방침으로 내세웠다고 한다. 북조선 사학계에서는 조선공산주의운동의 사대주의, 교조주의에 반대하였으며 자주성의 원칙에 기초했다고 주장하고 있으나, 당시 공산주의 계열의 독립운동 단체는 소비에트연방의 강력한 영향 아래에 있었다는 것이 정설이다. 1927년 8월에 대중적인 비합법적 청년조직이 반제청년동맹으로 개편되었다(위키백과: http://enc.daum.net/dic100/contents.do?query1=10XXXX9863).

직에 속해 있던 김일성도 1932년 4월 반일유격대를 조직했다.

북한에서는 1978년 이래 4월 25일을 조선인민군의 창군일로 기념하는데, 1932년 4월 당시 조직된 반일유격대는 조선인으로 이루어졌고 김일성이 리더였다. 하지만 반일유격대는 중국공산당 소속이었으므로 중국공산당의 지휘를 받고 있었다. 그러므로 김일성은 철저하게 중국공산당의 명령에 따라야 했고 스스로 조선의 광복을 위해 작전을 펴고 투쟁을 전개해 나갈 수 없는 처지였다.

당시 김일성은 중국공산당 그리고 코민테른에 대한 존경과 신뢰를 갖고 있었다. 김일성은 아직 20세 초반의 약관이었고 이론이나 경험적인 입장에서도 상부의 지도를 받는 입장이었다. 또한 김일성과 그의 부대는 먹고, 입고, 무장을 스스로 해결하는 게릴라 투쟁을 기본적으로 전개하고 있었지만, 중국공산당 상부의 지원이 없으면 생존하기 매우 어려운 열악한 환경에 있었다. 그리고 중국공산당 당원이었기 때문에, 중국공산당 상부의 명령을 절대적으로 따라야만 하는 입장과 처지였다. 이런 점들을 고려해 보면 다음과 같은 추론이 가능하다.

북한에서 나온 자료들은 김일성이 처음부터 그리고 일관되게 조선의 독립과 조선에서의 공산주의 혁명을 위해 김일성이 투쟁했다고 하나, 아버지로부터 계몽주의 영향을 받고 자랐고, 공산주의자였지만 중국공산당의 당원이었던 김일성은 궁극적으로 코민테른의 지도를 받고 있었다.

또한 현실적으로는 중국공산당의 지도를 받고 있었으며, 그것을 충실히 수행할 수밖에 없는 처지와 입장이었다. 김일성은 어린 나이에도 불구하고 뛰어난 게릴라 전사였고 리더십도 뛰어났으나, 당시 김일성이 사령(使令)을 맡고 있었던 부대는 중국공산당이 지휘하는 수많은 부대 중 하나였을 뿐이며, 독자적으로 현대식 무기로 무장한 수십만의 일본 관동군을 대항할 수 없는 처지였다.

김일성은 조선의 독립을 늘 염두에 두고 있었겠지만, 조선의 독자적인 힘에 의해서가 아니라 코민테른 그리고 중국공산당의 지도 아래서 조선의 독립과 조선에서의 공산주의 혁명도 이루어질 것으로 생각하며 믿고 있었을 것이다. 즉, 주체사상과는 거리가 먼 생각과 믿음을 갖고 있었을 것이다. 그러나 이러한 김일성의 생각과 믿음을 180도로 바꾸어 놓은 사건이 발생했다. 그것은 바로 민생단(民生團)사건이었다.

2. 민생단사건과 김일성 항일유격대

민생단사건은 일제에 의해서 조작된 사건이었다. 일제는 만주에서 조·중연합이 이루어지고 항일(抗日)전선이 이루어지자, 이것을 막고 조·중 항일연합의 분열을 일으킬 기회를 노리고 있었다. 그런데 1930년대 초반 만주에 있던 조선인과 중국인 사이에는 큰 갈등이 존재하고 있었다.

조선인들의 만주로의 이주는 19세기 말과 20세기 초에 집중적으로 이루어지는데, 중국인들은 조선인들이 만주에 벼농사를 보급하고 황무지를 개간해서 만주개발에 도움이 되자 그들의 이민과 정착을 처음에는 묵인했다. 그러나 1920년대 후반 만주에 대한 일제의 침략이 강화되면서, 중국인들은 조선인들이 일제침략을 도와주고 있다면서 조선인들을 박해하기 시작했다. 신변에 위협을 느낀 상당수의 조선인들은 불가피하게 일본의 영향력 아래 있는 지역으로 피할 수밖에 없었다.

이때 '완바오산사건'이라는 조선농민과 중국농민 간의 사소한 싸움이 일어났다. 일제는 이 사건을 조선에 과장 왜곡 보도해 반(反) 중국인폭동을 야기시켰는데 이 사건으로 200여 명의 중국인 사상자가 나왔다. 일제는 곧 이어 '민생단사건'을 터뜨려 조·중 항일전선의 완전한 분열을 꾀하였다. 민생단사건으로 중국공산당에 소속되어 있던 수많은 조선인 유격대원들과 조선인들은 심각한 곤경에 처하게 되고 많은 사람들이 억울한 희생을 치르게 되었다. 민생단사건은 김일성이 주체에 대해 새롭게 깨닫는 계기를 제공하였다. 민생단사건의 대략적인 개요는 다음과 같다.

1932년 3월 일제의 괴뢰정권인 만주국이 수립되자, 동만의 조선인들과 중국인들은 연합해 항일무장투쟁을 전개했다. 이에 일제는 '간도(間島)에서의 조선인 자치'를 슬로건으로 내세워 조·중 민족을 분열시키고 항일유격대를 무력화시키려 했다. 그리고 이를 실행할 기관으로 1932년 2월 친일파인 경성 매일신보 부사장인 박석윤(朴錫胤)을 내세워 민생단을 조직했다. 민생단은 비록 5개월 만에 해체되었지만 민생단의 스파이들이 항일세력 내에서 '간도 자치'를 내세우며 분열공작을 획책한 결과, 항일 유격근거지 내에서 조선인이면 일단 민생단의 스파이라고 한번쯤 혐의를 받게 되었다. 이런 상황에서 친일주구 김동한(金東漢)을 중심으로 1934년 9월 간도협조회(間島協助會)가 결성되었다. 김동한은 약 2,000여 명의 귀순자·변절자를 규합한 후, 공작대를 조직해 유격근거지를 파괴하기 위한 분열공작을 전개했다.

간도협조회의 분열공작에 대해 당시 항일유격대세력들은 민생단 스파이를 색출하기 위한 반민생단투쟁을 전개했다. 그런데 이 과정에서 중국공산당 동만특별위원회와 항일유격대의 지도직을 차지한 중국 공산주의자들이 민족배타주의에 빠져 조선인 항일투사의 대부분을 민생단으로 간주해 버렸다. 설상가상으로 파벌에 물든 일부 조선인 공산주의자들도 자신에 가담하지 않는 사람들에게 민생단의 감투를 씌워 반 민생단투쟁은 동만일대 공산주의운동과 항일무장투쟁에 커다란 혼란과 위기를 가져왔다. 500여 명이 넘는 조선인 항일운동가들이 체포·살해되거나 도망가야 했으며, 많은 하부조직들이 마비상태에 빠졌다. 이렇게 항일세력 내에 막대한 피해를 가져다 준 반민생단투쟁은 1935년 2월 옌지현(延吉縣) 다황웨이(大荒威)와 1935년 6월 왕칭 현(汪淸縣) 야오잉거우(腰營溝)에서 잇달아 개최된 동만특위 및 동북인민혁명군 제2군 간부회의를 계기로 그 폐해가 시정되기 시작했다.[6]

민생단사건은 김일성이 결코 잊을 수 없는 사건이다. 왜냐하면 바로 김일

6) 다음 백과사전(http://enc.daum.net/dic100/viewContents.do?&m=all&articleID=b08m2074b).

성 자신도 이 사건에 연루되어 사형 직전까지 가는 '절체절명(絶體絶命)'의 위기를 맞았기 때문이다. 김일성은 중국인 상관들에 의해 극적으로 사형을 모면하였지만 유격구 내 아동학교의 교사로 강등되는 고초를 겪었다. 김일성은 민생단사건이 종결된 후 다시 유격대로 복귀하여 무장투쟁을 계속하게 되었으나, 민생단사건은 김일성에게 주체를 일깨워주고 각인시켜주는 대단히 중요한 사건이었다.

왜냐하면 코민테른과 중국공산당을 우러러보며 믿고 목숨까지 걸고 공산주의 운동을 전개하여 무장투쟁에서 혁혁한 공을 세웠던 김일성이 단지 조선인이라는 이유로 민생난 단원으로 의심받고 죽음의 직전까지 갔기 때문이다. 김일성은 분명 이 사건으로 엄청난 충격을 받았을 것이고 중국공산당에게 씻을 수 없는 배신감을 느꼈을 것이다.

김일성은 자신의 무장투쟁을 새로운 시각에서 되돌아보고 정의하지 않으면 안 되게 되었다. 이것을 계기로 김일성은 대국에 의지하는 혁명은 실현되지도 않고, 만약 실현된다 하더라도 진정한 의미에서 혁명이 되지 않는다는 사실을 뼈에 사무치게 느꼈을 것이다. 북한의 주체사상은 바로 이 민생단사건을 통해 태동되었다.

민생단사건은 북한의 유일체제 형성에 있어 또 다른 매우 중요한 요소를 태동시켰다. 민생단사건으로 수많은 항일 유격대원들과 무고한 조선인들이 목숨을 잃게 되었다. 이들이 죽임을 당하자 많은 고아들이 발생했다. 김일성은 이렇게 발생한 고아들을 거두어 자신의 부대에서 생활하게 했다. 부모를 잃어 굶어 죽거나 부랑아로 떠돌 수밖에 없었던 이들에게 김일성은 그야말로 구세주와 같은 존재였다.

김일성은 이들을 가엽게 여기어 큰 형님 그리고 부모의 입장에서 보살펴주며 자신의 부대에서 키웠던 것이다.[7] 이들은 김일성을 중심으로 대가족을 이루면서 김일성을 부모로 섬기며 따라다녔고 소년시절에는 김일성의 전령

---

7) 이때 아동단을 책임지고 있던 사람이 바로 후에 김정일의 어머니인 김정숙이다.

병 또는 호위병으로 그리고 나이가 들어서는 김일성 부대의 일원으로서 항일 빨치산투쟁에 참여하였다. 이들 중 약 100여 명은 김일성과 함께 10년이 넘는 세월을 매일 사선을 넘으며 무장투쟁을 하다 김일성과 같이 1945년 북한에 들어가게 된다.[8]

이들에게 김일성은 생명의 은인이며 자신들을 키워준 부모와 같은 존재였다. 이들은 마치 해바라기가 태양을 향하듯이 김일성을 태양과 같이 따르며 목숨을 바쳐 충성을 다했다. 이들은 자연스럽게 김일성을 정점으로 똘똘 뭉치게 되었는데 당시 이들이 처한 매우 열악한 환경은 김일성 부대의 내부 결속과 단결을 더욱 부추기고 촉진시키는 요소로 작용하였다.

당시 김일성 부대는 현대식 무기로 무장한 30만 명에 가까운 관동군을 상대로 게릴라전을 전개하고 있었는데, 김일성 부대는 많게는 200명에서 적게는 20명에 지나지 않는 소수 게릴라 집단에 지나지 않았다. 이들은 또한 무기조차 제대로 공급받지 못하였고 먹는 문제까지도 스스로 해결해야 하는 입장이었다. 이러한 상황은 이들을 하나로 뭉치게 하는 또 다른 조건을 제공하였다.

민생단 고아들에게 부모와 같은 김일성은 이들이 뭉치는 단결의 근원이었다. 김일성을 중심으로 한 일치단결은 이들이 게릴라 투쟁을 하면서 생존할 수 있는 유일한 방법이기도 했다. 주체사상에서 이야기하는 '수령론'과 '정치생명론'은 바로 이 시기에 형성되었다고 할 수 있다. 10년이 넘는 유격대 세월 동안 형성된 이들과 김일성과의 관계는 군대에서 상사와 부하의 관계를 훨씬 뛰어넘어, 부모와 자식관계를 초월한 그 이상의 관계에 도달해 있었다.

김일성은 이들의 목숨을 구해 준 생명의 은인이며 자신들을 양육하는 어버이이며, 글을 가르쳐 준 선생이며, 일제와의 무장투쟁에서 전투를 지휘하는 사령관이었으며, 광복이라는 희망을 주는 지도자였다. 10년이 넘게 함께 사선을 넘으며 생사고락을 같이 하였던 이들의 마음속에 김일성은 태양과 같

---

8) 민생단사건과 김일성, 그리고 민생단 고아들에 대한 보다 상세하고 본격적인 연구는 한홍구 교수의 박사논문 "Wounded Nationalism: Minsaengdan Incident and Kim Il Sung In Manchuria", Dept. of History, Univ. of Washington, 1999를 참조하기 바란다.

은 존재로 자리 잡게 되었던 것이다.

3. 김일성 유일체제 리더십 형성과 김책 그리고 최용건

김일성 집단이 해방을 맞이해서 귀국하기 몇 년 전 이들에게 조직적 차원에서 매우 중요한 일이 일어났다. 김일성과 그의 부대는 관동군 토벌대의 대대적인 빨치산 소탕작전과 추격으로 소위 '고난의 행군'을 시작하는데 이 '고난의 행군'으로 김일성 부대는 동만(東滿)에서 북만(北滿)으로 주 활동무대를 옮기게 된다. 이때 김일성 부대는 두 가지 중요한 일을 겪게 된다.

먼저 북만에 주둔하고 있던 소련군과 접촉하여 김일성 부대가 소련군 산하로 들어간 일이다. 소련군 산하로 들어간 김일성은 소련군 장교들과 친분을 쌓고 모스크바까지 방문하여 북한의 실질적인(de facto) 대표로 스탈린을 만나면서 소련과 외교 관계를 쌓는다. 김일성은 바로 이 시기 쌓은 경험과 외교관계를 바탕으로 조국으로 귀국한 후 소련의 후원과 지원을 이끌어 내었다.

북만으로 주 활동 무대를 옮긴 김일성 부대에게 또 다른 중요한 일은 바로 김책, 최용건과 이어지게 된 일이다. 김책과 최용건은 김일성에게는 그 누구보다도 소중한 동지였으며 북한에서는 김일성 유일지도체제를 세우는 데 결정적인 역할을 한 인물들이다. 특히 김책은 김일성 유일지도체제를 세우는 데 일등공신이며 초기 설계자(architect)라고 할 수 있다.

김일성 사망 후 김일성 직무실인 금수산 의사당을 정리하던 중 김일성이 애용했다는 금고를 발견하고 열어보았는데, 그곳에 어떤 보물이나 문서가 아닌 김책과 같이 찍은 사진 한 장이 나왔다는 일화는 북한에서 정설로 알려져 있다. 또 김일성은 생전 자주 김책에 대해 회상하며 그리워했다고 한다. 분명 김책은 김일성에게 동지이며 일등가는 충신이고 아마 가장 중요한 인물이었을 것이다.

김책은 김일성과 마찬가지로 어린 시절부터 공산당에 가입하고 항일무장투쟁을 시작하였는데 그의 경력은 화려하였고 항일 유격대 사이에서는 매우 높은 명성을 갖고 있었다.[9] 김책은 1903년생으로 1912년생인 김일성보다 9살이나 많았다. 김책과 김일성이 처음 만난 1941년, 김일성은 만 29살이었고 김책은 만 38살이었다. 김책은 매우 철두철미하고 빈틈이 없으며 강직하지만 현실에서는 실용성을 갖춘 인물이었다고 전해진다. 그의 관록에서 볼 수 있듯이 김책은 주로 정치사업, 즉 조직사업을 담당하는 인물로 철저한 '조직맨'이라고 할 수 있다.

일찍이 김책은 엠엘파와 대립되는 화요파의 일원이었으나 조선 공산주의자들 사이의 이론 다툼과 당파(黨派)싸움에 염증을 느끼고 중국공산당에 입당해 항일무장투쟁을 시작했다. 그러나 김책에게 항일무장투쟁의 가장 중요한 목적은 조국 광복이었다. 그가 무슨 생각을 했는지는 정확히 알 수가 없으나 김일성의 『세기와 더불어』에 회고된 김책을 분석하여 보면, 김책이 최대한으로 심혈을 기울인 것은 조국의 광복을 위해 싸우는 조선인들을 하나로 묶어내는 조직을 만드는 것이었다.

김책이 하나의 통합된 조직을 만들려고 하였던 것은 처음 그가 조국의 광복을 위해 가담하였던 조직이 엠엘, 화요파, 서울파 등으로 분열되어 현실에서는 아무런 힘을 낼 수 없었기 때문이다. 같은 조선공산당소속이지만 출신, 지역, 연고가 다르다는 이유로 분열되어 파벌을 만들어 싸우던 조선공산당 내의 당파싸움으로 김책은 조선공산당에 입당하자마자, 항일투쟁은 제대로

---

9) 1930년 10월, 영안현(寧安縣)에 만들어진 소비에트 임시정부 주석에 선출되었고, 1931년 재차 체포되어 심양형무소에 투옥되었으나 곧 구출되었다. 그 후 중국공산당 만주성위원회에 의해서 하얼빈 근처의 빈현(賓縣) 특별당지부 서기에 임명되었고, 1932년 9월에는 주하중심현위원회(珠河中心縣委員會) 군사위원이 되었다. 1935년 동북인민혁명군 제3군 제1독립사 제1단에서 정치부 주임으로 활동하였는데, 1938년에는 제3군의 정치부 주임의 자리까지 올라갔다. 북만은 동만과는 달리 유격대원 대다수가 중국인이었지만, 이 불리한 조건을 뚫고 북만유격대의 고위지도자가 될 수 있을 만큼 그의 능력은 탁월했다(엠파스 백과사전: http://100.empas.com/dicsearch/pentry.html?s=K&i=296650).

해보지도 못하고 일제 경찰에 체포되어 2년간 서대문 형무소에서 옥고를 치르기까지 했다. 이런 경험을 한 김책에게 항일투쟁에서 가장 중요한 것은 바로 독립 세력을 하나로 통합하고 정비하여 통일된 조직으로서 일제와 맞서 당당히 그리고 제대로 싸우는 것이었다.

중국공산당에 입당하여 오랜 세월 정치위원으로 조직 활동하면서 김책은 통일된 조직을 세우는 데 가장 중요한 것은 유일적 지도체계를 만들어 내는 것이고, 이것은 바로 유일 지도자를 통해서 가능하다는 결론을 내렸을 것이다. 김책 자신도 경력이나 경험 면에서 당시 어느 누구와 비교해도 뒤지지 않았다. 그러나 그는 사신이 지도자가 되기보다는 유일 지도자를 세우고 만드는 것에 자신의 임무를 규정했다.

원래 그의 본명은 김홍계(金洪啓)였다. 그가 스스로 책(策)이라는 이름으로 바꾸었는지 아니면 주위 사람들이 그렇게 불렀는지는 알 수 없으나, 그의 새로운 이름 '책'에도 잘 표명되어 있듯이 그는 탁월한 지략가였고 개인적인 야심을 배제하고 자신의 위치와 임무를 유일지도자를 세우고 보좌하는 것에 국한시켰던 철저한 조직맨이었다.

여전히 뿔뿔이 분열되어 파벌싸움과 주도권 다툼에만 여념이 없었던 당시 조선공산당의 정황을 고려할 때, 김책은 누구에게도 뒤지지 않는 경력과 실력을 갖고도 자신의 역할을 지도자를 세우는 조력자로 규정하고, 자신보다도 9살이 어린 김일성을 인정하며 유일 지도자로 만들어간 당시 특이할 정도로 드문 인물이었다.

김책이 왜 김일성을 지도자로 선택하였는지는 정확히 알 수 없지만, 공산당 기성세대들 간의 당파, 파벌싸움 때문에 제대로 된 항일투쟁도 하지 못하고 옥살이까지 한 김책이 기성세대에 대해 심각한 염증을 느꼈을 것은 쉽게 짐작할 수 있다. 기성세대에 아무런 기대를 할 수 없었던 김책은 젊은 신진세력을 주목하고 이들 중 지도자가 될 만한 사람을 오래전부터 물색하였을 것이며, 동만에서 어린 나이지만 활발한 항일무장투쟁을 하면서 나름대로 이름을 떨치고 있던 김일성을 일찍부터 주목하고 간접적이나마 지켜보았을 것이다.

김책이 김일성과 처음 만나던 때는 1941년 국제당(인터내셔널 코민테른)이 소집한 만주빨치산과 극동 소련군 대표들 간의 회의인 하바로프스크 회의였다. 김책이 김일성에 대해서 많은 관심을 갖고 있었으므로 처음 만난 순간부터 김일성 개인에 매료되어 김일성의 충성스러운 부하가 되었다고 이야기할 수도 있으나(북한의 서적 대부분은 아주 직설적이진 않지만 그런 식의 뉘앙스를 풍기며 김책과 김일성의 관계에 대해서 서술하고 있다), 앞에서 살펴보았듯이 김책은 그리 간단한 인물이 아니었다. 김책이 단지 김일성 개인에게 매료되어 김일성의 충직한 조력자가 된 것이 아니라는 건 김책이 가장 늦게 소련군 휘하의 동북항일연군 88여단에 합류한 사실에도 잘 드러나 있다.

하바로프스크 회의에서 동만과 북만에서 활동 중인 중국, 조선인 항일 빨치산 세력은 소련군 휘하로 들어가기로 결정하고 88여단이라는 동북항일연군을 창설한다. 그러나 김책은 북만주 지역에서 마지막까지 버티면서 소련령으로 넘어오라는 88여단 지휘부의 지시를 거부했다. 그는 "누군가 근거지를 지키는 사람도 있어야지 모두 버리고 소련 땅으로 가면 이곳은 누가 지키느냐."며 고집을 꺾지 않았다고 한다.[10]

김책은 자신이 옳다고 하는 것이 있으면 지키고 책임지며 밀고 나아가는 인물로 김일성과 상봉한 후에도, 사회주의 종주국이며 대국인 소련의 명령에도, 약 2년이라는 세월 동안 자신의 길을 걸을 정도로 강단이 있는 인물이었다. 그러나 김책은 1943년 88여단에 합류하면서 김일성을 여단의 실질적인 지도자로 세우고 자신이 사망할 때까지 줄곧 김일성의 가장 충실한 부하와 동지로 남았다.

김책은 또한 북한에서 유일지도체제를 만드는 데 기초를 세우고 초석을 다진 매우 중요한 인물이다. 그렇다면 왜 나이도 김일성보다 9살이나 많고 항일투쟁 경력과 명성, 또 중국공산당 내에서 계급도 만만치 않았던 김책이 김

---

10) 이원섭, 『신동아』 2000년 3월호(인터넷 버전: http://www.donga.com/docs/magazine/new _donga/200003/nd2000030040.html).

일성의 가장 충성스러운 동지가 되었을까?

김일성의 인간적인 매력에 끌려 그렇게 되었다는 설명은 철두철미하고 노련하며 한마디로 산전수전(山戰水戰) 다 겪은 김책이라는 인물을 고려해 보면 별로 설득력이 없다. 김책이 김일성이라는 개인에게 매료되었을지는 모르는 일이나 김책이 김일성 부대에 합류하게 된 가장 큰 이유는 김일성과 김일성 부대라고 해야 타당할 것이다.

김책은 조선공산당 기성세대의 자멸적인 분열주의와 당파싸움의 피해자였고 기성세대에 대해 심각한 염증을 느끼고 있었다. 그러므로 김책은 이들에게 아무런 기대를 하지 않았다. 김책이 중국인이 대다수를 차지하는 북만에서 활동했던 것은 기성 조선인 항일 세력과 함께 제대로 된 항일무장투쟁을 할 수 없었던 것이 중요한 이유였을 것이다. 그러나 김책에게 항일무장투쟁의 가장 중요한 목적은 조선인 스스로 조국광복을 쟁취하는 것이었으며, 이것을 이루기 위해서는 통일·단결된 조선인 항일투쟁 조직이 요구되었다.

김책은 늘 통일 단결된 조선인 항일투쟁조직의 건설을 갈망하고 있었고 이러한 시각에서 김일성과 김일성 부대를 보았을 것이다. 그런데 김일성 부대는 김책을 놀라게 했다. 대부분이 10대와 20대로 이루어진 이 부대의 대원들은 김일성을 중심으로 똘똘 뭉쳐 있었고 김일성을 위해서라면 목숨까지 바칠 각오와 준비가 되어 있었다. 또한 이들은 김일성과 더불어 수많은 전투를 치렀으며 일제 관동군의 대대적인 토벌에도 살아남은, 어렸지만 나름대로 투쟁현장에서 단련되어 있었고, 교육과 훈련을 제대로 받지 못한 게릴라 조직이었지만 엄격한 규율이 서있고 잘 조직되어 있었다.

김책은 일찍이 이런 부대를 본 일이 없었다. 김책에게 김일성 부대는 신선한 충격이었으며, 이런 조직을 만든 김일성은 김책이 그토록 찾던 조선인 항일무장 대오를 통일·단결시킬 지도자로 다가왔을 것이다. 신중하고 책임감이 높았던 김책은 자신의 임무라고 여기었던 북만 방어에 끝까지 최선을 다하면서 김일성과 그의 부대와 빈번한 접촉과 교류를 하였을 것이다. 이런 접촉과 교류를 통해 김책은 김일성과 그의 부대에 대해서 더 잘 알게 되었으며, 김일성을 중심으로 한 '단일항일대오 건설'이라는 결론을 만들어 낸다.

최용건이 김일성의 조력자가 되는 것도 김책과 비슷한 과정을 겪었을 것으로 추정된다. 최용건은 김일성보다 12살 많은 1900년생으로 좌익계 조선 혁명가 중 가장 연장자에 속한다. 오산중학교(五山中學校)를 중퇴하고 중국으로 건너간 후 1925년 중국 윈난(雲南) 군관학교를 졸업하고, 황푸(黃浦) 군관학교 교관을 역임한 군사(軍事)전문가였다.

그의 전문성과 실력은 중국공산당지도부에서도 인정하였는데 김일성의 상사이며 동북지역의 실력자인 주보중과 중국 윈난 군관학교를 같이 나온 인연으로 매우 가까운 사이였고, 항일투쟁 때도 줄곧 주보중 밑에서 참모장으로 일해, 부대 안에서 각종 실무를 관장하고 조정하는 실력자였다고 한다. 또한 그는 중국공산당의 최고 지도급이라고 할 수 있는 주덕, 주은래, 하룡 등과 절친한 사이였으며 중국공산당 내에서도 입지와 명성이 김일성과는 비교가 되지 않을 정도로 높았다.

이러한 최용건이 어떻게 김일성의 충직한 조력자가 되었는가는 잘 알려져 있지 않다. 김일성, 김책, 최용건과 같이 88여단에서 생활한 조선족 항일투사 이민(李敏)의 증언에 의하면 김일성이 1937년 보천보 전투를 통해 국내에 이름이 가장 널리 알려져 있었고, 성격이 활달해 리더십이 있기도 했지만, 결정적인 것은 독립된 부대를 오래 거느리고 있어서 직계 조선인 부하가 가장 많았기 때문에 경력이나 나이에서 한참 선배격인 최용건과 김책을 제치고 최고지도자가 되었다고 분석한다.

이민의 말에 따르면 김일성이 동포들이 많은 동남만주(1로군) 지역에서 활동했기 때문에 길동(吉東)지역(길림성 동쪽 북만주 지역, 2로군)에서 활약한 최용건이나 더 북쪽인 북만주(3로군)지역의 김책에 비해 훨씬 많은 조선인 부대원을 가지고 있었다.[11] 이에 반해 김책이나 최용건은 중국인 부하들이

---

11) 당시 88특별여단의 조선인은 많을 경우 300명에 달했는데, 이 가운데 180명가량이 김일성 부대원이거나 김일성 부대와 합동 군사작전을 자주 폈던 1로군 소속이었다.

많았으며 참모 역할을 주로 하였기 때문에 직계 부하들이 적었다고 한다.

이민은 또한 소련의 역할도 일정하게 작용했을 것이라고 추측하는데, 김일성보다 먼저 중국공산당에 입당한 김책과 최용건이 중국공산당과 더 가까웠기 때문에 소련이 조정하기에 수월하지 않았고, 특히 김책은 소련의 명령을 무시하고 1943년까지 북만에 있었기 때문에 소련에서 꺼려했다고 한다.

김일성, 김책, 그리고 최용건과 같이 88여단에서 생활하고 훈련을 받은 이민의 분석과 추측은 매우 신빙성이 있다고 할 수 있다. 그러나 앞에서도 살펴보았지만 김책과 최용건은 항일무장투쟁 경력이나 중국공산당 내에서 직위는 김일성과 비교해 볼 때 결코 뒤지지 않았고, 최용건의 경우에는 김일성보다 계급이 높았다. 또한 이들은 김일성보다 나이도 열 살 정도 많았다. 이러한 김책과 최용건이 김일성을 아무런 반대 없이 최고지도자로 옹립하고 죽을 때까지 충성을 다한 것은 매우 특이하고 희귀한 일이다.

이들은 왜 김일성을 최고지도자로 옹립하였을까? 이민의 지적대로 수적으로 보다 많은 직계 조선인 부하를 갖고 있었고 소련의 지지를 좀 더 받았던 김일성이 보다 유리한 위치에 있었던 것은 사실이다. 그러나 김책, 최용건과 같이 산전수전 다 겪은 인물들이 단지 직계부하가 적고 소련의 지지를 덜 받아 위축되어 김일성을 최고지도자로 옹립했다는 주장은 설득력이 부족하다. 또 북한에서 간접적이지만 항상 이야기하듯 김일성의 개인적인 매력에 끌려 그의 충성스러운 부하가 되었다는 주장도 그냥 수긍하기에는 무리가 따른다.

김일성이 최고지도자로 부각되는 데 그가 최용건과 김책보다 더 많은 부하를 가지고 있었던 점과 소련의 역할도 일정부분 있었을 것이고 김일성의 개인적인 매력도 어느 정도 역할을 하였을 것이다. 그러나 정말 중요한 점은 바로, 김책과 최용건과 같은 그리 간단하지 않은 인물들이 김일성을 최고지도자로 인정하고 세웠다는 것에 있다.

만약 이들이, 아니 이들 중 한 명이라도 김일성을 인정하지 않고 김일성과 주도권 다툼을 했다면, 더 많은 직계부하와 소련의 지지를 받고 있던 김일성이 궁극적으로 승리했다 하더라도 김일성을 최정점으로 하는 유일체제는 성립되기 어려웠을 것이다. 실로 북한에서 김일성 유일체제성립과정에서 김책과 최용건의 역할과 영향은 지대하고 결정적이라고 할 수 있다. 김책과 최용건이 당파에 매몰되지 않고 합심해서 김일성을 최고지도자로 옹립하면서 북만에서는 김일성을 중심으로 한 항일무장투쟁의 단일대오와 통일된 조직이 나올 수 있었다.

김책과 최용건의 김일성 부대로의 가세는 김일성 부대에 엄청난 변화를 가져왔다. 사실 김일성 부대는 김일성을 중심으로 똘똘 뭉쳐 있었고 이것을 바탕으로 항일무장투쟁을 치르면서 보천보 전투와 같은 걸출한 성과를 올리고 있었지만, 당시 많은 게릴라 무장 조직 중 하나에 불과했다. 김일성 부대 대원들은 김일성을 위해서라면 목숨까지도 내놓을 수 있는 투지와 용맹이 있었지만, 이들 대부분은 김일성에게 글을 배워 겨우 문맹(文盲)을 깨었던 사람들로 조직을 강화, 발전시켜 한 국가를 장악하고 운영할 수 있는 능력을 갖추지 못한 사람들이었다.

당 조직 정치 사업을 오랫동안 해오면서 이 방면에서 전문가였던 김책과 윈남 군사학교를 나와 당시 현대전(現代戰)과 정규군 조직건설의 몇 안 되는 전문가였던 최용건은 하나의 무장 게릴라 조직에 불과하던 김일성 부대가 북한이라는 국가의 핵심을 이루는 노동당과 정규인민군으로 발돋움하여 기초를 잡고 기틀을 세우는 데 결정적인 역할을 했다고 할 수 있다. 이들은 김일성을 유일 지도자로 옹립하였고, 김일성은 이들로부터 직접적인 도움과 자문을 받으며 성장하여 조직에서 진정한 최고지도자로 자리 매김을 하며 귀국을 준비하게 된다.

해방 후 김일성이 북한에 귀국하여 비교적 빠른 시간에 북한을 이끌어가는 지도자로 자리 매김을 할 수 있었던 이유로 대부분의 북한 전문가들은 소련의 전폭적인 지원과 후원을 꼽는다. 그러나 이것보다 더 중요한 것은 왜 소련이 김일성을 지원하고 후원하였는가이다.

해방 후 북한에 돌아온 인물 가운데는 항일빨치산 투쟁을 한 사람들도 있고 국내에서 공산주의 운동을 오랫동안 한 사람들도 있었다. 김일성도 화려하다면 화려한 항일무장투쟁의 경력을 가지고 있었으나 김일성은 당시 항일투쟁을 지휘한 많은 지도자 중 한 명이었고, 당시 35세였던 김일성의 약관의 나이는 김일성이 북한의 최고지도자가 되는 데 불리한 조건이었다.

원래 소련은 김일성을 광복한국의 최고지도자로 생각하고 있지 않았다.[12] 그러나 김일성은 다른 지도자들에 비해서 조직 면에서 절대적인 우위를 갖고 있었다. 바로 김책과 최용건이라는 당대 걸출한 인물들이 김일성을 보좌하고 있었고, 김일성 수하에는 그를 위해 목숨까지 바칠 수 있는 부하들이 100여 명이 넘었다. 무엇보다도 이들이 김일성을 핵심으로 일치단결하고 있었던 것이 이 집단의 가장 큰 장점이며 무기였다.

김일성 집단의 결집력은 그 어떤 집단보다도 강했으며 그 결집력을 바탕으로 나오는 조직력은 어떤 개인이 낼 수 있는 힘보다 컸다. 김일성의 힘은 집단의 힘이었으며 그것이 현실에서 나타나고 있었기 때문에, 소련은 김일성보다 더 화려한 빨치산투쟁경력을 갖고 있던 인물들과 국내에서 오랜 공산주의 운동을 한 인물들을 제치고 김일성을 북한의 최고지도자로 선택하고 후원하였던 것이다.

4. 김일성 유일체제 리더십: 김일성의 '조직 장악'

소련의 후원으로 정권을 장악한 김일성 집단은 자신들의 경험을 바탕으로 북한 정치체제의 기틀을 세운다. 그것이 바로 유일체제였다. 이들이 만주에

---

12) KBS 역사스페셜에서 처음 공개된 당시 소련 스탈린의 대리인 자격으로 북한에 온 스타코프의 비밀수첩을 보면 스타코프가 처음 구상한 한반도의 최고지도자(대통령)는 서재필이었으며, 김일성은 국방장관으로 염두해 두고 있었다(KBS 역사스페셜, "발굴, 스타코프의 비밀수첩, 김구는 왜 북으로 갔는가?", 2000년 8월 12일 방영).

서 항일빨치산 투쟁 속에서 획득한 정치체제는 다수결에 의해 집단의 의사 결정을 하는 민주주의도 아니고, 공산주의 이론에서 레닌이 설파한 민주집중제도 아니다. 매우 열악한 환경과 조건에서 김일성을 정점으로 일치단결하여 단결의 힘으로 모든 어려움과 사선을 돌파하는 유일체제였다. 그러나 처음부터 김일성 집단이 북한정치를 장악할 수 있었던 것은 아니다.

김일성을 비롯한 수많은 조선의 독립운동가들이 항일투쟁을 수십 년간 가열하게 펼쳐왔으나, 조선은 결정적으로 소련과 미국에 의해 일본의 속박에서 벗어났다. 이러한 소련과 미국이 한반도를 남북으로 양분하자 북한은 소련의 영향권에 놓이게 되었다. 소련은 조선인민민주주의공화국(Democratic People's Republic of Korea – DPRK)이 세워지자 자신들의 군대를 북한에서 철수하지만 자신들의 영향력마저 철수시킨 것은 아니었다.

소련은 김일성을 최고지도자로 선정하였지만 항일투쟁과 공산주의 운동을 한 다른 지도자들을 북한 정권에 참여시켜 북한을 통제할 필요가 있었다. 또한 김일성 이외의 다른 실력자들에게도 권력을 분할하여 김일성의 독주를 막고, 북한을 소련에 유리하게 분할통치(divide and rule)할 수 있는 여지를 만들 필요가 있었다. 그래서 소련은 북한으로 하여금 수상(首相)제를 도입하게 하여 권력을 분할시킨다.

1948년 인민공화국 창건과 동시에 김일성은 최고지도자 위치인 수상이 되었으나 정치구조상 권력을 다른 인물들과 분할해야 했다. 조선민주주의인민공화국 초기 유일체제는 아직 북한에서 정립되지 못하고 있었다. 유일체제가 북한에서 확립되는 데는 역사적으로 일련의 매우 중요한 사건들이 있었다.

1) 경제 자립노선과 8월종파사건

그 첫째는 한국 전쟁이었다. 전쟁이라는 매우 특수한 상황은 한 명의 총사령관에게 모든 권력과 지휘권을 집중시키게 했다. 김일성은 북한의 최고 사령관으로 인민군을 총지휘하면서 전쟁 중 실질적으로 유일지도자로 부상하며 자리 매김을 했다. 김일성은 이것을 지렛대로 1953년 미국과 휴전을 맺은 후 전쟁에서 과실(過失)을 따지는 최후의 심판관 자격으로 자신의 정적이라고 할 수 있던 국내 공산주의 운동을 주도하고 남로당 최고지도자였던 박헌영을 숙청했다.

또한 한국전쟁 중에는 제2군단장을 맡았던 무정을 낙동강방어, 평양방어 실패의 책임을 물어 숙청했다. 무정은 팔로군의 포병사령관으로서 항일전에 참전하였던 인물로 항일무장투쟁 경력에서 김일성보다 앞섰으며 모택동, 주은래, 팽덕회와 같이 대장정(大長征)에 참여하여 중국공산당에서도 그 지위와 명성이 매우 높았던 인물이었다.

한국전쟁 후, 김일성의 유일체제는 천리마운동을 계기로 더욱 강화되면서 형태를 잡아갔다. 김일성은 전쟁 후 북한의 발전전략으로 중공업우선 정책을 제시하는데, 김일성의 정책은 북한 국내외적으로 비판의 대상이 되었다. 전쟁 직후 북한은 복구사업을 소련으로부터 지원받은 물자와 돈에 의지해 진행하고 있었다.[13] 그런데 소련정치에 일대 변화가 일어났다. 1955년 스탈린이 사망하자 정권을 잡은 흐루시초프(Nikita Sergeevich Khrushchyov)는 스탈린을 독재자로 비판하면서 정치적으로는 집단지도체제를 도입하고, 경제적으로 소비품을 중시하는 실용주의적 개혁을 단행했다.

이러한 소련의 개혁은 미국의 마셜 플랜(유럽부흥계획)에 대항하기 위해 소련 주도하에 만든 사회주의권 경제통합체인 코메콘(COMECON-Council for Mutual Economic Assistance)[14]을 확대시키고 강화시켰다. 바로 이 시 기

---

13) 북한이 소위 사회주의 형제국으로부터 전후 복구지원으로 받는 돈과 물자는 북한 전체 예산의 약 23% 정도를 차지하고 있었는데, 이 중 소련에서 오는 지원은 80%가 넘었다(국토통일원, 『최고인민위원회 자료집2』, 국토통일원, 1985, 550~551쪽).

14) 코메콘(COMECON)이라고도 한다. 1947년 미국이 마셜 플랜(유럽부흥계획)을 제안하였을 때 동유럽 여러 나라가 동요했다. 이 동요를 막고 마셜 플랜에 대항하기 위해 소련 주도하에 1949년 1월 불가리아·헝가리·폴란드·루마니아·체코 등 6개국이 참가한 경제통합 조직을 창립했다. 같은 해 알바니아, 1950년 동독, 1962년 몽골이 각각 회원국이 되었다. 1961년 알바니아가 탈퇴하는 한편, 1972년 쿠바, 1978년 베트남이 가맹하여 10개국이 되었고, 유고슬라비아는 준 회원국, 북한·아프가니스탄·앙골라·에티오피아·모잠비크·라오스·중국 등이 옵서버(참관인)로서 참석했다(네이버 백과사전: http://100.naver.com/100.nhn?docid=11007).

에 북한은 자력갱생의 원칙에 기초하여 민족경제를 건설한다는 '자립적 민족경제 건설노선'을 경제정책의 기본노선으로 설정하고 '중공업 우선 발전, 경공업·농업 동시발전'이라는 중공업 최우선정책을 추진하였던 것이다.

김일성과 그의 항일빨치산 전우들은 민생단사건으로 대국(大國)에 대해 매우 큰 불신을 갖고 있었다. 이들은 소련의 물질적 지원과 중국의 군사·인적 지원으로 미국과 휴전을 체결할 수 있었으나, 소련은 공식적으로 또 군사적으로 한국전에 직접적으로 개입하지 않았고, 중국도 대규모의 군사를 한반도에 보냈으나 의용군(義勇軍, a volunteer army) 형태로 파견하여 국가적인 개입으로 인한 책임을 회피하고 있다는 사실과, 소련과 중국의 각자의 이해관계 때문에 개입한 것을 잘 알고 있었다.

당시 김일성과 북한의 지도부는 동부유럽국가들을 자신의 위성국가들로 만드는 소련의 대국주의를 특히 우려했다. 그러므로 스탈린 사후에 진행된 소련의 정치·경제적 개혁이 전 사회주의권으로 전파되는 것을 자신들의 정권을 흔들 수 있는 위험요소로 경계하며 독자노선을 선언하였는데 그것이 바로 '중공업 최우선 정책'이었다.

소련은 북한의 독자적 발전노선에 대해서 그냥 좌시하지 않았다. 소련은 당시 공산당 간부이며 후에 서기장이 되는 실력자 브레즈네브(Leonid Il'ich Brezhnev)를 1956년 4월에 열린 북한 노동당 제3차 대회에 소련 대표로 파견하여 노골적으로 북한의 중공업 최우선 정책을 반대하며, 코메콘에 가입할 것을 종용(慫慂)하고, 북한도 소련과 같이 집단지도체제로 갈 것을 우회적이지만 강력히 요구했다.

브레즈네브가 비록 참관인 자격으로 방문하였지만 그의 이 같은 발언은 북한에 엄청난 파란을 일으켰다. 당시 소련은 북한이 전쟁 피해를 복구하는 데 가장 강력한 후원자였으며 공산주의 종주국이며 맹주였기 때문이다. 소련은 북한의 발전전략과 권력구조에 대한 비판에는 비록 우회적이었지만 북한 정권 내에 있었던 반 김일성 세력을 부추기며 규합시켰다. 박금철, 윤공흠, 최창익 등이[15] 연루된 이 사건은 1956년 6월 1일부터 7월 19일까지 약 한 달반가량 경제 원조를 구하기 위해 소련과 동부유럽 사회주의 국가들을 방문한 시기에 일어났다.

당시 북한주재 소련대사인 이바노브는 부수상인 최창익에게 김일성을 당위원장에서 끌어내리고 당은 최창익이 장악하고 김일성은 내각수상에만 전념하게 하라고 했다고 전해진다. 소련은 공산주의 종주국이자 북한 재건의 최대 지원자인 자신들로부터 자주적인 입장을 취하는 김일성과 그의 추종세력을 견제하고, 자신들의 영향력을 지속적으로 유지하기 위해 명확한 분할통치를 원했던 것이다.

김일성이 당시 경제재건을 위한 추가적인 원조를 받기 위해 소련과 소련의 동유럽 위성국가들을 방문하고 있었기 때문에, 반(反)김일성세력들은 이때를 쿠데타를 일으키기에 적절한 시기라고 판단했다. 그러나 이들은 김일성의 빨치산세력의 응집력과 조직력을 너무 가볍게 보고 있었다. 김일성은 부재중이었지만 그의 추종세력은 북한에 건재하고 있었고 잘 조직되어 있었다.

최용건이 주축으로 된 김일성 항일빨치산세력은 사전(事前)에 이러한 반김일성 쿠데타를 감지하고 노동당 대회를 김일성이 귀국한 후로 미루고 조직을 재결집, 정비하고 반 쿠데타세력을 색출했다. 이에 반해, 반 김일성 쿠데타세력은 결집되어 있지 못했다. 이들은 최창익을 중심으로 한 연안파와 박금철을 중심으로 한 소련파로 갈려 내부적인 결속과 단결을 이루어내지 못하고 있었다. 또한 이들은 자신들의 내부적인 단결을 통해 김일성 세력과 대항하기보다는 소련의 개입에 큰 기대를 걸고 쿠데타를 모의했다. 그러나 정작 소련은 결정적인 순간에 적극적으로 나서지 않았다. 소련이 적극적으로 나서지 못한 이유는 다음의 두 가지 측면에서 이해될 수 있다.

먼저, 소련은 김일성이 완전히 실각하여 권력에서 축출되는 과정에서 일어

---

15) 당시 반 김일성 세력에 가담한 주요 인물들과 그들의 지위는 다음과 같다[김두봉(최고인민회의 상임위원회 위원장), 최창익(당 정치위원 겸 부수상), 윤공흠(상업부장), 서휘(직업총동맹 위원장), 이상조(주 소련대사), 이필규(내무성 부부장), 장평산(제4군단장), 박창옥(당 중앙위원회 부위원장 겸 부수상), 김승화(건설부장), 박의완(부수상), 김재욱(농업부부장)].

날 수 있는 혼란을 원하지 않았다. 당시는 한국전쟁이 휴전된 지 불과 3년밖에 지나지 않은 시기였고 이남에서는 이승만이 북진통일을 포기하지 않고 있었다. 이런 상황에서 군을 장악하고 있었던 김일성이 실각되면서 일어날 수 있는 군사적 혼란은 소련이 감당하고 싶지 않은 것이었다.

두 번째, 김일성은 자주적인 입장을 취하고 있었지만, 체코와 헝가리와 같은 반(反) 소련 또는 반 공산 세력이 아니었다. 김일성은 북한에서 공산정권을 세우는 데 일조하였고 공산세력을 파급시키고 비호하는 장본인이었다. 이런 김일성을 소련이 체코·헝가리와 같이 무력으로 탄압할 필요도 없었고 김일성 정권을 공식적으로 타도할 이유도 없었다.

소련에서 지원이 오지 않자 이들은 동요하였고 결집하지 못하고 각자 도망갈 기회를 찾았다. 이들은 원래 조직적인 측면에서 김일성 집단과 비교가 되지 않았다. 이들 모두는 김일성과 그의 추종자세력을 물리치고 자신들이 북한 정권의 선두에 나서기를 원했지만, 이들은 기본적으로 인텔리(intellectuals)들이었고, 이들의 조직적 힘은 10년이 넘는 세월을 사선을 넘으면서 생사고락을 같이한 김일성 항일빨치산세력의 응집력과 이에 따른 조직력에 견줄 것이 못되어 처음부터 상대가 되지 않았다. 반 김일성 쿠데타세력은 김일성 추종세력에 둘러싸여 체포당하였고 김일성이 귀국하자마자 숙청당했다.

1956년 8월에 일어난 반 김일성 쿠데타 모의사건을 북한에서는 '8월 종파사건'이라고 하는데 '8월 종파사건'은 김일성과 김일성 추종세력이 북한에서 김일성 유일체제를 구축하는 데 매우 중요한 계기가 되었다. '8월 종파사건'을 통해 김일성과 그의 추종세력은 김일성 반대세력을 색출하여 제거하고, 이들의 자리가 김일성 추종세력으로 채워짐으로써[16] 정권장악을 더욱 확실하게 할 수 있었다.

---

16) 소위 반종파 투쟁을 거치면서 항일 빨치산과 그 유가족들이 새로운 핵심으로 부각되었으며 이들을 비롯하여 한국 전쟁 당시 피살자 가족, 전사자 가족 등 애국 열사 유가족, 인민군 후방 가족, 제대 군인, 그리고 과거 노동자, 빈·고농 출신들 속에서 선발 육성하는 방침이 견지되었다(이태섭, 「북한의 집단주의적 발전 전략과 수령체제 확립」, 서울대학교 대학원 정치학과 박사논문, 2001년 2월, 101쪽).

또한 김일성 집단은 소위 '8월 종파사건'을 통해 자신들의 입장이 옳다는 것을 증명해 낼 수 있었다. 김일성 집단의 입장에서 반 김일성 세력은 권력 투쟁에서 소련의 개입을 기대하고 의존한 '사대주의' 세력이었고 극복 대상 이었다. 이들의 도전을 결집된 조직의 힘으로 물리친 김일성 집단은 이제 자신들의 입장과 경험이 '진리'임을 재확인하고, 정적이 제거된 상황에서 자신들의 '진리'를 북한 전역으로 전파하고, 북한에 있는 모든 사람들을 자신들의 소위 '주체' 방식대로 묶어 조직화시키는 일을 정당화하게 되었다.

5. 김일성 유일체제 리더십: 조직 강화

소련과의 대립은 북한의 경제를 위기에 빠뜨렸다. 북한이 코메콘 가입을 거부하고 중공업 최우선 정책을 고집하자, 북한에 대한 소련의 경제원조는 급강했다. 당시 소련 원조는 북한의 경제재건과 산업육성에 근간이 되고 있었으므로 북한은 심각한 '투자위기(investment crisis)'에 빠지게 되었다. 이때 북한 지도부의 선택은 바로 '군중노선(mass-line movement)'에 기초한 생산증산운동인 '천리마운동'이었다.

즉, 노동자들에게 더 열심히 일하도록 하여 생산량을 초과 달성해 잉여분을 얻어 그것을 중공업 육성에 필요한 투자로 활용하겠다는 것이 '천리마운동'을 시작한 의도였다. 그런데 북한지도부가 시도한 천리마운동은 노동자들 사이에 심각한 갈등과 문제를 야기시켰고, 이것은 북한지도부가 경제정책과 체제에서도 유일지도체제를 도입하고 고집하게 하는 계기가 되었다.

1957년 초부터 본격적으로 시작된 천리마운동은 1935년 8월 소련에서 시작된 '스타하노프운동'과 같은 것이었다. 스타하노프운동은 개인적, 즉 각 노동자 개인의 물질적 유인(individual incentive)에 바탕을 둔 것으로 차별화된 임금체계에 기초하여, 개인에게 물질적 동기를 자극하는 도급 임금제이다. 천리마운동은 이러한 스타하노프운동과 매우 유사한 개인적 경쟁을 통해 노동자 개인에게 할당된 작업량을 초과 달성함으로써 낡은 기술에 의거한 낡은 생산 기준량을 타파하고, 새로운 기술에 의거한 새로운 기준량을 창조하기 위한 대중운동이었다.

개인의 물질적 동기에 기초한 천리마운동은 초기에 생산량 증가라는 가시적인 성공을 거두었으나 작업량을 초과하는 혁신 노동자들과 작업량을 채우지 못하는 일반 노동자들과의 작업량과 작업 속도의 차이를 증폭시키는 결과를 초래했다. 같은 공장에서의 노동자들 사이의 이러한 불균형은 갈등을 일으키는 원인이 되었고, 협력과 협동을 저해하여 전체 생산량이 저하되는 결과를 낳았다.

단결·통일을 가장 중요시하고 그것을 원동력으로 한 조직력으로 간고한 항일무장투쟁에서 살아남고, 해방 후 권력투쟁의 난관을 돌파해 온 김일성 집단에게 조직의 갈등과 혼란을 야기시키는 천리마운동은 결코 지속시킬 수 없는 선택사항(option)이었다.

1) 증산혁신운동과 집단주의

북한 지도부는 개별적 혁신운동인 천리마운동을 집단적 혁신운동인 '천리마작업반운동'으로 바꾸고 이것을 북한전역에 전파시킨다. 천리마작업반운동은 천리마운동에 비해 큰 차별점을 갖고 있었다. 천리마운동이 개별적인 혁신운동으로 새로운 기술적 기준량 창조를 위해 노력했다면, 집단적 혁신운동인 천리마작업반운동은 노동자들 속에서 기술 혁신운동을 대중적으로 고양시키고 이룩된 기술 혁신을 작업반, 직장, 기업소뿐 아니라, 전체 인민경제의 해당 부문까지 확대 보급시켜, 모든 노동자들을 생산 혁신자들 수준으로 끌어 올려 전반적인 혁신을 추구하는 것이었다.

천리마작업반운동은 집단혁신운동이다. 집단혁신운동이 원활히 돌아가고 성공하기 위해서는 두 가지 조건이 필요하다. 먼저 집단혁신운동에 참여하는 성원들 간의 협력과 협동이 필수적인데 이것은 집단혁신운동을 성공으로 이끌 필요 조건(necessary condition)이라 할 수 있다. 성원들 간의 협력과 협동은 결국 개인의 이익보다는 집단의 이익을 먼저 생각하는 집단주의적 사고와 행동이 바탕이 되어야 하는데, 대부분의 사람들은 집단의 이익보다는 자신 개인의 이익을 먼저 생각하는 것이 일반적이고 북한 사람들도 예외는 아니었다.

만약 집단혁신운동에 필요한 필요 조건이 충족된다 하더라도 이들을 하나로 묶고, 또 한 방향으로 이끌 지도체계가 없으면 집단혁신운동은 성공할 수 없다. 즉, 집단에 대한 지도력(leadership) 확보와 실현(realization)은 집단혁신운동이 성공하기 위한 충분 조건(sufficient condition)이라고 할 수 있다. 여기에 대한 북한의 해답은 경제운영에서 유일지도체계를 세우고 실현하는 것이었다. 정권, 즉 당(party)과 행정을 장악한 김일성 집단은 경제에서도 유일지도체계를 세웠다. 이들은 우선 당에서 핵심을 육성 장악하는 데 중점을 두고, 이를 통해 일반 당원의 수준을 끌어올린다는 당 조직 노선을 전개했다.

이것은 오랜 항일투쟁에서 단련된 항일빨치산을 골간으로 당내 핵심을 육성 확대하고 이들을 통해 전체 당원들을 당의 노선에 충성하는 소위 혁명가로 키우며, 당원들을 핵심으로 하여 노동자, 고농, 빈농 등 견실한 기본 군중으로 혁명의 주력군과 당의 계급적 진지를 튼튼히 구축하고, 이를 통해 각계각층의 전체 인민을 공산주의(집단주의) 사상으로 무장시키고, 당 중앙위원회(위원장 김일성)를 중심으로 단결시켜 나간다는 것을 의미한다.[17]

이러한 당 조직 노선은 필연적으로 동심원(同心圓)적이며 성층(成層)화된 조직 구조[18]를 가지고 오며, 이와 같은 북한 노동당 조직 구조는 현재까지 이어지고 있어 북한의 핵심이 흔들리지 않는 한 유지될 것으로 보인다. 천리마작업반운동을 통해 강화된 북한의 유일체제를 풀이하여 보자면, 김일성 집

17) 박한정, "혁명 역량의 확대 강화는 우리 혁명 승리의 결정적 담보"(『근로자』 1966년 1월(상) 제1호), 23~24쪽.
18) 이태섭, 앞의 글, 101쪽.

단의 항일빨치산 경험을 '북한전체로의 재생산 확대'라고 볼 수 있다.

북한 지도부는 이러한 정치조직을 바탕으로 전 북한 주민의 단결을 체계적으로 그리고 단계적으로 이루어 내면서 경제적 증산운동인 '천리마작업반운동'을 주도했다. 그러나 항일 빨치산 투쟁의 경험이 없는 일반인들에게 집단주의를 요구하는 것은 매우 어려운 일이었다.

이에 북한 지도부는 사상의 통일과 강화를 통해 집단주의 의식을 북한 일반인들에게 불어넣으려고 했다. 즉, 천리마작업반운동은 경제 증산운동이면서 북한 주민들을 집단주의 의식으로 무장시키는 사상의식화 운동이기도 하다. 그런데 북한에서 집단주의는 일반적인 집단주의가 아니라 김일성 집단의 항일빨치산 경험 속에서 형성된 특수한 집단주의를 말한다.

이것은 곧 김일성을 핵심으로 항일빨치산 대원들이 똘똘 뭉쳐 김일성의 유일지도체계 속에서 항일빨치산 투쟁을 전개하는 것을 의미한다. 북한지도부가 북한 주민들에게 불어넣은 집단주의 의식이란 바로 김일성을 유일지도자로 따르며 김일성이 제시하는 지도방향에 모두 함께 매진(邁進)하는 것을 뜻한다. 이것은 북한에서 사상의 통일, 즉 김일성의 주체사상으로서의 통일을 동시에 의미한다.

북한 주민들은 '천리마작업반운동'을 통해 개인의 이득보다는 집단을 먼저 생각하는 '진정한 공산주의자'로 거듭나기를 요구받았던 것이다. 즉, '천리마작업반운동'은 경제 증산운동일 뿐 아니라, 북한 주민들을 북한식 공산주의자로 만들기 위한 '인간 개조' 사업이라 할 수 있다.[19]

2) 북한의 유일지도체제와 독재체제

북한의 유일지도체제는 위에서 기획하고 조직되었다. 그리고 북한 주민들의 의식을 바꾸려 했다는 점만을 미루어 보면 강압적이며 결국 독재체제와

---

19) 이태섭, 위의 글, 299~300쪽.

별반 다를 것이 없다고 볼 수 있다. 그러나 북한의 유일체제는 두 가지 측면에서 일반적인 독재체제와 구별된다.

먼저 북한 유일체제의 원형인 김일성 빨치산 집단은 김일성이 대원들의 의사와 상관없이 강압적으로 조직한 집단이 아니었다. 위에서 살펴보았듯이 김일성 집단에서 대원들과 김일성과의 이해관계는 단순한 상사와 부하의 관계를 뛰어넘고 부모자식관계를 초월해 일치되고 통일되어 있었다. 김일성은 이들에게 생명의 은인이었으며 형제나 자식 이상으로 대우해 주었고 이들은 김일성을 해바라기가 태양을 향하듯이 따랐다.

이들은 공동의 목적과 공동의 적을 갖고 있었으므로 상하관계가 자연스럽게 정리된 후, 공동의 목적을 위해 하나의 통일된 조직으로 활동했다. 그러므로 한 명의 독재자가 자신의 목적을 달성하기 위해 조직원을 대상화시키는 독재체제와는 구별된다.

두 번째, 유일체제가 북한 전국적 차원으로 확산된 천리마작업반운동은 위에서 조직되었지만 강제적으로 동원되고 강압적으로 실시된 운동이 아니다. '중공업 우선 발전 전략'을 택하고 소련의 원조가 현저히 줄어든 상태에서 중공업 부문에서 증산운동은 필수적이었다. 무엇보다도 중공업 전 분야의 기간(起礎)이 되는 선철의 증산이 요구되었다. 그러나 당시 생산능력과 노동자들의 열악한 조건을 고려할 때 증산은 결코 쉬운 일이 아니었다.

또한 자립노선을 대내외적으로 천명하였기 때문에 소련과 같은 외국에서 철을 원조받거나 수입할 수 있는 입장도 처지도 아니었다. 결국 증산은 노동자들에게 동기부여를 하여 노동자들이 더 많은 일을 하게 만드는 수밖에 없었다. 이런 난관을 돌파하기 위해서 김일성이 선택한 방법이 바로 '군중노선'이었다.

김일성은 자신이 직접 김책 제철소와 강선 제강소를 방문하여 노동자들과 회의를 가졌다. 이 회의에서 김일성은 일반 노동자들에게 국가의 어려운 상황을 설명하고 증산을 독려했다고 한다. 그런데 김일성의 이러한 행동은 노동자들을 고무시키고 감동시키기에 충분했다.

당시 북한의 일반노동자들에게 김일성은 수상 이상의 존재였다. 해방 후 북한에서 공산주의 혁명은 이상적(idealistically)으로 그리고 이론적(theoretically)으로는 노동자가 주인이 되는 노동자의 세상을 건설하는 것이라고는 하나, 현실적으로 노동자들의 사회·정치적인 의식과 정체성(soci-political mentality and identity)은 일제 강점기 그리고 그 이전 시대인 조선 말기(末基)와 비교하여 별로 바뀐 것이 없었다.

이들은 민주주의가 무엇인지, 사회주의가 무엇인지, 또 수상제가 무엇인지, 잘 알지 못하였고 비교할 대상도 없었다. 이러한 배경에서 이들은 최고 지도자인 김일성 수상을 조선의 왕과 같은 절대적인 존재로 인식하고 있었다. 사회주의 혁명을 하여, 북한이 노동자의 천국이 되었다고 북한 정부에서는 선전하였으나 인간의 사회정치 의식과 문화 의식은 더디게 바뀌기 때문에, 그리고 북한 주민들도 예외가 아니었기 때문에,[20] 노동자란 신분은 노동자 자신들에게도 그리 높게 평가되지 못하고 있었다.

조선의 사농공상(士農工商)[21]의 유교적 문화가 이들의 의식세계를 지배하고 있었기 때문에 노동자는 크게 환영받는 직분이 아니었다. 그러한 노동자들에게 절대군주로 인식되었던 김일성이 직접 찾아왔던 것이다. 불과 한두 세대 전에는 결코 상상도 할 수 없는 일이 벌어진 것이었다. 이들을 찾아온 김일성은 일반 노동자들과 공장 뜰에 둘러앉아서 이들에게 국가의 어려움을 설명하며 노동자들이 국가 생존을 좌우하는 역군이라고 역설하며 이들의 손을 손수 잡고 도움을 요청하였던 것이다.[22]

당시 노동자들의 사회, 정치 그리고 문화적 의식수준을 감안하였을 때 김

---

20) Arrow, Kenneth J., "The Place of Institutions in the Economy: A Theoretical Perspective", in Hayami, Yujiro's The Institutional Foundations of East Asian Economic Development: proceedings of the IEA conference held in Tokyo, Japan 1998.

21) 고려 후기에 중국에서 유교(儒敎)가 전래되면서부터 명확해졌는데, 귀천은 선비·농민·공장(工匠)·상인 등의 순으로 되었다. 이러한 신분차별은 수백 년 동안 계속되다가, 1894년(고종 31)의 갑오개혁 이후 점차 그 질서가 무너졌다(네이버 두산 백과사전: http://100.naver.com/100.nhn?docid=82865).

22) Suh, Dae Sook, *North Korean Leader, Kim Il Sung*(Princeton Univ. Press, 1988), pp. 164~165.

일성의 방문을 받은 노동자들이 느낀 것은 단순한 감동과 감격 이상이었을 것이다. 이들은 왕으로부터 상상할 수 없는 홍은을 입은 백성과 마찬가지 입장에서 김일성을 바라보았을 것이다. 그리고 자신들을 특별히 찾아주고 대해 주는 김일성의 은혜에 탄복하며 충성을 다할 마음을 가졌을 것이다.

김일성이 이러한 것을 감안하고 군중노선을 기획하고 실천했다고 볼 수도 있으나, 이러한 군중노선은 김일성과 그의 빨치산 부대가 만주에서 생존을 위해서 늘 하던 일이었다. 이들은 일본군과 마주 싸울 무기조차 없어 맨손으로 일본군 보초병들 또는 무기고를 습격하는 목숨을 건 보급투쟁과 전투를 통해 무기를 노획할 수밖에 없었다. 또 식량을 얻기 위해 농민에게 구걸하거나 농사일을 도와서 연명하였던 그야말로 아무것도 가진 것이 없던 게릴라들이었다.

이들의 유일한 생존 방법은 군중, 대중, 민중에게 의존하는 것이었다. 당시 최고지도자였던 김일성이 노동자 속으로 내려갔던 것은 정치적으로 계산되어 시도했다기보다는, 김일성과 김일성 부대가 늘 쓰던(또 유일하게 아는) 방법을 활용한 것뿐이었다. 그러나 김일성의 이러한 군중노선은 노동자와 북한 주민으로부터 엄청난 호응을 얻었고 뜨거운 지지와 강력한 협력도 얻어내었다.

김일성의 현장 방문에 고무된 북한 노동자들과 주민들이 군중노선에 적극 동참하자 김일성은 이것을 전국적인 운동으로 확산시킨다. 증산운동의 전국적인 확산은 김일성의 유일지도체제를 일반대중들이 있는 현장에서 확고히 자리 잡게 했다. 김일성의 현지 지도를 받은 노동자들과 주민들은 김일성을 바라보고 운동에 참가하였으며 증산운동 현장에서 김일성은 자연히 중심이 되고 유일한 지도자가 된 것이다.

또한 운동이 전국 단위로 확산되면서 김일성은 북한 사회주의 건설에서 소위 '인민의 영도자' 또는 '인민의 수령'으로 자리 매김을 하게 된다. 김일성의 현장 방문에 고무된 노동자들은 증산을 결의하고 실지로 괄목할 만한 증산을 이루었다. 이후 이것은 천리마운동 그리고 천리마작업반운동으로 발전한다. 천리마작업반운동 기간 중 김일성의 작업현장 방문과 노동자들과 갖는 회의는 지속적으로 그리고 정기적으로 이루어진다.

1960년대에 나온 청산리방법[23]과 대안의 체계[24] 역시 모두 김일성의 현지 방문, 농민·노동자들과 갖는 회의, 그리고 결의로 이어지는 과정에서 시작된 것이다. 즉, 북한에서 증산운동은 위에서 기획되었지만, 위에서 아래로 일방적인 명령과 강제적이고 강압적으로 이루어지는 방식보다는, 최고지도자가 직접 노동현장의 일반 노동자들과 토의하고 설득하여 만들어낸 지도와 피지도 간의 집합적인 성격을 강하게 띠고 있다. 또한 한 공장이나 농장에서 시작된 것이 전국적인 차원으로 확산되면서 부분과 전체 간의 상호되먹임이 이루어졌으며, 김일성의 일반노동자들 또는 협동농장원들과의 상호작용은 지도와 피지도 간의 상호되먹임으로 이어졌다.

3) 경제에서 집단주의와 유일지도체제 강화

혁신·증산운동이 사상운동으로 그리고 인간개조운동으로 발전하는 데 인간개조의 핵심은 유일지도체제의 강화였다. 북한의 혁신·증산운동의 특징

---

23) 김일성이 1960년 2월 평안남도 강서군(지금의 남포 강서구역) 청산리 협동농장을 현지 지도하는 과정에서 제시한 공산주의적 대중지도사상·대중영도방법이다. 북한은 이를 '주체사상과 혁명적 군중노선에 기초한 조선노동당의 전통적인 사업방법과 대중 지도원칙을 전면적으로 집대성하고 전일적으로 체계화한 과학적이며 공산주의적인 대중지도사상이며 방법'이라고 주장하고 있다. 또한 경제 관리에서 정치활동을 앞세워 대중의 열의와 창의를 발동시키는 '군중노선'을 사회주의 건설의 새로운 현실에 맞게 구체화하고 발전시킨 원리라고 선전하고 있다. 청산리방법은 농업분야에서 출발했으나 지금은 북한의 모든 경제 분야의 지도방법이 되었으며, 근본취지는 근로대중의 노동 관리에 군당(郡黨)이 깊숙이 개입해 노동의 강제와 통제를 보다 효율적으로 강화하기 위한 데 있다(다음 백과사전: http://encdaum.net/dic100/contentsdo?query1=b20c2530a).

24) 1961년 12월 김일성이 평안남도 용강군에 있는 대안전기공장을 현지 지도한 후 공장 당위원회 확내회의에서 제시한 기업소(공장)의 조직체계와 운영방식이다. 당시 북한의 기업소 관리방식은 1946년 12월 1일부터 '지배인 유일관리제'로서 국가가 임명하는 지배인 1명이 모든 책임을 지고 기업소를 운영하는 방식이었다. 그러나 이러한 운영방식은 개인이 모든 것을 결정함으로써 독단과 관료주의를 낳았고, 공장일에 대한 노동자들의 무관심을 만연시켰다고 한다. 따라서 김일성이 제시한 '대안의 사업체계'는 기업 운영을 전문화하면서 집단경영체제를 도입하여 노동자들의 적극성을 유도하고, 관리자들의 관료주의를 제거함으로써 계획경영체제의 효과를 극대화하자는 것이었다(다음 백과사전: http://encdaum.net/dic100/contents.do?query1=b04d3013a).

은 처음에는 천리마운동과 마찬가지로 개별적 증산혁신운동으로 시작되지만 집단적 증산혁신운동으로 발전한다는 점이다. 집단적 증산혁신운동은 유일지도 체제와 불가분의 관계를 갖고 있다. 개별적 증산혁신운동은 각각의 노동자들에게 물질적 동기를 부여함으로써 증산을 도모하는데 단기적으로는 성과를 올릴 수 있으나 중·장기적으로는 성공할 수 없었다.

개별적 증산운동은 결국 개인의 물질적 동기에 기초하고 있기 때문에 개인 이기주의였으며 더 큰 단위에서는 조직 이기주의로 빠지기 쉽다. 공산주의를 지향하는 북한에서 이것은 매우 큰 문제였다. 또한 개별적 증산혁신운동은 북한이라는 국가 조직의 원형을 이루는 김일성 빨치산집단의 항일무장투쟁 경험과도 거리가 먼 것이었다. 북한 지도부는 개별적 증산혁신운동에서 이기주의적 병폐가 나타나자 자연스럽게 집단적 혁신운동으로 전환시켰는데 이것은 유일지도체계를 강화시키는 결과를 가지고 왔다.

집단적 증산혁신운동에서 노동자 개인은 자신이 속한 집단이 더 많이 생산하고 혁신을 이루었을 때, 개인에게 돌아오는 몫이 커지므로 집단의 이해관계에 개인의 이해관계를 맞추어야 한다. 모든 것이 이상적인 상황이라면 각각의 모든 개인 노동자가 이것을 인식하고 집단을 위해 스스로 희생하며 공동의 선(이익)을 지향하여 혁신·증산운동을 성공적으로 이끌 수 있다. 그러나 현실적으로 개인 각각은 스스로 희생하기보다는 자신 이외의 다른 모두가 희생하기를 바란다.

이와 비슷한 개념으로 경제학에서 '공유제의 비극(Tragedy of Common)'이라는 개념이 있는데 이는 사회주의 경제체제를 지향하는 북한에서 특히 심하게 일어날 수 있다. 개인의 동기를 자극하는 천리마운동 초기 개인들은 자신에게 돌아올 물질적 인센티브에 고취되어 열심히 일을 하여 일정하게 성과를 올렸으나 시간이 지나가면서 심각한 문제가 발생했다.

먼저 천리마운동에 참여한 모든 노동자들이 다 기준량을 초과 달성하여 자신들에게 돌아오는 몫을 높이지 못했다. 상당수의 노동자들은 주어진 계획 과제도 달성하지 못하였으며, 이들에게 돌아오는 몫은 초과 달성한 노동자와 큰 차이가 있었다. 이것은 계획 과제를 초과 달성한 노동자들과 그렇지 못한 노동자들 사이에 갈등을 초래하였고 서로 간의 협력을 방해하는 요인으로 작용했다. 결론적으로 개인적 인센티브를 강조한 천리마운동은 대외적으로 경제에서 자립을 선포하여 살아남기 위해서라도 단결과 협력이 필수적인 북한에게 부정적으로 작용하고 있었다.

천리마운동으로 인해 노동자들 간의 갈등이 커지자 북한지도부는 천리마운동을 천리마작업반운동으로 바꾸고 집단주의를 강조한다. 북한 지도부는 집단주의의 원형을 책에서 찾지 않았다. 그들에게는 항일빨치산무장투쟁이라는 매우 독특한 집단주의 역사가 있었고, 이들은 이것을 천리마작업반운동을 통해 전국적인 차원으로 보급하고 확산했다. 항일빨치산그룹의 집단주의체제는 앞에서 보았듯이 김일성을 정점으로 이루어진 체제를 가리킨다. 북한지도부는 국가경제건설에도 자신들의 경험을 그대로 적용했다.

김일성은 생산현장에서도 중심이 되었다. 이렇게 시작된 것이 바로 '현지지도(on-the-spot-guidance)'이다. 김일성은 생산 현장인 공장과 협동농장을 직접 방문하여 생산현장의 문제점을 노동자와 농민과 직접 토의하고 답(solution)을 함께 도출하여 그것을 결의하는 방식으로 현지 지도를 했다. 천리마작업반운동과 현지 지도는 상보적이다. 천리마작업반운동이 북한전역으로 확산되면서 김일성 유일지도체제 역시 국가적인 차원에서 확산되며 강화되었다. 그리고 이것은 바로 김일성이 북한이란 거대한 조직을 강화시키는 과정이었다.

북한 경제 개발에서 김일성의 유일지도체계 확립이 제도적으로 나타난 것은 1964년에 도입된 계획의 일원화·세부화체계였다. 이 체계는 경제 계획성과 조직성 강화를 통해 그 세세한 부분에 이르기까지 모든 경제 활동에 대한 완전한 국가적 통제를 추구하는 것인데, 당시 중앙 계획에서 일정하게 탈피하여 시장적 요소를 도입하고 있던 소련이나 동구권 사회주의 국가들이 가는 방향과는 다른 방향이었다. 계획의 일원화·세분화체계는 김일성과 북한 지도부가 북한(국가)을 하나의 유기체적 조직으로 만들려고 하는 의지를 경제에 반영하고 적용한 것이다.

북한의 유일지도체계는 유기체적 사회 정치관에 근거하고 있는데, 북한에서 이와 같은 유기체적 사회정치관은 1960년대 중반의 유기체적 경제관에 뿌리를 두고 있다. 이러한 경제 유기체적 개념은 소련의 원조가 급감하는 1950년대 말부터 시작되는데 자립 경제 노선을 유지하기 위해 사회주의 국가 간의 경제협력체제인 '코메콘(Comecon)'에 가입을 거부하면서 1960년대 초부터 본격적으로 제기되었다. 이 시기는 북한에서 자립 경제 노선이 완전히 자리를 잡는 시기이기도 하다.

당시 북한에서 출간된 자료를 심층적으로 분석한 이태섭의 박사논문에 따르면, 북한 지도부는 사회주의 사회에서 경제의 모든 부문들이 하나의 거대하고 복잡한 생산적 유기체를 이루고 있다고 규정하며 경제가 원활히 돌아가기 위해서는 우수한 계획성과 조직성이 필수 조건이라고 역설했다고 한다. 이것은 결국 김일성과 북한 지도부가 자신들이 처한 상황(또는 자신들이 선택한 상황=경제적으로 고립된 상황)을 조직력으로 타파하겠다는 것으로 풀이될 수 있다.

김일성과 북한 지도부는 자신들의 이러한 생각과 믿음이 경제에 적용되기 위해서는 계획의 일원화·세분화가 필수라고 결론지은 것이다. 계획의 일원화·세분화가 최종적으로 지향하는 것은 생산자들의 모든 경제 활동을 그 세부에 이르기까지 빈틈없이 계획화·조직화하여 하나의 생명 유기체와 같이 일치·통일되게 움직이게 하는 것이다. 이것을 다르게 표현하자면 '유일지도체계를 경제 영역에 적용시킨 것'이었다. 그리고 이 유일지도체계가 경제 영역에서 궁극적으로 추구하는 것은 국가단위에서의 '통일·단결'이다.

여기서 통일·단결은 집단주의에 바탕을 두고 있다. 김일성과 북한 지도부는 자신들의 경험을 바탕으로 북한이라는 국가를 건설했다. 이들이 만주에서 매일 사선을 넘으면서 전개하였던 험난한 게릴라 투쟁과 자신들의 생존이 1945년 해방까지 지속되었던 이유를 자신들의 통일·단결에서 찾았기 때문에, 통일·단결은 이들에게 만사가 해결되는 비밀 코드(secret code)였다.

이들은 경제운영에서도 통일·단결을 추구했다. 이런 점들을 고려해 보면, 사회주의 종주국이며 사회주의 경제이론과 현실을 제공하였던 소련이 경제에서 물질적인 동기부여를 강조하는 개혁을 추구할 때, 북한은 계획의 일원화와 세분화와 같은 강도 높은 중앙집권적 계획경제를 강조하는 방향으로 간 것은 결코 우연이 아니었다.

경제에서 '통일·단결'이란 계획을 수립하고 집행하는 과정에서 차질과 혼란을 가져오게 하는 생산자들의 이기주의적 행동을 배제하는 것을 의미한다. 나아가 각 개인과 개별 집단은 국가, 즉 전체의 이익을 최우선으로 두고 개인 이기주의와 조직 이기주의를 배제하고 사회와 집단을 위해 자신을 희생하고 헌신하는 것을 추구하는 철저한 집단주의를 의미한다.[25]

이것은 18세기 스코틀랜드에서 아담 스미스(Adam Smith)가 역설한 생산자 각자가 자신의 이기주의에 바탕을 두고 경제활동에 참여하면 '보이지 않는 손(invisible hand)'에 의해 최적(optimal)으로 조정(coordinate)된다는 '경제학원론'과는 상반되는 입장이며 논리이다. 북한을 비판적으로 그리고 부정적으로 보는 대부분의 학자들은 아담 스미스가 주창한 '보이지 않는 손'과 '자유시장론'을 언제 어디서나 적용되고 이루어져야 될, '절대 진리'로 간주한다. 그리고 북한의 경제에서의 유기체적 '통일·단결'과 '주체경제론'을 현실에 뿌리를 둔 이론보다는 사상에 지나치게 치우친 '이데올로기의 과잉'으로 본다.

세상의 모든 사물은 끊임없이 운동을 하고 있고 평형에서 비평형으로 그리고 평형으로 늘 변화하기 때문에 언제 어디서나 통용될 수 있는 '이론'은 존재하지 않는다. 그리고 이론의 정당성은 이론이 만들어진 각 시대적 상황과 정황을 고려하여 평가되어야 한다. 이런 측면에서 북한 지도부가 경제에서조차 유기체를 지향하고 '통일·단결'을 강조하고 '주체형 경제'를 고집한 것을 단지 '이데올로기의 과잉'으로 넘겨 버리면, 모든 현상을 하나의 기본

---

25) 이태섭, 앞의 글, 243~254쪽.

원리(스미스의 자유시장론)에 의해서 설명하려는 환원주의(reductionism)적 오류를 범할뿐 아니라, 북한 이해의 핵심이 되는 유일체제와 이것의 근간이 되는 집단주의를 결코 이해할 수가 없다.

당시 북한은 자신들의 자립적 주체 노선을 지키고 유지하는 것을 고집하다 사회주의 종주국인 소련과의 관계가 매우 악화되었기 때문에, 소련으로부터 원조를 충분히 받을 수 있는 입장도 아니었고, 사회주의 국가들 간의 협력 기구인 코메콘에도 가입하지 않아 경제적으로도 고립되어 있었다. 더군다나 국토의 80% 이상이 산으로 이루어졌고 남쪽으로는 미국이라는 거대한 제국과 군사적으로 맞서고 있는 북한에게 다양한 선택 사항은 처음부터 존재하지 않았다.

북한이 자신들의 자립 노선을 계속 고집하는 한 북한이 택할 수 있는 선택은 북한 내부의 '통일·단결'뿐이었다. 그리고 이 통일·단결은 북한을 움직이는 김일성과 김일성 부대 출신들이 중심이 된 북한 지도부 입장에서는 이미 만주에서의 빨치산 투쟁 경험에서 입증된 것이고, 열악한 조건들 속에서도 자신들이 생존할 수 있는 유일한 방법이었다. 때문에 이러한 경험을 토대로 북한 사회 전체를 하나의 유기체로 묶어내는 통일·단결을 추구하였던 것이다.

아담 스미스의 경제 이론체계인 '보이지 않는 손'은 생산자와 상인들의 자유 거래를 방해하여 궁극적으로 생산력 발전을 가로막고 있었던 정부(government)를 시장에서 배제하는 것을 목표로 하고 있다. 봉건적 경제체계가 완전히 무너지고 상인들의 힘이 커지고 산업화가 가속화되던 18세기 당시 스코틀랜드가 아담 스미스의 자유시장론의 주요배경이었다. 여기서 알 수 있듯이 북한의 경제이론의 핵심인 '통일·단결'이나 스미스의 '보이지 않는 손'은 모두 북한과 스코틀랜드 각자가 처해 있었던 시대를 배경으로 하였으며, 각자 처한 상황에서 생산력을 높이려는 시도였던 것이다.

경제에서 유일지도체계를 세우고 국가 경제 자체도 하나의 유기체로 보며 이기주의를 배제하고 집단주의에 근거해 경제발전전략을 추구한 북한 지도부가 어느 정도 이데올로기에 영향을 받은 면이 있었던 것도 사실이다. 그러나 경제에서 유일지도체계를 세우는 보다 중요한 이유는 북한을 이끄는 지도부의 과거 경험과 북한이 처한 주·객관적인 조건과 배경을 함께 고려해야 이해될 수 있다.

하지만 북한이 처한 자연적 조건과 정치·외교적 환경에서 자립적 경제의 추구는 자립 경제를 세우고 유지시킬 수 있는 능력(capability)을 배양하는 방향보다는 혼자 모든 것을 해결해야 하는 '자급·자족형 경제(autarky)'로 되어 버렸다. 북한 같이 모든 것이 풍족하지 않은 작은 나라에서 '자급·자족형 경제'를 추구한다는 것은 불가능하거나 매우 어려운 일이다. 북한이 이러한 경제 체제를 고집하는 이유는 다음과 같다.

초기 증산·혁신운동인 천리마작업반운동이 전국적으로 확대되면서 북한은 생산에서 엄청난 증산을 이루었다. 실제로 천리마작업반운동이 시작되었던 1950년대 말에서 운동이 가속되던 1960년대 전반(全般), 북한은 연평균 10% 이상의 경제성장을 이루었다. 이런 고성장 덕분에 당시 북한의 경제는 아시아에서 일본 다음으로 발전된 것으로 평가 받을[26] 정도로 놀라운 성과를 내고 있었다.

외부적인 상황도 북한에게 불리하지 않았다. 소련과 중국은 1960년대 말부터 분쟁에 들어가 냉전 상태에 있었는데, 북한은 중·소 분쟁에서 중립을 선언하고 중·소 양국 모두에서 원조를 얻어내어 자신의 경제 발전에 유용하게 사용했다. 결국 북한의 내·외부적인 상황은 북한으로 하여금 경제에서 자립노선을 강화하는 방향으로 작용했다.

자신들의 높은 경제 성장에 스스로 고무된 북한은 자립노선을 더욱 고집하게 되었다. 자립노선의 강화는 결국 다른 나라와의 무역을 극소화하고 모든 것을 스스로 생산하여 소비히는 자기 완결적 경제구조를 추구하게 된다. 외

---

26) 1960년대 중반 북한을 방문한 영국 케임브리지 대학의 저명한 경제학자인 존 로빈슨(Joan Robinson) 교수는 북한의 경제발전을 '코리아의 기적'이라고 표현할 정도였다(로빈슨이 1965년 *Monthly Review* XVII에 기재한 'Korean Miracle' 참조).

부에서 자본 유입을 통한 투자가 불가능한 상태에서 지속적인 경제성장을 이루기 위해서는 불가피하게 '천리마작업반운동'과 같이 노동자에게 집단주의 의식을 강조하고 호소하는 증산운동에 의존할 수밖에 없다. 그러나 이러한 경제성장 전략은 경제학원칙에서 가장 기본이 되는 '수확체감의 법칙(the law of diminishing return)'[27]에 위반되는 것이었다.

기술적인(technological) 발전 없는 지속적인 노동력 투하는 결국 한계에 부딪치게 마련이다. 또한 북한의 노동자들이 아무리 집단의식에 투철했다고 해도 물질적 배상이 뒤따라주지 않는 도덕적 동기(moral incentive)만 갖고 생산력을 향상시킬 수는 없는 것이다. 1970년대 중반 들어 북한의 경제는 한계를 드러내며 침체되기 시작하였고 사회주의 몰락과 함께 경제의 모순이 증폭되어 현재에 이르고 있다.[28]

이때 유일지도체제의 승계자로 등장한 인물이 김정일이었다. 북한에서 유일지도체제 승계는 김정일 스스로 승계자로 등장한 면과 북한지도부에서 김정일을 선택하고 자질을 인정하고 후계자로 준비시킨 면이 동시에 존재한다.

6. 김일성-김정일 유일체제 리더십

유일지도체제는 북한의 체제를 다른 정치체제와 구분시키는 매우 독특한 정치체제이다. 유일지도체제는 김일성을 최정점으로 하는 체제이다. 북한

---

27) '수확체감의 법칙'이란 자본과 노동 등 생산요소가 한 단위 추가될 때 이로 인해 늘어나는 한계 생산량이 점차 줄어든다는 것을 의미한다. 즉 생산요소를 추가적으로 계속 투입해 나갈 때 어느 시점이 지나면 새롭게 투입하는 요소로 인해 발생하는 수확의 증가량은 감소한다는 것이다. 이 이론을 좀 더 확대하여 보면 어떤 산업이든지 일정 수준에 도달하면 성장이 정체될 수밖에 없다는 결론에 도달한다.
28) 북한 경제 침체에 대한 보다 구체적이고 본격적인 설명은 필자의 박사논문이고, Routledge 출판사에 출간된 『Self-Reliance or Self-Destruction?』을 참조하기 바란다.

지도부 입장에서 조선인민민주공화국이라는 조직의 유지와 발전은 결국 유일지도체제를 강화시키고 이어가는 것을 의미한다. 그러나 김일성을 대신하여 유일지도체제의 핵심이 되는 것은 결코 간단한 일이 아니다. 왜냐하면 김일성의 유일지도체제는 앞에서 살펴보았듯이 그냥 자연스럽게 만들어진 것이 아니기 때문이다.

만주에서의 간고(艱苦)한 항일빨치산 투쟁과 조선인민민주공화국이라는 국가를 세우고 조직하면서 만들어지고 강화된 유일지도체제에 김일성 이외의 다른 사람이 최고지도자가 된다는 것은 어쩌면 북한에서는 혁명과 같은 일이었다. 최고지도자 김일성의 지위, '수령(首領)'은 이미 1972년 북한 헌법 개정으로 제도화되었다. 김일성은 개인이 아니라 북한이라는 독특한 조직체 속에서만 규정되고 정의되었는데, 북한식으로 표현을 하자면 김일성은 북한이라는 인체에서 뇌수(腦髓)와 같은 것이다. 뇌수를 바꾼다는 것은 현대 의학에서 불가능하듯이 수령을 계승한다는 것은 그야말로 불가능에 가까운 어려운 일이다.

'천리마작업반운동'과 계획의 '일원화·세분화'에도 나타나 있지만 북한은 개인주의를 배격하고 집단주의를 강조하며 집단주의 일색으로 북한사회를 묶으려고 했다. 유일지도자인 김일성을 승계하는 데에서 가장 중요하게 고려했던 점은 바로 북한 집단주의를 유지·강화시키려는 의지와 유지·강화시킬 수 있는 능력이었다.

김정일은 김일성의 큰 아들이다. 북한이 자립노선을 고수하자 북한은 1945년 해방 이후 자타(自他)에 의해 고립되어 있었다. 북한사람들의 의식과 정서는 북한의 독특한 집단주의에 의하여 형성된 면과 전통적인 면, 즉 국제교류가 배제된 상태에서 조선 시대부터 이어온 전통, 두 측면이 존재한다. 북한 사람들에게 김일성은 조선의 왕과 같은 존재였을 것이고 왕의 장남인 김정일은 당연히 왕의 뒤를 잇는 태자로 인식되었을 것이다.

이런 측면에서 북한에서 김정일을 자연스럽게 김일성의 후계자로 받아들인 것은 어쩌면 자연스러운 일일 수도 있다. 그러나 김정일이 단지 김일성의 장남이기 때문에 마치 왕조를 잇듯이 후계자로 발탁되었다고 설명하는 것은 북한의 유일지도체제를 너무 간단히 그리고 가볍게 보는 일이다. 김정일은 유일지도자의 장남이라는 매우 유리한 조건을 갖고 있었지만 유일지도체제를 잇기 위해서는 자질과 능력이 검증되고 확인되어야 했다. 그리고 유일지도체제 특성상 승계가 타의에 의하여 이루어진다 하더라도 스스로 자신의 유일지도체계를 만들어야 했다. 이것은 북한이라는 거대한 조직을 후계자 중심으로 재조직하는 것을 의미한다.

1) 김정일의 배경과 일심단결의 문화

김정일은 김일성의 장남이라는 배경 이외에 북한에서 최고지도자가 되기에 매우 유리한 조건을 갖고 있었다. 김정일은 김일성이 만주에서 항일빨치산투쟁을 했던 시기 중에서도 가장 어려운 시기인 '고난의 행군' 시기에 태어났다. 아직도 김정일이 어디에서 태어났는가를 두고 의견이 대립되고 있으나 김정일이 '어디에서 태어났는가?'[29]보다는, '언제 태어났고 또 어떤 환경 속에서 성장하였는가?'가 김정일을 이해하는 데 보다 더 중요하다.

김정일이 태어났을 당시 김일성은 가장 어려운 시련을 겪고 있었다. 관동군에 쫓겨 동만에서 북만으로 이동하였고 소련령에 들어가 88 국제연합여단에 가입했다. 당시 김일성 부대는 어려운 상황이었지만 '고난의 행군'을 계속하면서 그 어느 때보다 조직적으로 단결되어 있었다. 김일성 부대의 일원들, 특히 민생단 고아 출신 유격대원들에게 김정일은 자신들이 태양과 같이 따르던 김일성과 자신들을 어머니와 같이 돌보아 주었던 김정숙의 아들이었기 때문에 매우 특별한 존재였다. 고아였던 이들은 김정일에게 특별한 관심과 사랑을 쏟으며 시간이 날 때마다 그를 돌보고 보살펴 주었다.

김정일은 이들에게 각별한 관심과 사랑을 받으면서 성장했다. 김정일은 태

---

29) 여기에 대해서 북한은 김정일이 백두산 밀영에서 태어났다고 주장하고 있으며, 남한을 비롯한 일본과 미국 학계에서는 김정일이 소련 영내에서 태어났다고 주장하고 있다.

어나면서부터 김일성 부대에 속하여 성장했다. 결국 김정일이 처음이자 유일하게 접한 문화는 김일성을 중심으로 하는 '통일·단결'의 문화였다. 모든 아이들에게 아버지는 특별한 존재이다. 가장(家長)이란 단어의 뜻에서도 분명히 나타나지만 아들에게 아버지는 가족의 장이며 가장 가까이 있는 역할 모델(role model)이다. 김정일에게 김일성은 가장 이상적인 존재였다.

김일성과 그의 항일빨치산부대는 유기적으로 긴밀히 연결된 조직체였고 서로가 서로를 위해 목숨까지 바칠 수 있는 동지적 관계를 갖고 있었다. 그리고 김일성은 이 조직의 핵심이며 사령관이었다. 김정일이 어디에서 태어났던 간에 김정일은 갓난아이 시절부터 김일성 부대에서 생활하였고 김정일에게 김일성은 육체적 아버지였고 조직의 최고지도자였다. 이렇듯 김일성 항일유격대 조직과 문화가 자연스럽게 김정일의 삶과 정신문화를 결정짓는 토양이 되었으리란 것은 쉽게 짐작할 수 있다.

해방 후 김정일의 어머니인 김정숙은 1949년 출산을 하다 사망했다. 어머니를 잃은 김정일은 주로 김일성 빨치산동지들에 의해 키워지게 되는데 결국 조직에 의해[30] 육성된 것이었다. 이러한 김정일은 김일성 부대식의 조직 문화를 자연스럽게 배우게 되고 받아들이며 조직의 일원으로 자라났다.

김정일의 삶의 문화는 결국 김일성 부대의 조직 문화라고 해도 과언이 아니다. 김일성 부대의 조직 문화 중, 김정일이 가장 많이 접하고 또 김정일에게 가장 큰 영향을 끼친 것은 바로 김일성을 최정점으로 하는 통일·단결 문화였을 것이다. 김일성 부대 일원들은 모든 것을 바로 이 통일·단결로 풀어갔으며, 그들의 보호와 지도를 받으며 자라난 김정일에게 통일·단결이란 바로 세상을 지배하는 질서로 다가왔을 것이다.

---

30) 김정숙은 최용건, 김일, 김책 등 빨치산 동료들에게 둘러싸여 운명하였는데, 당시 김정숙은 최용건 등의 손을 일일이 잡고 "내가 죽은 후에 정일이를 잘 길러 장군님을 받들어 우리 빨치산의 혁명 위업을 대를 이어 계승하여 완성하고 꽃피워나가는 열렬한 혁명가로 키워 달라."는 유언을 남기고 눈을 감았다고 한다(정창현, 『CEO of DPRK: 김정일』, 중앙books, 2007, 305쪽). 실제로 김정일은 김일성과 김정숙의 빨치산 동료들인 전문섭, 조명록, 리을설, 오진우 등의 보살핌을 받으며 성장했다(이찬행, 『김정일』, 백산서당, 2001, 140~141쪽).

갓난아이 때부터 유격대원들 속에서 자란 김정일에게 군대는 매우 친숙한 단어이며 현실이었다.[31] 그가 태어나서 성장한 곳도 군대였으며 갓 8살이 지나 의식이 성숙해질 무렵 한국전쟁이라는 엄청난 경험도 북한인민군과 함께했다.[32] 군은 통일·단결의 문화가 특히 강조되는 사회이다. 생사를 가르는 전투에서 사령관의 명령은 곧 천명과 같은 것이며, 모두 일심 단결하여 전투에 임하지 않으면 승리할 수 없기 때문이다.

한국전쟁 중 김정일은 최전선은 아니었지만 몸소 전쟁을 경험하였는데 오직 강한 군대, 즉 일사불란하게 사령관의 명령에 따라 움직이고, 사령관을 중심으로 일치난결되어 통일된 힘을 낼 수 있는 군대만이 전쟁을 승리로 이끌며 역사를 쓸 수 있다는 사실을 어린 나이에 체험하였을 것이다. 전쟁이 미국의 개입으로 북한에게 불리하게 돌아가고 중국도 개입하여 한국전쟁이 국제전 양상으로 바뀌면서 북한의 위상이 떨어지자[33] 대국에 대한 적개심과 의심 또한 커졌을 것이다. 이러한 경험은 후에 그가 '선군 정치'라는 독특한 정치제도와 주체를 강조하는 초기적 배경이 되었다.

김정일이 정상적으로 학교를 다니던 청소년 시기는 북한에서는 김일성의 유일지도체제가 확고하게 자리를 잡은 시기였다. 어린 김정일은 전쟁으로 초토화된 북한 주민들이 김일성을 중심으로 일치단결하여(또는 일치단결을 조성하며) 국가를 재건하는 것을 현장에서 하나하나 목격하면서 성장했다.

김정일은 한국전쟁 당시 미군 폭격기가 더 이상의 목표물을 찾을 수 없을

---

31) 여기에 대해서 김일성은 이렇게 회고하고 있다. "김정일은 어려서부터 군대를 몹시 따르고 군인들의 세계를 동경하였습니다. 그래서 나의 전우들은 김정일이만 만나면 그의 머리에 군모를 씌워 주곤 하였습니다. (중략) 빨치산의 아들로 태어나 포연에 절은 옷을 입고 군대밥을 먹으며 돌격 구령 소리와 함께 성장한 그의 인생은 첫 시작부터가 남다른 것이었습니다."[김일성 『세기와 더불어 8, 계승본』(인터넷 버전: http://ndfsk.dyndns.org/kuguk8/ku10/Segi_8.hwp), 302쪽].

32) 한국전쟁의 경험에 대해 김정일이 "사람들이 수십 년을 두고도 간직할 수 없었던 가장 고귀한 것을 나는 그 전화의 불길 속에서 체득할 수 있었다."(재일본조선인총련합회 중앙상임위원회, 『김정일 장군략사』, 조선신보사, 1994, 5쪽)라고 말했다고 전해지는데, 여기서 '가장 고귀한 경험'이란 어려움 가운데서 인민군들이 보여주는 동지애와 김일성에 대한 충성과 '일심단결'이었을 것이다.

33) 중국 의용군(Chinese volunteer army)의 총사령관으로 온 팽덕화이는 전쟁에 개입하면서 "이 전쟁은 나(팽덕화이)와 맥아더의 전쟁"이라고 김일성에게 말하면서 김일성의 지위를 격하시키는 발언을 한 것으로 전해지는데 김일성은 자존심에 심한 상처를 입었다고 한다.

정도로 철저히 파괴된 평양에 현대식 건물들이 자발적으로 동원된(또는 강제적으로 동원되어) 인민들의 노력봉사로 건설되고 재건되는 모습을 두 눈으로 똑똑히 보았다. 또 북한의 모든 노동자들이 총동원된 집단주의적 증산운동인 천리마작업반운동도 김정일의 사상을 형성하는 데 큰 영향을 주었다.[34]

김정일은 김일성 부대라는 매우 독특한 조직에서 태어나 성장하며 김일성 조직의 집단주의를 유일하게 알며 직접 보고 체험하며 교육받으며 성장한 인물이다. 즉, 김정일은 김일성 집단주의 체제가 만들어 놓은 인물이라고 해도 과언이 아니다. 김정일은 자신의 철학이 한마디로 '일심단결'의 철학[35] 이라고 하는데 김정일의 이 말은 결코 과장된 것이 아니다. 김정일이 태어나서 성장하고 장성하면서 자신이 직접 경험하고 내재화(internalization)시킨 정신이 바로 다름 아닌 '일심단결' 사상이었다. 김정일의 이러한 배경은 단지 그가 김일성의 장남이라는 사실 이외에 김일성과 북한 지도부가 그를 김일성의 후계자로 지목한 매우 중요한 이유 중 하나이다.

그럼 김정일이란 개인은 어떤 인물일까? 현재 김정일 개인에 대한 여러 가지 설이 난무하다. 북한에서는 그를 절세의 영웅으로 추앙하며 신과 같은 존재로 선전하고 있지만, 북한 이외에 곳에서는 김정일의 부정적인 면만이 증폭되어 알려져 있다. 김정일을 단지 김정일이 태어나고 성장한 환경과 조직이 만들어낸 환경적 '산물'로 설명할 수도 있으나, 김정일이 김일성의 뒤를 이어 유일지도자가 되는 과정은 김정일 개인적 자질을 떠나서는 이야기할 수 없는 측면이 많다.

김정일은 김일성을 최측근에서 보면서 성장했다. 대부분의 아이들이 그렇지만 김정일에게 최고의 역할모델은 김일성이었다. 그는 아버지인 김일성을 닮

---

34) 천리마운동이 한창일 당시 김정일은 고급중학교 민청위원회 활동을 통해, 평양시 2만 세대 살림집 마련을 위한 경상골부재 생산전투장 참가, 대동강 호안공사 참가, 평양학생소년궁전 건설 참가, 해주–하성 사이의 광궤철도 부설공사 및 평양시내 건설현장에서 '봉사노동' 등 대중운동에 활발히 참여했다고 한다(이찬행, 앞의 책, 164~165쪽).

35) 김정일, "조선노동당은 우리 인민의 모든 승리의 조직자이며 향도자이다"(『근로자』, 1990년 10월 3일), 2~5쪽.

으려고 많은 노력을 했다. 그가 얼마나 김일성을 닮으려고 하였는지 단편적으로 보여주는 장소가 있다. 그곳은 바로 김일성대학 '김정일 혁명역사실'이다.

필자가 평양에 갔을 때 김일성대학을 방문한 적이 있다. 그곳에는 '김정일 혁명역사실'이라고 하여 김정일이 그 대학에서 생활하였을 때의 흔적을 마치 업적처럼 전시하는 방이 따로 있었다. 그중에 필자의 눈에 띈 것은 김정일의 필체였다. 김정일의 필체는 그가 처음 대학에 입학할 당시와 그가 졸업할 당시와는 많은 차이가 있었다.

글씨는 마치 지문과 같아서 개개인 자신만의 고유한 특징이 있다고 한다. 그런데 김정일의 필체는 졸업할 무렵의 것이 처음 입학할 당시의 것과 많은 차이가 있었다.[36] 졸업 무렵의 것은 김일성의 필체와 매우 비슷하게 닮아 있었다. 이렇듯 김정일은 김일성을 닮으려고 노력했다. 그러나 지도력(leadership ability)을 배운다는 것은 결코 쉬운 일이 아니다. 특히 유일체제 리더십에서 '조직 장악'은 스스로 할 수밖에 없는 것이기 때문에, 그 아무리 훌륭한 역할 모델이 있고 선생(mentor)이 있다고 한들 배워서 실현될 수 있는 일이 아니다. 그럼 김정일은 '조직 장악'을 어떻게 하였을까?

7. 김일성-김정일 유일체제 강화와 재생산

김정일은 김일성과 빨치산 원로들의 도움을 받아가며 조직 장악을 매우 독

---

36) 참고로 김일성은 '경사 필체'라는 독특한 필체를 갖고 있는데 북한 인터넷 사이트인 '조선인포뱅크'에 따르면 김 위원장은 유년시절 애용하던 원래 글씨체를 버리고 엄청난 노력 끝에 김 주석의 필체를 완벽하게 재현하는 데 성공했다고 한다. 이러한 김 위원장의 필체 전환은 김 주석의 눈에 익숙한 글씨체로 보고 자료를 작성함으로써 그가 자료를 검토하는 시간과 노력을 조금이라도 덜어주자는 '충성심'에서 비롯됐다고 한다. 즉, 필체가 같으면 읽는 속도가 빨라지고 시력과 정신적 부담도 줄일 수 있을 것으로 판단한 것이다[정준영 기자, "김정일, 각고 끝에 '김일성 필체' 습득", (『연합뉴스』, 8월 27일자)].

특한 방법으로 하며 김일성의 후계자가 되었다. 그의 조직 장악은 단계적으로 이루어졌다. 김정일의 조직 장악의 첫 번째 단계는 영화예술 문화 분야에서 시작되었다. 대학을 졸업하자 김정일은 1964년 4월 21일자로 조선로동당 중앙위원회에 배속되었다. 그의 최초의 보직은 '당중앙위원회 조직지도부 평양시 지도과 지도원'이었다.

당시 노동당 조직지도부는 선전선동부와 함께 양대 중추기관으로 사실상 북한 전체를 움직이는 '당 안의 당'이라고 불리는 막강한 권한을 지닌 북한 권력 핵심부서이다. 조직지도부 중에서도 중앙기관지도과, 종합지도과, 간부 지도과, 검열지도과가 핵심 부서였는데 이 가운데 김정일이 배속된 곳은 중앙기관지도과였다. 중앙기관지도과는 내각과 산하 각 중앙기관과 부처, 국가 보위부, 사회안전부 등 전 국가적 중앙행정기구를 직접 지도하는 부서이다.

결국 김정일은 처음부터 당 권력의 핵심부서에서 일을 시작하였으며, 이것은 아버지인 수상 김일성과 권력의 핵심을 장악하고 있던 김일성 만주 빨치산 일원들의 배려가 있었기 때문에 가능한 일이었다. 이들이 처음부터 김정일을 김일성의 유력한 후계자 후보로 선정하고 김정일을 후계자로 훈련시킨 것으로 보아야 한다. 그러나 이들의 배려가 있었다고 해도 김정일 스스로 '후계자감'임을 증명해야 했다. 김정일은 노동당에서 활동하면서, 노동당 조직을 익히는 한편 예술분야, 특히 영화에 간여하며 자신의 리더십 자질을 증명했다.

1) 김정일의 조직 장악 I: 영화 예술분야

북한 문헌에 의하면 김정일이 영화예술분야에 대한 사업을 시작하는 중요한 계기는 1964년 12월 8일 김일성의 조선예술영화촬영소에 대한 현지 지도였다고 한다. 당시 북한은 '천리마작업반운동'이 전국적인 차원에서 가속화되고 있었으며, 동시에 김일성의 현지 지도 역시 각 분야에서 실행되고 있었다. 김일성과 북한 지도부는 선전선동의 중요성을 항일빨치산시절부터 잘 알고 있었다. 이들은 예술, 특히 영화를 공산주의 사상[37] 교육과 당의 정책을 선전할 수 있는 도구로는 생각하였으나 영화에 대한 큰 이해는 없었다.

당시 북한의 예술인들은 그 누구보다도 당성(黨性)이 약한 사람들이었다. 이들 중 더러는 마르크스-레닌주의 이론으로 무장된 사람들도 있었으나 이들조차 김일성과 북한 지도부의 경험에 대해 잘 알지 못하였고, 대부분은 자유주의 경향이 많이 남아 있는 전형적인 '예술인'들이었다. 이들에게 항일 유격대 '일심단결' 철학을 핵심으로 하는 예술 영화를 만들라고 요구하는 것은 매우 요원한 일이었다.

이 점을 알고 있었던 김일성은 자신의 현지 지도를 영화예술 영역으로 확대해 소선 영화 촬영소에 현지 지도를 하러 갔던 것이다. 김일성은 당시에도 제왕과 같은 권력자였지만 자신과 배경이 전혀 다르고 개성이 누구보다도 강한 예술인, 영화인들을 상대로 현지 지도를 하는 것은 김일성으로서도 쉽지 않은 일이었다. 김일성의 이 현지 지도에 김정일도 동행하였는데 흥미로운 점은 이날 열린 정치위원회 확대회의에서 김일성이 김정일에게 영화예술 사업 지도를 위임했다는 사실이다.

당시 김정일은 갓 노동당에서 일을 시작한 '신참'이며 약관 24세였다. 왜 이런 김정일에게 김일성도 감당하기 어려운 일을 맡겼을까? 김정일은 고급 중학교(고등학교) 시절부터 영화, 연극, 음악 등에 관심이 많았다.[38] 김일성은 이런 김정일의 관심사를 잘 알고 있었을 것이다. 그리고 김정일도 적극적으로 자신이 이 사업을 맡아 보겠다는 의지를 표명하였던 것으로 추측해 볼 수 있다. 또 한편으로 김일성은 이번 일이 후계자로서의 김정일의 능력을 한번 시험해 보는 좋은 기회가 될 수 있다고 생각했을 것이다.

김정일은 김일성의 위임에 따라 영화·예술인들에 대한 지도를 시작하였는데 김정일이 현지 지도에서 특히 주력한 것은 영화제작, 연출, 연기 전(全) 과정과 내용의 핵심을 항일유격대 전통으로 채우는 것이었다. 이것은 생각

---

37) 여기서 공산주의 사상이란 전통적인 마르크스-레닌주의와 김일성 부대의 만주 항일유격대 경험을 바탕으로 한 통일·단결주의를 말한다.
38) 이찬행, 앞의 책, 273쪽.

만큼 쉬운 일이 아니었다. 북한의 영화인들은 항일유격대 전통을 잘 알지 못하였고 그것을 영화라는 예술의 장르(genre)로 승화시킨다는 것은 생각보다 어려운 일이었다. 또 개성이 누구보다도 강한 예술인들의 지향(orientation)을 바꾼다는 일은 권력과 명령만 갖고는 할 수 없는 일이었다.

김정일은 열성적으로 이 사업에 참여하였던 것으로 알려지는데 이들과 학습과 토론을 같이 하고, 거의 매일 촬영소에 출근하면서 영화 제작과정을 하나하나 직접 챙기며 지도했다고 한다. 그러나 영화인들은 생각만큼 쉽게 그리고 빠르게 바뀌지 않았다. 김정일의 현지 지도는 3년이라는 긴 시간이 지난 후에 가시적인 성과를 내었다. 김일성 혁명전통을 수립하는 데 커다란 역할을 하였고, 북한 영화사에서 '기념비'라고 하는 〈유격대의 오형제〉가 마침내 1967년 김정일의 지도에 의해 완성되었던 것이다.

영화 〈유격대의 오형제〉 제작 이후 김정일은 노동당 중앙위원회 제4기 제15차 전원회의 이후, 당중앙위원회 조직지도부 중앙지도과 중앙기관 담당관 책임지도원에서 선전·선동부 문화예술지도과장으로 자리를 옮겨, 문화예술을 자신의 전문지도 부문으로 삼고 본격적인 활동을 시작했다.

김정일은 이미 자신 스스로 김일성의 후계자라 생각하였고, 이때부터 그는 후계자 입장에서 북한을 바라보며 자신이 이상적이라고 생각하는 북한의 모습을 늘 염두에 두며 일을 추진했다. 김정일이 그린 북한의 이상적인 모습은 항일유격대 '통일·단결'의 철학이 철저히 관철되고 실현된 사회이며 조직이었다. 김일성이 이끄는 항일유격대에서 태어나서 성장한 김정일로서, 항일유격대를 이상적인 사회·조직상으로 그린 것은 어쩌면 당연하고 자연스러운 일일 것이다.

그러나 '사람은 경험하는 만큼 안다'라는 명제가 있듯이 어느 한쪽에 국한되고 한정된 경험은 불가피하게 편향성을 가져온다. 김정일도 예외가 아니다. 김정일이 경험하고 아는 조직은 항일유격대가 유일하다. 김정일은 마치 어린아이가 자신이 좋아하는 것을 무비판적으로 절대화하듯이 김일성 항일유격대의 모든 것을 절대화했다. 이 점은 김정일이 남산고급중학교(고등학교)를 졸업하자, 주위에 많은 사람들이 소련이나 동구 유럽에 유학 갈 것을 추천하였으나, 김정일이 김일성종합대학을 갈 것을 고집하고 김일성종합대학에 입학[39]한 점에도 잘 나타나 있다.

김일성과 항일유격대 경험을 절대시하였던 김정일에게 배움과 교육의 근원과 원천은 김일성과 항일유격대의 경험이었다. 만일 김정일에게 다른 것을 접하고 배울 수 있는 기회가 있었고 김정일이 그렇게 했다면, 아마 그의 모습은 지금의 모습과는 다를 수 있으며 북한의 모습 또한 현재와는 달랐을 것이다. 그러나 김정일은 그것을 거부하였고 오로지 김일성과 항일유격대라는 조직과 그섯의 경험을 절대화하는 것에만 치중했다. 이런 측면에서 김정일의 세계관은 편향되었다고 할 수 있다.

북한에서는 김정일이 지도하여 제작된 영화 〈유격대의 오형제〉를 불후의 명작이라고 평가하는데, 김정일은 이 영화에 참여한 영화예술인들과 단지한 편의 '영화'를 만든 것이 아니었다. 3년이라는 어떻게 보면 긴 시간을 김정일은 영화·예술인들을 대상으로 실험을 하였던 것이다.

예술인 특성상 당성(黨性), 즉 사상적 기반이 매우 취약하고 자유주의 성향이 강한 영화·예술인들을 대상으로 김정일은 '인간개조 사업'을 한 것이었다. 여기서 '인간개조 사업'이란 이 영화·예술인들이 갖고 있던 기존의 성향과 사상을 버리게 하고, 이들을 항일유격대식 집단주의 사상으로 무장시키고 그것을 영화예술영역에 반영하는 것을 말한다.

김정일이 영화·예술인들과 3년간 벌인 사업의 총체적인 성과물이 바로 영화 〈유격대의 오형제〉였던 것이고, 김정일의 실험은 성공적이었다. 김정일은 이 경험에서 인간개조 사업이 가능하다는 자신감을 얻는다. 가장 어려울 수 있는 영화예술인들을 바꿀 수 있다면, 북한의 그 누구라도 항일유격대

---

39) 김정일은 자신이 외국 유학을 마다하고 김일성종합대학에 진학한 이유를 이렇게 밝혔다고 한다. "과학의 최고전당에 들어서니 수령님의 뜻을 받들어 혁명의 미래를 떠메고 나가야 하겠다는 결의가 더욱 굳어집니다. 나는 대학시절을 수령님의 혁명사상을 더 깊이 체득하고 조선혁명을 떠메고 나갈 준비를 갖추는 보람찬 시기로 만들려고 합니다."(조선로동당, 『위대한 령도자 김정일동지 약력』, 중앙위원회 당력사연구소, 1996, 15쪽).

식 집단주의 사상으로 무장시킬 수 있다는 자신감을 얻었던 것이다.

김일성이 영화예술사업 지도를 김정일에게 위임하였을 때, 아마 김일성 자신도 김정일이 3년이라는 긴 시간을 투자하여 단순히 일상적인 현지 지도를 떠나, 영화예술인들을 상대로 인간개조 사업까지 하리라고는 생각하지 못하였을 것이다. 김일성은 김정일이 이 사업을 원하고 있었고, 자신도 한 번 김정일의 자질을 시험해 보고 싶어서 김정일에게 이 사업을 맡겼으나, 김정일은 김일성의 예상과 기대를 훨씬 뛰어넘고 있었다.

김정일은 이미 후계자의 입장에서 이 사업을 시작한 것이고, 김정일이 영화예술분야를 자신의 첫 사업대상으로 선택한 것은 결코 우연도 아니고 호기심의 발동도 아닌 의도적인 것이었다. 김정일은 영화예술이 갖는 전파력과 사람들의 의식에 끼칠 영향력에 대해 잘 파악하고 있었다. 김일성과 그의 빨치산 동지들도 선전선동에서 예술이 갖는 위력을 어느 정도 알고는 있었지만 그들은 '구시대' 인물들이었다.

이들은 영화를 선전선동의 도구로 생각은 하고 있었지만 영화를 어떻게 활용해야 하는지는 잘 알지 못했다. 김일성 부대에서 문맹을 겨우 깬 일부 빨치산원로들에게 영화는 단지 신기한 '것'이었고, 이것을 핵심적인 매체나 선전 수단으로 이해하고 있지 못했다. 그러나 김정일은 달랐다. 김정일은 이들에 비해 '신세대'였으며 수상을 아버지로 둔 덕택에 영화와 같은 시청각 자료를 북한의 그 누구보다도 많이 보았다. 그리고 이것이 선전선동의 좋은 수단이 될 뿐만 아니라, 예술 매체로서 사람들의 '의식'에 큰 영향을 끼칠 수 있다는 사실을 잘 이해하고 이것을 활용하려 하였던 것이었다.[40]

김정일이 궁극적으로 원하는 것은 바로 북한 전체를 만주 빨치산 시절 김일성 유격대의 '일심단결' 사상으로 묶어내는 것이었다. 이것을 성취하기 위해서는 북한 사람들의 사상을 바꾸어야 하는데, 여기서 영화는 중요한 역할

---

40) 이런 이유로 김정일은 '영화 수집광' 이라는 소문이 나올 정도로 전 세계의 영화를 수집하고 시청하고 있다.

을 할 수 있는 매우 유용한 매체였다. 한 편의 잘 만들어진 영화는 이것을 보는 사람들의 감성과 감정을 움직이며 이들의 의식세계에 큰 영향을 준다.

다른 방법, 이를테면 강연회라든지 집단 학습 등을 통한 방법은 청중 수의 한계를 가질 수밖에 없고 연설자가 일일이 찾아 다녀야 하는 단점을 갖고 있으나, 영화는 영화관만 있다면 어느 곳에서나 누구든지 볼 수 있기 때문에 매우 효과적이고 강력한 선전 · 선동의 방법이다. 김정일은 영화를 보는 청중의 사상에 영향을 끼칠 수 있는 영화를 만들려면 영화를 만드는 모든 이들의 의식이 먼저 바뀌어야 한다고 믿고, 영화 · 예술인들을 대상으로 한 인간 개조사업을 먼저 시작하였던 것이다.

영화 〈유격대의 오형제〉를 성공적으로 제작하고 보급한 김정일은 1968년 김일성 항일유격대의 전통을 영화화하고, 전국적으로 보급할 전문적인 조직인 '백두산 창작단'을 설립하고 자신이 직접 지도했다. 영화예술 사업의 거점을 만든 것이다. 김정일에게 영화 사업은 단지 영화 제작에서만 끝나는 것이 아니었다. 김정일은 북한 전국에서 그가 주도하는 혁명영화의 내용을 채울 수 있지만 묻혀지고 있었던, 항일유격대 관련 실화와 보천보와 같은 소재지 등을 적극 발굴하는 등, 북한에서 소위 '혁명전통', 즉 항일유격대 전통을 세우는 데 주도적인 역할을 한다.

이것은 김정일이 북한에서 항일빨치산 경험과 전통에 바탕을 둔 주체사상을 정립하는 데 기반과 틀을 마련한 것과 같은 것이었다. 결국 김정일은 사람의 의식에 지대한 영향을 끼치는 문화예술의 내용과 핵심을 항일유격대의 정신과 경험으로 채우고, 여기에 종사하는 사람들을 항일유격대식으로 조직화시키면서, 현실에서 주체사상의 이론적 체계와 해석의 주도권을 확보하여 간 것이다.

2) 김정일의 조직 장악 II: 노동당 조직

김정일의 주체사상에 대한 이론적 체계와 주도권 확보는 그가 노동당을 장악하는 데 있어 매우 중요한 의미를 갖고 있다. 1960년대 말 당시 북한은 자립노선을 밀고 나가면서 소련과는 결별은 아니지만 거리를 두고 있었으며, 중국에서는 문화혁명의 영향을 받은 홍위병들이 북한 김일성 유일지도체제를 '수정주의적 독재'라고 비판하며 북한을 압박하고 있었다. 북한 지도부는 천리마작업반운동을 전국적으로 확산시키면서 자립적인 경제기반을 어느 정도 닦고 있었으나, 온 국민을 하나로 묶어낼 수 있는 사상적 기반은 확립하지 못하고 있었다.

사상적 기반 없이 외부에서 그것도 사회주의 종주국인 소련과 사회주의 대국이며 김일성이 처음 공산주의 활동을 시작한 중국에서부터 오는 사상적 압박과 압력은 북한으로서는 감당하기 매우 버거운 일이었다. 이때 김정일은 영화예술 사업을 통해 주체사상의 이론적 체계와 해석의 주도권을 확보하며 항일빨치산 경험을 바탕으로 한 북한만의 사상, 즉 주체사상과 그것의 기반과 가동할 수 있는 기제를 현실에서 만들고 있었던 것이었다.

김정일의 문학예술부문에서의 이른바 혁명전통에 대한 지도는 1970년대 초에 와서 일정한 성과를 내면서 김일성과 북한지도부로부터 높은 평가를 받게 된다. 김일성은 혁명전통과 관련해서는 1970년 제5차 당 대회의 '사업총화보고'를 통해 '전당이 맑스-레닌주의의 사상, 우리 당의 주체사상에 기초하여 굳게 통일단결된 것이 총결기관 당 사업에서 이룩된 가장 중요한 성과'라고 평가하면서 김정일의 지도력을 인정했다. 나아가 김일성은 김정일의 문학예술분야의 지도에 따른 이 분야의 변화에 대해 "문학예술부문에 튼튼한 기초를 닦는 문제를 15년 전에 제기하였는데, 이제 와서야 비로소 해결되었다."며 만족한다는 평가를 했다.[41]

김정일의 문화예술부문에서의 성과를 상징적으로 보여주는 것은 1971년 7월 자신이 직접 지도해 완성된 가극 〈피바다〉였다. 이 가극은 김일성과 북한지

---

41) 김정일, "영화창작사업에서 나서는 몇 가지 문제"(영화문화작가들과 연출가들 앞에서 한 연설, 1971. 2. 12), 『주체혁명위업의 완성을 위하여1』, 평양: 조선로동당 출판사, 1987, 289쪽.

도부가 직접 보았는데 공연을 보고 난 김일성은 '만족스럽다'는 평가를 했으며, 공연을 본 항일빨치산 원로들 역시 '옛 생각에 눈물을 흘렸다'는 소문이 돌 정도로 원로들의 감탄을 자아냈다고 한다.

가극 〈피바다〉는 항일혁명원로들에게 김정일이 후계자로서 자신의 자질과 능력을 확실하게 확인시켜주는 계기였다. 북한 지도부 입장에서 이 가극은 김정일이 김일성과 항일혁명원로들에 대한 효성, 극진한 존경을 예술적으로 표현시켜 준 것이었다. 원래 이들은 김정일의 어린 시절부터 김정일과 끈끈한 인연을 맺어왔고 김정일이 김일성의 후계자가 되기를 원했다. 김정일이 문학예술분야 등에서 보여준 성과는 항일빨치산원로들이 김정일을 후계자로 선택한 것이 옳았다는 확신을 주었고, 이들이 김정일을 공식적으로 김일성의 후계자로 추대하는 결정적인 계기가 되었다.[42]

김일성과 북한지도부로부터 능력과 사상을 인정받은 김정일은 곧바로 조직 장악 2단계에 착수했다. 김정일은 문예 분야 이외에 출판·보도 분야까지 넓혀 지도하고 이것을 발판으로 선전 분야의 제공권까지 확보하며 사상·이론적 지도 기반을 확고히 다진다. 김정일은 1970년 당선전선동부 문화예술과 지도과장을 맡으면서 노동당 조직의 장악을 시작한다.

김정일은 문화예술에서의 경험을 바탕으로 노동당 내에서도 항일빨치산 전통을 세우는 것을 목적으로 하는, 소위 혁명전통 강화를 위한 '새로운 당생활 총화'를 발기하고 항일빨치산 전통에 근거한 '총화체계'를 확립한다. 당시 김정일은 약관 28세였으나 이미 김일성과 북한지도부로부터 후계자로 인정을 받은 후였기 때문에 큰 견제 없이 자신의 사업을 펼칠 수 있었다.

노동당의 당원들은 항일유격대에 직접 참가한 원로와 고급간부 등을 제외하면, 대부분이 항일유격대 전통에 대해서 잘 알지 못했고 체내화시키지도 못하고 있었다. 이런 노동당 당원들에게 김정일은 주체사상의 이론적 제공

---

42) 정영철, 「김정일 체제 형성의 사회정치적 기원: 1967~1982」, 서울대학교 대학원 사회학과 박사 논문, 2001년 8월, 115쪽.

권을 확보하면서 '항일빨치산 전통'을 바탕으로 노동당 재조직에 나선 것이었다. 1973년부터 김정일은 당과 수령에 대한 충성심을 고양시키고, 유일사상체계를 확립하는 데 목적을 두고 '새로운 당 생활총화제도'를 전반적인 당-국가사업으로 일반화시켰다. 이제 당원들뿐 아니라 실질적으로 북한의 전 주민들에게 주체사상을 보급하는 주도권도 잡은 것이다.

주체사상과 유일사상체계는 한 순간에 상황 대응적으로 나온 것이 아니다. 주체사상에 대한 이론적 체계의 완성은 김정일이 1982년에 발표한 "주체사상에 대하여"(이하 '대하여')가 나오면서 확립되는데, 김정일은 '대하여'를 발표하기까지 10년이 넘는 기간 동안 전 노동당 북한 주민을 '총화체계'로 조직해 내면서, 주체사상과 유일사상체계를 보급하여 주체사상과 유일사상체계의 기반을 이미 확보하고 있었다.

더욱 중요한 사실은 김정일이 주체사상이론을 노동당 그리고 노동당을 통해 전 국민에게 보급하면서 북한에서 새로운 조직체계를 만들고 있었다는 사실이다. 김정일이 내세웠다는 구호, "모든 사업을 항일유격대식으로"와 같이 김정일은 북한 전역을 그리고 북한 주민 모두를 '일심단결'의 철학으로 묶으려고 했다. 당시 북한에서 사상·이론적으로 주체사상, 특히 유일사상체계는 누구나 간단히 손을 댈 수 있는 사업이 아니었다.

자신들의 경험을 사상화시키는 것에 대한 중요성과 필요성은 김일성과 북한지도부도 인식하고 있었지만, 그것을 이론화하는 것은 그들의 전문 영역도 아니었고 어떻게 하는지도 잘 알지 못했다. 또한 북한 학자들에게 이 작업은 어려운 수준을 떠나 아예 생각조차 할 수 없는 일이었다. 대부분의 학자들은 공산주의와 혁명이론의 원조인 마르크스와 레닌을 탐독하고 주(主, main)사상으로 받아들이고 있었고, 이들이 감히 마르크스-레닌주의를 재해석한다거나 마르크스-레닌주의와 다른 혁명이론을 만든다는 것은 꿈조차 꿀 수 없는 일이었다.

이런 측면에서 당시 김정일이 주도한 '전 인민으로의 주체사상 보급'은 매우 이례적이고 대담한 시도였다. 그러나 이것을 계기로 김정일은 주체사상과 유일사상체계 이론의 제공권을 확보하면서 자신이 궁극적으로 원하는 일 (즉, 북한 전체를 하나의 유기체적인 조직으로 묶는 사업)의 주도권도 잡게 된 것이었다.

김정일은 1973년 9월 북한에서 조직과 사상을 책임지는 노동당 중앙위원회 조직사상비서로 선출되었는데, 앞서 살펴보았듯이 김정일이 조직사상비서로 선출되었던 것은 그가 현실에서 실천을 통해 조직사상 분야의 주도권을 확보하고 있었기 때문이지, 수령인 아버지 김일성과 빨치산 원로들의 배려만으로 선출된 것이 아니다.

소직사상비서가 되자 김정일은 체계적으로 그리고 단계적으로 '조직 다지기'에 들어간다. 북한이라는 거대한 조직을 하나의 유기체적인 조직으로 묶어 내는 것은 체계적이고 단계적으로 이루어질 수밖에 없었다. 김정일이 가장 무게를 두고 추진한 것은 바로 노동당 내에서의 유일지도체계 확립이었다. 항일유격대 시절 김일성을 중심으로 모든 유격대원들이 일치단결하여 악조건 속에서도 살아남았듯이 북한에서 사상적 통일을 어느 정도 이룬 후, 요구되었던 것은 유일지도체제를 현실에서 가동시키고 실현시킬 수 있는 조직을 재정비하고 다지는 것이었다.

김정일이 먼저 추진한 것은 간부 사업체계를 장악하고 간부 사업체계에서 유일지도체제를 세우는 것이었다. 조직사상 비서로서 김정일은 현실에서 실질적으로 일할 수 있는 '간부'의 중요성에 대해 잘 알고 있었다. 그러나 아무나 간부가 될 수 없었다. 김정일에게 당 간부는 '사상성(redness)'[43]과 '전문성(expertise)'을 겸비한 인재이다. 사상성과 전문성 둘 중에 더 중요한 것은 물론 사상성이다.

그보다 더 중요한 것은 간부들을 하나의 조직체계로 묶어 내어 조직 내에서 통일·단결을 만들어 내는 것이다. 그래서 김정일은 당의 핵심 참모 부서

---

43) 여기서 'redness'란 사회주의 또는 공산주의자들을 지칭하는 '빨갱이'가 아니고 주체사상에 근거한 항일유격대식 집단주의를 말한다.

인 조직지도부가 당-정-군 등, 전반적인 간부 인사권을 장악·전담할 수 있도록 조직지도부의 기구를 개편하고, 간부 사업체계를 새로 만들었다.

이전에는 간부 인사권을 당 간부의 지도 아래 두고 각 부서별, 기관별로 따로따로 취급하였기 때문에, 당 간부의 자위권이 간여할 수 있는 여지가 있었고 전체적 통일성을 훼손할 수 있었다. 김정일은 모든 당 간부의 인사권을 조직지도부에 집중시켜, 결국 조직지도부장 겸 조직비서인 자신이 전체 간부의 인사권을 지도·통제하여 당 간부 사업체계에서 유일지도체제의 근간을 확립하는 한편, 지도 검열체계를 강화하여 유일지도체계가 잘 지켜지고 작동하는지 수시로 감독하게 했다.

북한은 노동당을 중심으로 이루어진 거대한 조직이므로 노동당의 인사권을 확보하고, 지도 검열체계를 강화한다는 것은 노동당을 실질적으로 장악·통제한다는 것과 북한이라는 거대한 조직의 핵을 장악한다는 것을 의미한다. 일단 노동당을 장악한 김정일은 노동당을 통해 군과 행정기관을 개편, 통제·장악한다. 김정일이 군과 행정기관을 장악하는 방법은 노동당 조직 장악 방법과 유사하다.

3) 김정일의 조직 장악 III: 군 장악과 선군정치

김정일의 군 장악의 경우, 1969년에 발생한 '김창봉·허봉학 사건'으로 이미 노동당의 군 통제가 강화된 상태에서 시작되었다. 이 사건은 당시 민족보위상이었던 김창봉과 대남사업총국장 허봉학 등 군부의 거물들이 숙청된 사건을 말하는데, 남한에서 악명 높은 '김신조 사건'과 '삼척·울진 공비 사건'과 직접적인 연관이 있다.

북한에서 군의 위상과 역할은 말할 수 없이 중요하다. 김일성 자신도 만주에서 항일유격대에 가담하면서 소위 혁명가의 긴 경력이 시작되었고, 해방 후 군을 장악하고 있었기 때문에 북한의 최고지도자가 될 수 있었다. 군의 위상과 역할은 1960년대 미소 냉전으로 인해 전 세계적으로 긴장이 고조되고, 남한에서 반공을 국시로 하는 군사 정부가 들어서면서 이전보다 더 높아지게 되었다.

　이런 배경 속에서 군은 당의 통제를 벗어나고 있었는데 이것은 당 지도부가 군부 상층부를 항일빨치산 출신과 그 심복들로 구성해 놓고, 군의 인사권 및 작전권 등 주요 문제를 군부에 일임하였기 때문이다. 김일성 또한 군에게 절대적인 신임을 주었기 때문에 군부는 '군대 제일주의'를 표방하며 독자적으로 활동했다. 군부는 1968년, 당의 허락 없이 특수 부대를 남한에 파견해 당시 남한의 대통령이던 박정희를 암살하려고 했고(김신조 사건), 무장 공비를 파견하여 남한의 방어선을 시험하며 교란하고 무고한 양민들을 학살했다(삼척·울진 무장공비사건).

　김신조 사건이 실패로 끝나면서 군벌의 문제가 수면으로 떠오르고 대대적인 검열은 불가피했다. 군부 지도자인 민족보위상 김창봉과 대남사업총국장인 허봉학 등, 상당수의 군 고위관계자들이 검열 과정에서 숙청되었다. 이러한 사건의 재발을 막기 위해 군 당위원회의 권한을 강화하고, 당의 정책 결정을 집행하는 정치 기관인 인민군 총정치국, 대대급 이상 부대에는 정치부가 신설되었다. 또한 인민군 내에 정치위원제를 도입하여 당 조직의 군 통제를 3중의 형태로 강화시켜 군을 확실하게 노동당 통제 아래 두게 했다.

　1969년 발생한 '김창봉·허봉학 사건'은 김정일이 군을 장악하기에 좋은 계기를 제공했다. 이 사건으로 군에 대한 당의 통제가 강화되었고, 당 조직을 장악한 김정일은 자연스럽게 군을 장악할 수 있었다. 노동당의 군에 대한 통제는 매우 철저하게 이루어졌는데 군내의 모든 교육 계획, 명령서는 군사 간부에 이어 정치위원의 서명이 있어야 효력이 발생하게 되었다. 김정일은 당을 장악하고 있었고 인사권을 가지고 있었기 때문에, 군에서 일어나는 모든 결정은 김정일의 손을 거치지 않고서는 이루어질 수 없었다.

　김정일은 탄생에서 성장까지 군대에서 생활했다. 이런 김정일은 군대에 대한 특별한 관심이 있었고 북한에서 군이 차지하는 중요도에 대해 그 누구보다도 잘 알고 있었다. 김정일은 사상조직비서로서뿐 아니라 개인적으로도 인민군을 확실히 장악하고 싶어 하였을 것이다. 또한 군은 무력을 움직이는 조직이기 때문에, 만약 '김창봉·허봉학사건'과 같이 다시 군의 독단적 행동이 가능해지면 김정일이 구축하려는 유일지도체제 또한 일시에 무너질 수 있는 위험성이 늘 존재하고 있었다.

김정일 입장에서 군은 반드시 장악하고 통제해야 할 대상이었다. 김정일이 사상조직비서가 되기 전 이미 군은 '김창봉·허봉학사건'으로 당의 통제가 강화되면서 당의 영향력 아래 놓이게 되었다. 김정일은 더욱 철저하게 검열지도를 실시함으로써 군에 대한 당의 통제를 한층 강화시켰다.

검열 대상은 인민군 당위원회와 같은 상층부 꼭대기에서 중대 세포 단위의 말단 단위까지 망라하였으며, 검열 기준은 '유일사상체계와 유일지도체제를 군에서 잘 따르는가, 김정일이 제시한 방침과 구호가 제대로 접수되는가?'였다.[44] 모두 '수령의 군대', 즉 오로지 수령을 위해서 복무하고, 수령의 명령에 복종하고, 수령에게 충성하는 군대로 만들기 위한 작업이었다.

김정일은 1974년 후계자로 공식 추대되었으며 당을 실질적으로 장악하고 있었기 때문에, 수령의 군대란 결국 김정일의 군대를 의미하는 것이다. 김정일은 군 정치위원회의 인사권을 갖고 있었기 때문에 군의 요직을 자신의 사람들[45]로 채우며 군을 철저하게 당의 통제, 즉 자신의 통제 아래 두었다.

김정일은 후계자로 추대된 후 지속적으로 그리고 정기적으로 군(軍) 현지지도 등을 다니면서 군을 직접 챙기며 자신의 군대로 만들어 갔다. 사방이 대국으로 둘러싸이고 휴전선을 경계로 남한 그리고 미국과 군사적으로 대치하고 있는 환경에서 북한에 대한 외부세계의 부정적인 변화 등, 비상사태 발생 시 긴급하게 대처하고 기댈 수 있는 조직은 군대밖에 없었다.

---

44) 정창현, 앞의 책, 196~197쪽.
45) 김정일은 자신과 정치적 운명을 같이 하는 소위 혁명2세대 인물(대부분 김정일과 같이 만경대혁명학원 출신들이다)로 군부의 핵심 자리를 채웠다. 이들 중 대표적인 인물로는 인민군 참모장을 지낸 오극렬, 현 인민군 대장인 김두남, 현 인민군총참모부 부참모장인 김강환 등이 있다.

또한 김정일에게 군대는 자신이 이상적으로 생각하는 '조직의 상(像)'과 같았다. 사령관의 명령에 일사불란하게 움직이는 '통일·단결'은 군의 생리적인 문화이고, 사령관을 최정점으로 하는 '집단주의'가 군대에서는 기본(아니면 강압적으로라도)으로 이루어지기 때문이다. 김정일의 '군 챙기기'는 북한이 위기적인 상황을 처할 때마다 더욱 강도 높게 이루어졌다.

김정일은 '군 챙기기'가 계속되는 동안 군에 관한 모든 행정운영조직을 장악·관리한다. 또한 김정일은 1980년 제6차 당 대회에서 중앙위원회 위원, 정치국 상무위원, 비서국 비서, 군사위원회 위원으로 선출되었고 1990년에는 조선인민군 최고사령관, 그리고 1993년에는 국방위원장에 선출되었다. 김정일이 군의 최고통치권을 갖는 국방위원장직에 오른 것은 수령인 김일성을 아버지로 둔 덕분에 이루어진 '낙하산 인사'가 아니라, 자신이 20년이 넘는 세월 동안 군을 장악, 통제, 그리고 관리한 결과였다.

여기서 김정일이 내세우는 '선군(先軍)'에 대해서 살펴보자. 김정일은 1997년 당 총비서(general secretary)가 되었으며, 1998년 최고인민회의 10기 1차 회의에서 헌법 개정을 통해 주석제를 폐지하고 권한이 더욱 강화된 국방위원장에 재추대되었다. 국방위원회는 1972년 사회주의 헌법에서 최고인민위원회의 사업을 돕는 부문별 분과로 설립되었으나, 1992년 개정헌법에 따라 최고인민위원회에서 분리되었고, 국가주권의 최고군사지도기관으로 승격되었다. 따라서 국가주석이 행사하던 모든 무력 지위 통솔권을 국방위원장이 행사하게 되었다. 또한 1998년 9월 헌법 개정을 통해 국가주권의 최고군사지도기관이자 전반적 국방관리기관으로서 위상이 강화되었다. 이로써 국방위원회는 국방 분야에서의 상설적인 최고 주권 및 행정기관이 되었다.

'선군'이라는 개념이 처음 등장한 것은 1997년 10월 7일 조선중앙통신 정론을 통해서였으며, 1999년 『노동신문』의 공동사설에서 '선군혁명령도'의 개념이 구체화되면서 선군론이 정립되었다. 이후 북한의 모든 것, 이를테면 정치, 철학, 영도 등에 '선군'이라는 수식어가 붙으면서 '선군'은 김정일의 영도방식이고 합법칙에 의한 것이라고 선전하고 있다. '선군'은 무엇을 의미하는가? 군에 의한 통치를 가리키는 군벌 독재인가? 아니면 과거 히틀러의 독일이나 일본의 군국주의에 바탕을 둔 병영국가를 의미하는가?

북한의 '선군'을 제대로 알기 위해서는 북한이 처한 상황과 김정일을 이해해야 한다. '선군'은 김일성 사후 북한이 소위 '고난의 행군'이라는 어려운 상황을 맞으면서 시작되었다. 1970년대 중반부터 시작된 북한의 경제 침체와 위기는 1980년대 후반과 1990년대 초 사회주의권 몰락과 붕괴로 더욱 악화되고 증폭되어 마침내 기근과 같은 사태를 초래하게 되었다. 당시 북한의 몰락과 붕괴도 시간문제인 것처럼 보였다. 사회주의권이 붕괴되면서 북한에 대한 외부에서의 군사적 압박은 더 심해지고 가중되었다. 제1차 걸프전쟁 이후 미국은 새로운 세계질서를 구축한다는 목적으로 북한, 쿠바, 이란, 리비아, 시리아 등 반미적인 국가들을 압박하기 시작하였기 때문이다.

북한으로서는 사회주의권의 아무런 협력과 협조 없이 국방을 강화하고 국방에 대한 투자를 늘려 대치해야 했다. 북한은 '자급·자족형 경제체계'를 구축하고 외국과의 교역을 최소화하며 경제를 운영하여 왔다. 그러나 자원이 부족한 북한에서의 이러한 자급·자족형 경제체계는 원래부터 한계를 가질 수밖에 없었기 때문에 경제 침체는 불가피했다. 북한 산업에서 가장 심각한 타격을 입고 경제 침체의 원인이 된 것은 에너지와 에너지 관련 산업이다.

북한에서 자립경제체계를 확립하기 위해서 에너지 자립은 필수적이다. 그러므로 북한은 에너지를 수력, 석탄 등에서 뽑으며 에너지 생산에서 석유가 차지하는 비율을 최소화(약 10%)했다. 그러나 석유는 경제에서 다양하고 폭넓은 응용(application)을 갖고 있는 필수적인 에너지원이었고, 양적으로 아무리 의존도(degree of dependency)를 줄인다 하더라도, 석유 없이 경제를 돌린다는 것은 매우 어려운 일이다. 이에 소련에서 석유공급을 중단하자 북한경제는 날개 잃은 새처럼 추락하고 만다.

이것이 북한이 '고난의 행군'이라는 위기대응 및 관리 체제를 가동할 수밖에 없는 가장 중요한 배경이었다. 소련이라는 막강한 군사 동맹국이 사라지고 미국의 군사적 압박이 강화되자 북한은 불가피하게 군을 강화시킬 수밖에 없었다. 군을 강화시킨다는 것은 결국 국가예산에서 군에 배분되는 예산을 늘리는 것이다. 경제가 한참 침체기를 걷고 있을 때, 비생산적인 국방에 예산을 편중시키는 일은 그야말로 불난 집에 부채질하는 것과 마찬가지로 경제문제를 증폭시키며 경제적 어려움을 가중시키는 결과를 가지고 왔다. 이때 나온 것이 김정일의 '선군'이다.

외부적 군사 압박에 직면한 북한은 어려운 경제상황 속에서도 예산의 많은 부분을 국방에 투지해야 했다. "당이 결심하면 우리는 한다!"라는 표어는 북한 어느 곳에서나 어렵지 않게 볼 수 있다. 이 표어는 북한 주민들의 당에 대한 의지의 표현이라고 한다. 물론 이 표어가 북한 주민 전체의 의지라고 볼 수는 없다. 그러나 설사 이것이 북한주민의 의지 표현이라고 해도 허리띠를 졸라매고 졸라매서 더 이상 졸라맬 수 없는 상황에 이르러, 북한 주민들에게 경제적 어려움을 가중시키고 더 많은 인내를 요구하는 것은 매우 무리한 요구일 수밖에 없다. 김정일은 투자우선순위 변화를 정당화시킬 이론적 근거(rationale)가 필요했다. 김정일의 모든 것을 '합법칙'으로 설명하는 북한에서 이 이론적 근거는 단지 '필요(necessity)'가 아니라 '필수(essentiality)'였다.

'선군정치'가 처음으로 공식화된 것은 1997년 10월 7일 조선중앙방송이었다. 방송은 정론을 통해 '경제사정이 아무리 부담이 크다 해도 선군후로(先軍後勞)하라!'고 독려하였는데, 이후 북한 문헌은 '선군후로' 그리고 '선군정치'에 관한 글과 해석으로 홍수를 이루며 '선군'의 합법칙성을 설명하기 시작하였고, '선군정치'는 주체사상의 근원을 두는 김정일 시대의 철학으로 자리 매김했다.

김정일은 원래 군을 이상적인 조직의 상(象)으로 보고 있었으며 '로맨티사이즈(romanticize)' 했다. 김정일이 로맨티사이즈 한 것은 '고난의 행군' 중의 김일성 부대였다. 당시 '고난의 행군'은 매우 절박한 상황 속에서 그야말로 김일성과 부대대원들의 목숨이 걸려 있는 '생사의 행군'이었다. '행군'이라고 하기보다는 관동군의 대대적인 토벌을 피해 목숨을 건 '도망', 아니 '탈출'이라고 보는 것이 더 정확한 표현일 것이다. 관동군 토벌대는 토끼몰이 하듯이 김일성 부대를 쫓았으며, 김일성 부대는 추운 겨울, 제대로 먹지도 못하고 잠도 못 자며 동만주에서 북만주로 목숨을 건 탈출을 하였던 것이다. 이런 긴박하고 엄중한 상황이었기에 '집단주의'와 '일심단결'은 더욱 요구되고 강조되었다. 그리고 서로를 위하는 '동지애'는 사치가 아닌 일상적인 생존방법이었다.

이러한 '고난의 행군'이 종결지어질 무렵 김정일이 태어났다. 김정일은 부모인 김일성과 김정숙에게, 그리고 이 '고난의 행군'에 동참한 빨치산 전우들에게 '고난의 행군'에 대한 이야기를 귀에 못이 박히도록 들었을 것이며, 이야기는 많은 사람을 거치면서 매우 긍정적으로 각색되었을 것이다.

어린 김정일에게 '고난의 행군'은 그야말로 '살아있는 전설'이 되었을 것이며 '자기 이상화(self-idealization)'로 다가왔을 것이다. 김정일이 북한에서 만들려고 하는 것은 바로 '고난의 행군'을 성공적으로 이끌어 내었던 김일성 유격대와 같은 조직이다. 김정일에게 이상적인 조직의 상은 바로 그런 '군대'였던 것이다. 북한이 1980년대 말부터 엄청난 어려움에 처하자 김정일은 마치 연어가 자신이 태어난 곳으로 복귀하듯, 1930년 말에 '고난의 행군'을 하던 유격대와 같은 조직, 즉 군으로 위기돌파를 하려고 하였는데, 이것이 바로 '선군'이다.

김정일은 1980년 10월 조선로동당 제6차 대회를 통해 공식 후계자로 대내외에 알려지게 된다. 후계자로 추대되고 6년 만의 일이다. 당시 김일성의 나이는 70세였으며 김정일의 나이는 38세였다. 한 나라의 최고지도자가 되기에는 아직 어린 나이였지만 김정일은 이미 당, 군, 행정조직 그리고 북한 주민들의 행동양식을 장악하고 있었다. 김정일은 북한이라는 조직을 단지 장악만 하고 있었던 것은 아니었다. 그는 '3대혁명소조운동', '속도전', '3대혁명붉은기쟁취운동', '70일 전투' 등 각종 대중운동을 발기하고 추진하여 현실에서 자신의 지도력을 강화시키고 조직도 강화시키려고 했다.

김정일이 대중운동을 주도하였을 당시, 북한경제는 침체가 시작되는 시기였으며 이 운동들도 표면적으로는 증산을 목적으로 하고 있었다. 그러나 증산을 실질적으로 이루고 경제 성장에 긍정적으로 작용한 김일성 주도의 천리마작업반운동에 비해 김정일이 주도한 대중운동들은 큰 증산을 이루지 못했다. 이 운동들이 증산을 이루지 못한 가장 큰 이유는, 기술적 발전 없는 지속적인 노동력 투하는 '수확체감의 법칙'에 부딪칠 수밖에 없고, 결국에는 생산성 저하를 가지고 오기 때문이다. 김정일이 이것을 잘 이해했는지, 못하였는지는 알 수 없으나 김정일의 대중운동은 생산성 증가 이외의 또 다른 목적을 갖고 있다. 그것은 바로 '정신무장'이다.

김정일이 공식적으로 후계자로 발표되었을 때 북한의 '자급·자족형 경제 발전전략'은 이미 한계에 도달해 있었다. 사실 북한의 역사는 '고난의 행군'의 연속이라고 보아도 무리가 없을 정도로 어려움의 연속이었다. 김정일은 불가피하게 정신무장을 강조할 수밖에 없었다. 또한 김정일은 자신과 북한이라는 조직은 어려움을 이길 '유전자'가 있다고 믿었다. 그 유전자는 바로 1930년대 말 '고난의 행군' 당시 김일성 부대의 경험에서 나왔다. 특히 자신은 그 행군 와중에 태어났기 때문에 정신뿐만 아니라 육체적으로도 그 유전자가 있다고 믿고 있을 것이다.

김정일은 대중운동을 통해 북한 사람들을 정신적으로 무장시키려 하였고 북한 전체를 자신이 이상적으로 로맨티사이즈 하고 있는 김일성 부대와 같은 조직으로 만들려고 했다. 북한에서 대중운동은 이미 일상적인 것이 되어 버렸다. 그러나 보상이 없는 대중운동은 여기에 참여하는 사람들을 피곤하게 만들고 의욕을 떨어뜨릴 수밖에 없다. 그런데 어떻게 이런 대중운동이 북한에서는 지속되는 것일까?

북한이라는 사회의 문화는 매우 독특한 배경 속에서 형성되어 왔다. 먼저 북한의 문화는 외부와는 단절된 상태에서 조선 500년 동안 형성된 문화의 연속선상에, 해방 후 북한의 독특한 유일지도체제의 집단주의가 접목된 문화이다. 이러한 문화가 외부와의 접촉 없이 60년이 넘게 지속되면서 북한만의 독특한 것으로 발전되어 왔다. 일반적인 자본주의 시장경제 사회에서 물질적 보상이 강조되지 않는 운동은 더 이상 지속될 수 없다. 그러나 북한 사회에서 대중운동에 참여하는 사람들의 동기 구조(incentive structure)는 다른 사회 사람들의 것과 비교하여 매우 다르다.

북한 주민들이 대중운동에 참여하여 받는 최대의 보상은 김정일로부터 오는 '인정(acknowledgement)'과 '포상(award)'이다. 이 중 김정일로부터 받는 인정의 증표인 훈장은 북한 사람들에게 그 의미가 매우 크다. 이런 훈장을 받은 사람들은 자랑스럽게 공식석상에서 훈장을 달고 나오고 여기에 대한 자긍심(pride) 또한 대단하다. 또 북한 당국은 이러한 사람들을 영웅으로 대우하고 대대적인 선전을 하며 이들을 치켜올린다. 많은 북한 주민들은 경쟁적으로 이러한 대중 동원운동에 참여하고 김정일로부터 인정받기를 원한다. 사람의 동기(incentive)는 타고나는(inherent) 매우 생리적인 면도 있지만, 칼 폴라니가 주장하였듯이 환경과 정황에 의하여 만들어지는 '문화·제도적인' 면도 있다.[46]

현재 북한에 살고 있는 대부분의 사람들은 해방 후에 태어난 사람들이다. 결국 이들은 유일지도체제의 집단주의문화가 배경이 된 사회에서 태어나고 성장하며, 또 직간접적으로 북한식 집단주의 문화를 만들어온 사람들이다. 북한 사람들은 또한 항시적으로 행하여지는 '총화'와 집단적으로 이루어지는 '학습'을 통해 유일지도체제와 집단주의에 대한 교육과 훈련을 받는다. 북한 사람들에게 집단주의는 이제 어느 정도 '내재화(internalization)'되었다고 보아야 한다.

대부분의 북한사람들에게 이제 대중운동은 일상화되어 있고, '장군님

---

46) '경제인간(호모 에코노미쿠스)'으로 추상하는 주류경제학에 맞서서, 칼 폴라니(Karl Polanyi, 1886~1964)는 경제를 사회와 문화 안에서 이해해야 한다고 그의 저서 『거대한 변환(The Great Transformation)』에서 주장했다. 칼 폴라니는 경제학에 대한 문화 접근방식(cultural approach to economics)의 창시자이며, 그의 이론은 경제학뿐 아니라, 인류학, 정치학, 그리고 사회학에 지대한 영향을 미쳤다(Swedberg, R., U. Principle of Economic Sociology, Princeton, Princeton university press, 2003, p. 26).

(김정일)에게 인정'을 받을 수 있다면 발 벗고 나서기를 주저하지 않게 된 것이다. 김정일은 북한이 위기에 봉착할 때마다 대중운동을 발기하지만 경제적인 성과는 별로 거두지 못한다. 그러나 이러한 대중운동으로 김정일은 북한 주민들을 정신적으로 무장시키며(항일유격대의 경험을 상기시키며) 자신의 유일지도체제를 더욱 공고히 한다. 북한은 이제 공식적으로 자신들을 '김일성 민족'이라고 한다. 북한과 남한은 육체적으로는 같은 유전자를 갖고 있지만, 정신·문화적으로는 이제 매우 다른 유전자를 갖고 있다고 할 수 있다.

4) 김정일 유일체제의 미래

앞에서 살펴보았지만 김정일의 김일성 후계자 승계과정(조직 장악과정)은 북한이라는 조직을 강화시키는 '조직 강화'와 '조직 재생산'을 동시에 포괄하는 과정이었다. 김일성과 북한지도부가 김정일을 처음부터 후계자로 선정하고 승계를 조성한 면도 있지만, 김정일이 후계자로서 북한이라는 조직을 장악하고 강화시키며 스스로 최고지도자로 만들어 간 측면이 더 강하다.

김정일은 1942년생으로 2008년 현재 68세이다. 김일성이 1974년 자신이 64세일 때 김정일을 후계자로 내정하였고 70세인 1980년 후계자로 공식 발표했다. 김정일이 영화예술분야에서 지도자감으로 인정받은 시기가 김일성이 60세였던 1970년이고 김일성이 사망한 것이 1994년이니 김정일은 약 24년간 후계자 수업을 받은 셈이다. 그러나 이 시기 김정일은 '후계자 수업'을 받기보다는 실질적으로 이미 '후계자'로서 조직을 장악하였을 뿐 아니라 조직을 강화시켰다. 그럼 김정일은 다음 단계인 '조직 재생산'을 준비하고 있을까? 아니면 벌써 후계자 준비를 끝냈을까?

유일체제 리더십에서 '조직 재생산'이란 곧 유일지도체제를 계승한다는 것을 의미한다. 유일지도체제 계승은 체제를 한 지도자에서 다른 한 지도자로 넘긴다는 것을 의미한다. 그런데 북한에서는 아직도 김정일을 승계할 인물이 표면 위에 나오지 않고 있다. 일부 북한 전문가들은 김정일의 아들 중한 명이 김정일의 후계자가 될 것으로 예상하고 있으나, 김정일의 아들 중누구도 노동당이나 군에서 중요한 자리를 갖고 있거나, 활약(김정일이 영화예술분야에서 괄목할 만한 성과를 내었듯이)을 하고 있지 않다.

북한은 워낙 비밀스러운 사회이기 때문에 김정일 아들 중 한 명이 어디선가 활약하고 있더라도 외부에서 잘 모를 수 있으나, 김정일의 경우에서 볼수 있듯이 유일지도체계는 결코 한순간에 승계될 수 없다. 또 후계자 스스로충분한 시간을 갖고 조직을 완전히 장악해야 하는 점도 고려한다면, '김정일아들 중 한 명이 후계자로 비밀스럽게 이미 선정되어 아무도 모르게 활동한다'는 설은 근거가 없어 보인다.

김정일은 이미 70을 바라보는 노인이다. 그가 아버지인 김일성과 같이 80세 이상을 산다 하여도 앞으로 그에게 주어진 육체적 시간은 분명 한계가 있다. 이런 김정일이 왜 아직 후계자를 선정하지도 않고 훈련시키지도 않는 것일까? 김정일 사후에 북한에는 어떤 지도 체제가 들어설까? 이 물음에 대해 정확한 답은 없다. 그러나 김정일과 북한이라는 독특한 체제를 고려해 보았을 때,다음과 같은 분석을 할 수 있다.

김정일이 항일유격대를 이상적인 조직의 상으로 보고 북한 전체를 항일유격대식으로 조직하려는 것에는 분명한 목적이 있다. 그 목적은 북한에서이야기하듯이 이 세상 모든 곳에서 '주체'를 실현하려는 것이 아니다. 북한의 주체사상은 북한이라는 특수한 상황과 역사적 배경에서 나온 매우 특수한 사상이다. 주체사상이 철학과 사상으로서 인류보편적인 측면과 가치가전혀 없는 것은 아니지만, 주체사상이 예수의 사상이나 석가모니의 사상과같이 다른 곳에 전파되어 '보편 종교화'되는 것은 별로 현실성이 없어 보인다. 김정일이 주체사상으로 북한 전체를 묶어내고 항일유격대식으로 북한을 조직화시키려는 가장 큰 목적은 역설적으로 '미국으로부터 인정받기 위해서'이다.

김일성은 자신이 생존하기 위해서 처음 가지고 있었던 중국에 대한 기대와 환상을 버리고 스스로 살아가는 방법, '주체'를 할 수밖에 없었다. 민생단 고아들을 자신의 부대에 받아들여 그들을 죽음으로부터 구해내고 그들과 더불어 항일빨치산 게릴라 투쟁을 하는 동안, 자신을 중심으로 한 '통일 · 단결'은 모두를 지켜주었다.

김일성과 그의 부대원들은 해방 후 북한에 들어가 북한 권력의 핵심이 되었으며 자신들의 경험을 토대로 북한이라는 국가를 건설했다. 그러나 이들을 늘 위협하는 존재가 있는데 그것이 바로 미국이다. 미국에게 북한은 별로 인정하고 싶지 않은 골칫거리였다. 미국은 원래부터 한반도에 대한 관심이 별로 없었다. 한반도를 양분한 이유는 일본을 공산주의로부터 사수하기 위해서였고 한반도는 '계륵'과 같은 존재였다.[47]

미국이 북한과의 전쟁에서 완벽하게 이기지 못하고 휴전을 한 것은 초강대국으로서 치욕과 같은 일이었다. 전쟁에서 약 5만 명이라는 많은 사상자가 나왔지만 미국은 북한을 인정하고 싶지 않았다.[48] 북한에 대한 미국의 정책을 일반적으로 냉전적 '봉쇄(containment) 정책'이라고 하는데, 본질적으로는 '무시 정책(the policy of ignoring)'이었다. 미국은 소련과 사회주의권 붕괴 이후 북한도 스스로 붕괴될 것으로 믿었으나 북한은 붕괴되지 않았다. 그러나 미국에게 북한은 언젠가는 망할 또는 망해야 되는 나라였고, 미국은 한반도에서 군사적 긴장의 강도를 조절하면서 북한이 내부적으로 붕괴할 것을 기대했다.

약소국인 북한에 대한 초강대국인 미국의 이러한 정책은 북한으로서는 피가 마르고 허리가 부러지는 것과 마찬가지로 감당하기 어려운 일이다. 북한은 해방 후 줄곧 미국의 관심을 끌기 위해 노력하여 왔다. 그러나 미국의 북한에 대한 '무시 정책'은 크게 변하지 않았다. 급기야 북한은 미국의 관심을

---

47) 여기에 대한 보다 구체적이고 체계적인 설명은 필자의 졸저 『중립화 노선과 한반도의 미래』(선인, 2007) 제2장 1절을 참조하라.
48) 이런 이유 등으로 미국에서 한국전(The Korean War)은 잊어버린 전쟁(The Forgotten War)으로 불린다.

끌기 위해 미국이 결코 무시할 수 없는 것, 즉 장거리 미사일과 핵무기를 개발하였던 것이다. 북한과 같이 경제적으로 취약한 처지에서 국가예산의 30% 이상을 국방비로 쓰며, 장거리 미사일과 핵무기를 만든다는 것은 고혈을 짜고 골수를 빼는 것과 같은 '고난' 그 자체이며 생사를 거는 모험이다.

모든 것이 열악한 조건에서 이와 같은 고난을 혼자서 감당하고 국가의 운명을 건 모험을 60년 넘게 진행시키는 것은 불가능에 가까운 일이다. 그러나 이것이 북한에서 가능할 수 있었던 것은 어떤 상황에도 '일심단결'이 강조되고 유지될 수 있는 유일지도체계가 있었기 때문이다. 북한의 입장에서 역사는 미국이라는 초강대국과 군사적으로 대치하고 대결하는 감당하기 어려운 매우 힘겨운 것이다. 김정일은 미국과의 군사적 대치관계를 풀고 국교정상화를 하여 미국으로부터 정상적인 국가로 인정받는 것을 최종 목적으로 하고 있다.[49]

2008년 8월 현재 김정일은 자신의 최종적 목표에 매우 근접하여 있다. 북핵을 풀기 위한 북미 간 핵 협상은 6자 회담이라는 틀에서 진행되어 왔으나, 결국 북미 간 양자 간에 풀어내야 할 문제이다. 북 핵 문제가 풀리면 북한에 대한 미국의 경제 제재도 풀릴 것이고 북미 간의 국교정상화도 가능할 것이다. 김정일은 자신이 건재하는 동안 미국과의 국교정상화를 만들어 내려고 하는 것이다.

자신이 후계자가 되었을 무렵부터 김정일은 한마디로 미국과의 관계정상화를 위해 '올인(all-in)'했다고 해도 과언이 아니다. 김정일이 노동당, 인민군, 행정조직을 장악하고 강화시키는 것은, 규모와 강도 면에서 항일빨치산 투쟁 때 김일성과 그의 부대가 하였던 것과는 비교가 안 될 정도로 어려운 일이다. 그야말로 '고난의 행군의 기약 없는 연속'이다. 이 기나긴 '고난의 행군'을 이끌고 있는 인물이 바로 김정일이다. 그리고 그는 이 '고난의 행군'

---

49) 이것이 이루어지면 역설적으로 북한은 미국과 친선우호관계의 친미(親美, Pro-American)국가가 된다.

을 끝내기를 간절히 원하고 있다.

김정일이 북한이라는 거대한 조직을 장악하고 강화시키는 과정은 김정일로서도 매우 벅차고, 힘든 일이다. 북한에서 김정일은 '유비쿼터스(ubiquitous)'하다. 150만이 넘는 당 조직 관리, 200만이 넘는 군 조직 관리, 그리고 제도화되어 정기적으로 또 수시로 벌이는 '현지 지도' 등은 김정일이 조직을 통해 관리하지만 북한 유일지도체제 특성상 자신이 직접 챙기기도 한다. 한마디로 김정일은 현재까지 매우 무리를 하고 있는 셈이다. 북한에서도 김정일은 가장 일을 많이 한다고 알려져 있는데 이 말은 결코 과장된 것이 아니다. 이런 김정일을 승계할 만한 사람을 찾기란 불가능에 가까운 어려운 일일 것이다.

김정일이 자신의 철학을 주체사상에 기반을 둔 '선군'이라고 하지만 김정일은 원래 마르크스-레닌의 사회주의와 혁명사상의 영향을 받았다. 김정일뿐 아니라 김일성 그리고 북한 지도부의 사상과 철학의 근원과 원천도 마르크스주의(Marxism)이다. 마르크스주의는 역사를 처음(원시공동체 사회)과 끝(공산주의 사회)이 있다고 보는 단선주의적 철학이다. 김정일도 예외가 아니며 김정일의 사상과 철학의 기반에는 후쿠야마 류의 '역사의 종말(the end of history)'적인 요소가 강하게 자리 잡고 있다.

김정일에게 역사의 시작은 김일성의 탄생부터이고 역사의 끝은 '주체가 이루어지는 미국과의 국교정상화'이다. 미국과의 국교정상화 이후 북한은 자신의 사회가 주체가 완전히 실현되는 '이상적인 사회'로 갈 것으로 기대하고 믿고 있다. 물론 미국과의 국교정상화는 북한에게 이제까지와는 전혀 다른 차원에서 많은 도전과 문제를 안겨줄 것이며 체제까지 위협할 가능성이 있다. 그러나 현재 김정일에게 자신 생전에 미국과의 국교정상화를 이루는 것보다 더 중요하고 절실한 것은 없다.

김정일 입장에서 주체가 실현되면 유일지도체제는 더 이상 필요가 없을 것이다. 김정일 생전에 미국과의 국교정상화에 대한 전망은 2008년 현재 낙관적으로 보인다. 북한이 미국과 국교정상화를 하면 북한은 김정일이 살아있는 동안 유일지도체제를 유지할 것이다. 그러나 김정일 사후에 북한에서 유일지도체제는 기념관 또는 박물관에 가게 될 가능성이 높다.

　김일성과 김정일이 만들어 놓은 유일지도체제는 강대국들의 틈바구니 속에서 '주체'를 생존전략으로 삼았던 북한의 간고한 노력으로 그리고 강대국의 이해관계가 교차하는 한반도라는 매우 특수한 상황에서 가능했다. 또한 초강대국인 미국의 북한에 대한 60년이 넘는 '무시 정책'은 북한에서 국가적 차원에서 유일지도체제를 무리하게 시도하고 현실화하게 만든 조건을 제공하였으며, 북한에서 유일지도체제를 가능하게 한 또 다른 요인이다.

　김정일 이후 김일성과 김정일은 조선인민민주공화국 '건국의 아버지'로 그리고 '주체를 수호한 지도자'로 추앙받으며 조선인민민주공화국이 존립하는 한 기억될 것이다. 그러나 그들이 만들어 놓은 국가적 차원의 유일지도체제는 북한에서 더 이상 유지되기 어려울 것이며, 이것은 김정일이 후계자를 두지 않는 가장 중요한 이유 중 하나이다.

5장

현존하는 유일체제 리더십의
현실과 한계

▲ 위의 영상은 우리 몸의 중추신경조직이나 폐조직 세포를 확대하면 얻을 수 있는 이미지인데, 유일체제 리더십에서 생성되는 조직의 형태와 같다. 위에서 볼 수 있듯이 유일체제 리더십으로 이루어진 조직은 핵을 최정점으로 유기적으로 연결되어 있으며, 전체와 부분이 닮아 있는 프랙탈 형태를 갖고 있다.

5장
현존하는 유일체제 리더십의 현실과 한계

'하나는 전체를 위하고 전체는 하나를 위한다'라는 명제는 유일체제 리더십에서 이루려고 하는 이상적인 조직의 상(像)을 잘 설명해 준다. 위의 명제를 동학(dynamics)적으로 보면 전체와 부분 간에 이루어지는 상호되먹임이 되고, 이 상호되먹임으로 조직은 하나의 유기체로 거듭나며 통일된 힘을 낼 수 있는 것이다.

요소와 요소, 요소와 전체 간의 상호되먹임의 메커니즘이 자기 조직화의 비밀이며 무질서에서 질서로 가는 기제이다. 자연에서 이러한 되먹임은 누구의 조정(coordination) 없이 자연발생적으로 이루어진다. 그러나 인간조직에서 리더와 구성원들 간에 그리고 구성원들 상호 간에 상호되먹임은 자연적으로 이루어지지 않으며 리더의 역할에 의하여 좌우된다.

경쟁이라는 환경과 정황 속에서 어느 한 조직이 살아남기 위해서 그 조직은 상대조직에 비하여 월등한 경쟁력을 가지고 있어야 한다. 경쟁력의 척도는 조직의 일치단결의 정도(degree)에 의하여 결정된다. 리더의 역할은 조직에서 이 일치단결을 만들어 내는 것이며, 이 일치단결을 만들어 내는 과정이 유일체제 리더십이다. 상전이 현상에서 관찰되는 멱 법칙은 지도자를 정점으로 유기적으로 연결되어 일치단결을 이루는 유일체제 리더십의 양태를 잘 설명하여 준다.

우리는 GE의 잭 웰치, 삼성의 이건희, 그리고 북한의 김정일을 통해 실존하는 유일체제 리더십의 사례를 살펴보았다. 잭 웰치, 이건희, 그리고 김정일은 각자 다른 배경을 갖고 있으며 성격과 특징도 일치하는 점이 없으나, 모두 유일체제 리더십으로 자신의 조직을 진화시켰다는 공통점을 갖고 있다.

세 사람 모두 리더십을 리더와 구성원 간의 총체적이고 총화적인 관계로 보고, 구성원들이 상호 유기적으로 연결되어 조직이 궁극적으로는 하나의 유기체로 거듭날 수 있도록 조직을 이끌었다. GE, 삼성, 그리고 북한에서 웰치, 이건희, 그리고 김정일의 유일체제 리더십이 형성되는 과정은 각자 정도의 차이는 있으나 대체적으로 유사한 경로를 따르고 있다.

이들은 '조직 장악' 과정에서 혁신의 내용을 담고 있는 비전을 새로 선포하였으며 이것을 선노석으로 이끌어 갈 핵심조직을 만들었다. '조직 강화' 과정은 핵심조직을 전체적으로 확산시키는 핵심그룹의 프랙탈화라고 할 수 있으며 이것은 전사적(또는 전국적)인 혁신운동으로 실현되었다.

교육 및 훈련 프로그램은 혁신운동을 강화시키는 기제였으며 '조직 강화'가 진행되면서 혁신운동과 교육 및 훈련 프로그램은 상호되먹임을 하면서 조직의 실질적인 강화, 즉 '하나의 유기체적 조직으로의 거듭남'이 이루어졌다. '조직 재생산'은 GE에서는 이미 시도되었으나 아직 성공했다고 평가할 수 없으며 삼성과 북한에서는 아직 미지수이다.

웰치, 이건희, 그리고 김정일 세 사람 모두 자신의 조직을 경쟁력 있는 조직으로 만들기 위하여 각자 자신의 조직에서 유일체제 리더십을 만들려고 노력하였다. 셋 모두 일정한 성공을 거두었다고 할 수 있다. 그러나 이들의 각기 다른 유일체제 리더십은 모두 한계를 가지고 있다. 이 장에서 웰치, 이건희, 그리고 김정일의 유일체제 리더십의 핵심이 되는 점들을 다시 정리하고, 이들이 갖고 있는 한계점들도 함께 분석하여 현실에서 존재하는 유일체제 리더십의 현실과 한계점에 대하여 집어보도록 하겠다.

1. 잭 웰치 유일체제 리더십의 현실과 한계

잭 웰치가 최고경영자(CEO)로 부임하기 이전, GE의 각 사업부는 전체적으로는 별로 연관성을 갖지 못하였고 독립적으로 운영되고 있었으며, 관료주의가 팽배해 있었다. 이런 조직에서 시너지가 나오기 만무하였으며 GE의 경쟁력은 제고될 수 없었다. GE는 새롭게 변화하는 환경에 적응하기 어려운 '공룡'으로 전락되어 멸종(extinct)을 맞이할 운명에 처했던 것이다. 이런 GE를 다시 진화시킨 인물이 잭 웰치였다.

CEO로 부임하기 이전 GE에서 21년간 근무한 웰치는 GE의 근본적이고 당면한 문제를 잘 파악하고 있었고 그것을 어떻게 해결해야 할지 잘 알고 있었다. 그것은 연관 없이 독립적으로 운영되는 사업부들을 하나의 조직체로 묶어내고, 조직의 엔트로피를 조장하는 관료주의를 청산하여 GE의 경쟁력을 높이는 것이었다.

먼저 웰치는 GE의 비전('각 사업 분야에서 1등 아니면 2등')을 매우 간결하고 명확하게 제시했다. 웰치는 GE 주요 사업부문의 리더와 최고위층 스태프로 구성된 기업경영위원회(Corporate Executive Committee, CEC)를 만들어 자신을 중심으로 이들을 하나로 묶었다. 기업경영위원회의 멤버들은 각자 자신의 일터에서 CEC와 같은 역할을 하는 세포조직을 만들어 각 사업부와 부서가 전사차원에서 유기적으로 연결될 수 있는 연결고리(nexus)와 핵심이 되었다.

'조직 장악'을 마무리 지은 웰치는 전사적 혁신운동(work out)을 시작함으로써 본격적으로 '조직 강화'에 나섰다. GE에서 웰치의 활동 대부분이 '조직 강화'라고 할 정도로 웰치는 '워크아웃', '벽없는 조직 만들기', '6시그마' 등 전사적 혁신운동에 매진했다. 웰치는 교육과 훈련을 '조직 강화'의 기제로 적극 활용했다. 크로톤빌 연수원은 웰치의 개혁 비전을 전파하고, 혁신 인재들을 키워나가는 메카의 역할을 하며 '조직 강화'의 또 다른 중추역할을 했다.

웰치의 뛰어난 점은 그저 회장실에 앉아서 스태프들이 전달해 주는 보고서를 바탕으로 혁신운동을 지휘했던 것이 아니라, 현장을 직접 방문하거나 크로톤빌에서 인재들을 직접 만나 GE의 문제점에 대해서 토론하고 해결점을 도출하는 등 구성원들과 함께 상호작용을 하면서 혁신을 이끌었다는 점이다.

자연에서 어느 생명체나 물질이 무질서에서 질서로, 즉 혼돈에서 소산구조로 자기조직화하는 비밀은 바로 요소와 요소 그리고 요소와 전체 간에 이루어지는 상호되먹임이다. 웰치가 직접 뛰면서 직원들을 만나고 교육프로그램을 직접 주관했던 것은 인간 조직에서 나타날 수 있는 이러한 상호되먹임의 좋은 사례이다.

웰치의 '조직 강화'에서 주요 내용은 바로 혁신운동을 통해 이루어지는 직원과 직원 간의 상호되먹임, 그리고 최고경영자인 웰치와 직원들 사이에 일어나는 상호되먹임이었다. 웰치가 주도한 전사적 혁신운동은 크로톤빌에서 이루어지는 교육을 바탕으로 진행되었다. 교육은 혁신운동의 이론과 모델을 제공하고 있다는 점에서 혁신운동과 교육 간에도 상호되먹임이 이루어졌음을 알 수 있다. '조직 강화'에서 나타난 이 모든 상호되먹임으로 30만이 넘는 직원과 30여 개가 넘는 사업부를 가지고 있는 GE라는 거대한 조직은 하나의 유기체로 묶어지고, 시너지가 생성되어 세계에서 가장 경쟁력 있는 기업이 되었다.

은퇴를 앞두었던 웰치는 자신이 회장으로 부임하기 전과 지금의 자신은 매우 다르다고 회고했다. GE도 웰치의 부임기간 중 물질이 상전이(phase-transition)한 것과 같이 바뀌었다. 물론 GE를 이루고 있는 구성원들(직원들)도 바뀌었다. 리더와 추종자(구성원)의 이와 같은 동반 상전이 현상은 바로 번즈가 설파한 리더와 추종자 쌍방 모두를 변혁시키는 변혁 리더십(transformation leadership)의 전형(典型)이다.

이런 측면에서 잭 웰치가 GE에서 이루어 낸 유일체제 리더십은 타의 모범이 될 만하다. 그러나 잭 웰치 유일체제 리더십에는 '옥에 티'와 같은 부분이 있다. 그것은 매각과 인수·합병과 관련된 것인데 웰치는 기업체 매각과 인

수 · 합병을 너무 과하게 활용했다.

웰치는 퇴임할 때까지 총 1,700여 건에 달하는 기업 인수 · 합병(Merger and Acquisitions, M&A)[1] 과 120여 건의 매각을 성사시켰다. 웰치가 GE의 회장으로 재임 기간에 성사시켰던 인수합병 중에는 RCA와 NBC 등 성공적인 사례도 있으나, 키더 피바디(Kidder Peabody)와 같이 실패한 케이스도 있다. 웰치는 매각 및 인수 · 합병에 사활(死活)을 걸다시피하였는데 은퇴 바로 직전까지도 허니웰 인터내셔널(Honeywell International)을 인수합병하려고 백방으로 노력했다. 그러나 유럽연합(EU)의 반독점 위원회(European Commission for Competition)의 반대에 걸려 성사시키지 못했다.

인수 · 합병의 목적은 기존 기업의 내적성장한계를 극복하고 신규 사업 참여에 소요되는 기간과 투자비용의 절감, 경영상의 노하우, 숙련된 전문 인력 및 기업의 대외적 신용확보, 경쟁사 인수를 통한 시장점유율 확대, 경쟁기업의 주식 매입을 통한 M&A 대비, 자산가치가 높은 기업을 인수한 뒤 매각을 하여 차익 획득 등 여러 가지가 있는데 가장 중요한 것은 '시너지' 창출이라고 할 수 있다.

그러나 물리적으로 합병했다고 해서 모든 기업이 시너지 효과를 누릴 수 있는 것은 아니다. 인수 · 합병에서 시너지 효과는 '인수 · 합병 후 통합 (Post Merger Integration, PMI)'을 성공적으로 완성했을 때 나온다. 인수 · 합병 후에 일어나는 통합의 문제는 그 복잡함이나 조직에 미치는 영향력이 크기 때문에 더 많은 주의와 노력을 갖고 풀어 나가야 한다.

사업체 매각은 인수 · 합병과 더불어 웰치 경영의 트레이드마크(trademark) 중 하나였다. '조직 장악' 기간 중 117개의 사업을 매각하고 대대적인 조직개편을 단행하여 매각된 사업부에 소속된 3만 7천 명의 직원을 포함해 전체 직원의 25%에 해당하는 11만 2천여 명이 GE를 떠났다. 사업체 매각과 이에

---

1) 기업의 '인수' 란 한 기업이 다른 기업의 주식이나 자산을 취득하면서 경영권을 획득하는 것이며, '합병' 이란 두 개 이상의 기업들이 법률적으로나 사실적으로 하나의 기업으로 합쳐지는 것을 말한다.

따른 대대적인 다운사이징은 직원들을 공포에 떨게 하였다. 그것은 어떤 사업체건 그 누구건 웰치가 제시한 비전에 맞지 않거나 따르지 않으면 매각되거나 GE를 떠날 수밖에 없다는 강력한 규율을 조성하여 직원들을 통제하는 웰치의 채찍과 같은 것이었다.

이것은 웰치의 의도적인 '조직 흔들기'로 비평형 상태에 있는 GE에게 요동(fluctuation)을 주는 것과 같은 것이었다. 웰치는 사업체 매각과 인수·합병 전략을 '조직 장악'뿐 아니라 '조직 강화' 기간에도 적극 활용했다. 언제든 조직의 목적과 비전에 맞지 않으면 매각할 수 있다는 것을 실제 사례를 통해 알림으로써 GE에서 긴장과 규율을 유지·강화시키고, 한편으로는 전망 있는 사업체를 적극적으로 인수·합병함으로써 시너지 창출을 꾀했다.

웰치의 매각과 인수·합병 전략은 대체적으로 성공을 거두었다고 평가할 수 있으나, 하나의 유기체적 조직으로 거듭나는 '조직 강화' 단계에서는 우려될 만한 문제점을 안고 있다. M&A는 PMI가 성공적으로 이루어져야 원하는 시너지를 창출할 수 있다. M&A, 즉 소위 '빅딜(BIg Deal)'이라는 회사 대 회사끼리 이루어지는 협상과 거래는 시간이 오래 걸리지 않는다. 그러나 PMI가 성공적으로 이루어지기 위해서는 매우 긴 시간이 필요하다. 왜냐하면 PMI는 궁극적으로(인수·합병된 기업과 같이) 기업의 문화를 새로 만들거나(인수·합병된 기업과 함께) 공유하는 것이기 때문이다.

웰치는 '워크아웃'이나 '벽 없는 조직 만들기' 등을 통해 조직을 하나의 유기체와 같이 묶어 내려고 하였고 어느 정도 성공을 거두었으나, 계속되는 매각과 인수·합병은 혁신운동을 제도화시켜버렸다. 유기적인 관계를 바탕으로 하나의 유기체와 같은 조직으로 거듭나는 것은 '드라마'와 같은 것으로 제도화시킬 수 없는 부분이 있다. '조직 강화' 초기(初期) 웰치는 정열적으로 '워크아웃'에 직접 참여하기도 하고 크로톤빌 연수원에서 즉흥적인 강연을 하며 연수생들과 어울렸으나, 시간이 지나면서 웰치의 각본 없는 드라마는 점점 명확한 틀을 가진 프로그램으로 제도화되어 버렸다.

이것은 지속되는 인수·합병과 무관하지 않다. '벽 없는 조직 만들기'이

후에 나왔지만 GE의 가장 잘 알려진 혁신운동인 '6시그마' 운동은 '워크아웃'과 '벽 없는 조직 만들기'에서 볼 수 있었던 '인간 드라마'보다는 참여자들과 직원들의 능률(efficiency), 즉 기능(function)을 향상시키게 잘 조율되고 디자인된 프로그램들이다. 조직이 하나의 유기체와 같이 된다는 것은 손자가 이야기했듯이[2] 리더와 구성원 그리고 구성원과 구성원 상호 간 마음을 나누며 하나가 되는 것이다. 이것은 제도화되어 있는 프로그램보다는 각본 없는 드라마 같은 것이다.

지속되는 매각과 인수·합병은 GE 직원들에게 상시적인 긴장을 가져다줌으로써 규율을 유지, 강화시켰다. 그러나 한편으로는 혁신운동을 제도화하는 데 일조함으로써 리더와 구성원들 그리고 구성원들과 구성원들 사이의 유기적 관계 형성을 비선형에서 선형 쪽으로 기울게 했다. 이것은 구성원들의 창조성을 제약하는 조건으로 작용할 수 있기 때문에 시너지를 극대화하는 데 방해 요인이 된다. 이것이 바로 웰치 유일체제 리더십의 '옥에 티'이다.

2. 이건희 유일체제 리더십의 현실과 한계

이건희는 2008년 4월 22일 삼성특검이 종결된 후, 특별 기자 회견을 열어 삼성 회장직을 그만둔다는 것을 공식적으로 밝혔으며, 현재는 아무 직함 없이 삼성의 대주주의 한 사람으로만 남아 있다. 외아들인 이재용 전무도 일선에서 물러나고 앞으로 열악한 해외 지사에서 일할 것이라고 했다. 이건희는 공식적으로 은퇴를 선언하였고 삼성에 대한 재판이 계속되고 있는 정황들을

---

2) "도(道 – 리더십)란 병사들의 마음을 장군과 같은 마음이 되도록 만드는 것이다. 그래서 병사들로 하여금 죽어도 같이 죽고 살아도 같이 산다는 마음으로, 전쟁에서 어떤 위험도 두려워하지 않게 만드는 것이다"(손자, 김광수 역해, 『손자병법』, 책세상, 1999, 21쪽).

고려해 보았을 때, 다시 일선으로 복귀하지는 않을 것으로 보인다.

삼성에서 이건희 유일체제 리더십도 막을 내렸다. 이건희의 유일체제 리더십은 국내에서는 제일이지만 조잡하고 부가가치가 떨어지는 백색 가전제품이나 생산하던 삼성을 전자, 휴대폰, 반도체 분야에서 세계 최고의 반열에 올려놓은 원동력이었다. 그러나 아쉽게도 그것은 미완성이었다.

이건희가 삼성을 장악하기까지 약 7년이란 긴 세월이 걸렸다. 이건희는 조직 장악을 위해 6년간 꼼꼼히 준비하고 1993년 일시에 삼성을 완전히 장악한다. '조직 장악'은 유일체제 리더십에서 가장 중요한 단계이다. 왜냐하면 유일체제 리더십은 물질의 상전이와 같이 순차적인 단계를 거쳐서 완성도를 갖추기 때문이다. '조직 장악' 없이 '조직 강화' 그리고 '조직 재생산'은 불가능하다.

'조직 장악'을 복잡계 언어로 설명하자면, 비평형상태에서 일어나는 요동과, 요소와 요소 간에 이루어지는 상호작용이 시작됨으로써 상호되먹임의 기제를 확보하는 단계이다. 다음 단계인 '조직 강화'는 요소들 상호 간에 그리고 요소와 전체 간에 상호되먹임이 반복되면서 무질서(혼돈)와 질서(일치단결) 상태의 중간영역, 즉 시스템 내의 구성원들이 새로운 변화를 모색할 수도 없을 정도로 지나치게 위축되어 있지도 않고, 또 질서에 수렴할 수 없을 정도로 지나치게 활성화되지도 않은 상태에서 자기조직화(하나의 유기체로의 거듭남)가 극대화될 수 있는 지점으로 가는 것과 같다.

이 지점은 여러 가지 이름으로 불리는데 월프램은 '클래스 IV'라고 불렀으며, 랭턴과 카우프만은 '혼돈의 가장자리(edge of chaos)'라고 했다.[3] '자기조직화'가 저절로 이루어지지 않는 인간 조직에서 '조직 장악'이 '조직 강화'와 구별되는 가장 중요한 점은 '조직 강화'로 갈 수 있는 기제(mechanism)가 '조직 장악' 단계에서 확보된다는 점이다. 웰치는 이를 위해 새로운 비전을 선포하고, CEC를 만들고 사업체를 매각하며 다운사이징을 감행했다. 이건희의 프랑크푸르트 선언, 곧 이어진 7·4제 등도 '조직 강화'를 위한 기제

---

3) 윤영수·채승병, 『복잡계 개론』, 삼성경제연구소, 2005, 148쪽.

를 확보하는 조치였다.

'조직 강화'의 종착역은 '혼돈의 가장자리'이다. 이 종착역으로 가기 위해서는 요소들 상호 간에 또 요소와 전체 간의 상호되먹임이 수없이 반복되어야 한다. 인간조직에서 상호되먹임은 전사적인 혁신운동을 통해 일어나며 이것은 현실에서 직접적인 형태로 나타난다.

웰치가 현장을 직접방문해서 사업부 임직원들과 토론하고 워크아웃을 주도해 자신도 직접 참여하며 크로톤빌 연수원에서 연수생들에게 강의 노트 없이 즉흥적으로 강연하며, GE의 문제점을 함께 토론하여 해결점을 찾아내는 것 모두 '조직 강화' 단계에서 나타나는 상호되먹임이라고 할 수 있다. 이 과정에서 리더와 구성원은 서로 유기적으로 연결되어 하나의 유기체와 같이 되며 조직은 '혼돈의 가장자리'로 인도되는 것이다.

이런 과정을 거치면서 리더와 구성원(추종자)은 함께 변혁(transform)된다. 상호되먹임은 결코 회장실에 앉아서 올라온 보고서를 읽거나 비서실을 통해 간접적으로 이루어질 수 없는 것으로 구성원들과의 직접적인 상호작용에서만 이루어진다. 이런 측면에서 볼 때 이건희는 조직을 확실히 장악하기는 하였지만 '조직 강화' 단계까지는 가지 못했다고 평가할 수 있다.

이건희는 모습을 거의 드러내보이지 않으며 자신의 비서실과 같은 전략기획실을 통해 삼성 그룹을 경영했다. 이러한 경영 방식은 이병철 회장이 현장을 직접 챙기기보다는 조직과 시스템에 따라 서로 견제하며 경쟁하면서 자율적으로 경영하게 하고, 자신은 가장 중요한 경영 핵심만 관리한 방식과 같은 것이었다. 이병철은 생전 손을 대는 것마다 성공한다는 '삼성 불패'의 신화가 있을 정도로 경영에 성공하였고, 이것을 보고 자란 이건희가 이병철식 경영방식을 그대로 따르는 것은 어쩌면 자연스러운 일일 수 있다.

그렇기 때문에 이건희가 회장이 된 후 자신의 유일체제를 구축하기 위해서 해야 했던 가장 큰 과제는 '조직 장악'이었으며, 확실하고 철저하게 조직을 장악하기 위해 회장 취임 후 7년이란 긴 세월을 두고 준비하였던 것이다. 그러나 이건희가 답습한 이병철식 경영방식은 엄밀한 의미에서 '조직 장악'의 연장일 뿐 '조직 강화'는 아니었다.

삼성의 구성원들이 회장과 상호되먹임을 한다는 것은 상상도 할 수 없는 일이며 구성원 상호 간에도 제대로 된 상호되먹임조차 하지 못하는 실정이다. 삼성에서 나타나는 일치단결은 형식적이며 하향편달식의 일방통행적인 면이 강하다. 회장과의 상호되먹임 속에서 소통이 이루어지지 않기 때문에 직원들은 전략기획실의 눈치를 보며 회장의 의중을 파악하는 데 불필요한 에너지를 쏟는다.

또 창의력과 창의성을 발휘하여 새로운 것에 도전하기보다는 맡은 일과 임무에서 실수를 최소화시키는 소극적인 방향으로 흐르게 되었다. 삼성맨들이 실수를 별로하지 않고 빈틈이 없는 엘리트들이지만 도전의식이 부족하고 과감하지 않다는 평을 받는 것은 우연이 아니다. '관리의 삼성'은 될 수 있어도 '창조의 삼성'은 되지 못한다.

이건희는 자신의 퇴임을 알리는 특별 기자회견에서 삼성을 세계 일류 기업으로 다 만들지 못하고 그만두게 되어서 아쉽다고 했다. '조직 강화'의 단계에 들어가지 못하고 '조직 장악'의 연장으로 세계 일류 기업을 만들기란 불가능한 일이다. 그리고 이것이 이건희 유일체제 리더십의 한계이다.

3. 김정일 유일체제 리더십의 현실과 한계

김정일의 유일체제 리더십은 김일성의 유일체제 연장 속에서 이해되어야 한다. 김정일은 김일성 유일체제의 뿌리를 이루고 있는 만주 항일 유격대 시절 유격대원들과 '민생단 고아 빨치산'들과 같이 동고동락하였고, 어머니를 잃은 후 이들의 보호와 지도를 받고 성장했다. 해방 후 권력의 핵심부를 이루고 있던 이들은 김정일에게 각별한 관심을 주면서 김정일을 김일성의 후계자로 키웠다.

김정일은 이들과 자신의 아버지인 김일성을 배경으로 후계자의 자리에 올라갔으나 '조직 장악' 단계에서 발군의 실력을 보였다. 어느 집단보다 장악하기 어려운 영화·예술인 집단을 장악하였으며 그것을 전국적인 단위로 확산시킬 수 있는 전망과 능력을 갖고 있었다. 김정일은 확고한 사상적 기반을 가지고 있었으며, 또 그것을 바탕으로 북한이라는 거대한 조직을 장악하고 강화시켰다. '모든 것을 항일 유격대식으로'라는 북한에서 흔히 볼 수 있는 구호는 김정일 사상의 뿌리를 잘 말해 주고 있다.

김일성과 그의 항일유격대는 매우 특별하고 특수한 관계를 갖고 있다. 대부분이 빈농의 자식들이었던 유격대 대원들은 대원들 중 가장 교육을 많이 받고 연장자 중 하나였던 김일성을 자연스럽게 대장으로 따르며 김일성과 함께 했다. 민생단사건은 김일성의 인생 경로를 바꾸어 놓고 북한 역사에서 가장 중대한 분기점을 만드는 계기를 제공하여 준 사건이었다.

중국공산당원으로서 항일무장투쟁을 그 누구보다도 열심히 하고 공도 많이 세웠던 김일성을 중국인 공산당원들이 민생단 간첩으로 몰고 처형하려 했다. 구사일생으로 목숨을 건진 김일성은 중국공산당을 더 이상 신뢰할 수 없었으며 스스로 모든 것을 쟁취할 수밖에 없음을 절실히 깨닫게 된다. '주체'의 시작이었다.

민생단사건은 북한 정치권력 구성과 형성에 초기조건(initial condition)적 역할뿐 아니라 북한의 독특한 정치권력의 성격을 결정짓는 계기도 되었다. 민생단사건으로 조선인 독립군과 공산당원들이 처형당하자 수많은 고아들이 발생하였는데, 김일성은 김정숙과 함께 많은 수의 고아들을 거두어 자신의 부대에서 키웠다. 고아로 굶어죽거나 아무 데도 기댈 곳 없어 부랑아로 전락할 위기에 있었던 이들에게 김일성은 그야말로 구세주와 같았다.

이후 이들은 김일성 부대에서 자라나면서 김일성과 매일 사선을 넘으며 생사고락을 같이 했다. 이들이 김일성을 정점으로 똘똘 뭉치는 것은 당연한 것이었으며, 그것이 유일한 생존방법이기도 했다. 이렇게 김일성을 정점으로 '통일·단결'하는 것은 김일성이 해방 후 정적들과 권력다툼에서 승자가 될 수 있었던 원동력이었으며 주체노선을 고수할 수 있는 배경이었다.

　김일성 부대 유격대원들은 해방 후 김일성과 더불어 북한 정치권력의 핵심을 이루었는데, 이들이 만들어 놓은 정치권력의 구조와 내용은 유격대 시절과 같은 것이었다. 즉, 김일성을 중심으로 '통일 · 단결'하는 것이었다. 북한 정치지도 집단은 이것을 전사회적으로 확산 · 적용하려고 하였는데, 때마침 외부로부터 오는 압박과 압력은 북한 정치지도 집단이 김일성을 정점으로 하는 통일 · 단결하는 체제를 더욱 공고히 하고, 이것을 전 사회적으로 확산하는 요인으로 작용했다.

　신생 공산주의 국가였던 북한에게 공산주의 종주국이며 대국이었던 구소련으로부터의 압력은 북한의 생존을 위협하는 것이었다. 또다시 막다른 길에 내몰렸던 김일성과 그의 동지들은 생존의 길을 자신들이 항일빨치산 시절에 했던 것과 마찬가지로 내부의 단결된 힘에서 찾았다. 구소련의 원조가 끊어진 상태에서 김일성은 자신이 유일하게 알고 있었던 항일빨치산 시절 보급투쟁의 경험을 바탕으로 직접 농민과 노동자들을 찾아다니며 그들의 손을 잡고 증산을 독려했다.

　김일성의 이러한 행적과 행로는 당시 과거 사회위계질서 의식이 여전히 머리 깊숙이 남아있었던 농민과 노동자들에게는 상상도 할 수 없는 파격적인 것이었다. 그것은 마치 조선시대 왕이 평민들에게 내려와 정사를 논하는 것과 마찬가지였다. 따라서 북한 주민들이 김일성의 이러한 행보에 감격하고 감화되는 것은 당연한 것이었으며, 이들은 김일성의 요구에 열광적으로 그리고 적극적으로 호응하여 주었다. 여기에 고무된 김일성은 현지 지도(on-the-spot-guidance)를 전국적인 범위로 확대시키고, 이것을 바탕으로 집단적 증산운동도 전국적인 차원으로 확산시킨다.

　이렇게 시작된 것이 북한 경제 정체성의 가장 중요한 축을 이루고 있는 '천리마작업반운동', '청산리 방법', 그리고 '대안의 사업체계'이다. 이 모든 것을 보고 성장한 인물이 김정일이다. 김정일이 태어나고 자란 곳은 김일성 항일 유격대였으며, 김정숙이 죽고 난 후 김정일을 보호해 주고 성장시킨 것도 김일성 부대출신의 인물들이었다. 김정일은 빨치산 대원들이 김일성을 정점으로 '통일·단결'하는 것을 조직의 유일한 생존의 길로 알고 자랐다. 해방 후 김정일은 북한 지도부가 김일성을 중심으로 노동자·농민들을 일치 단결시키면서 천리마작업반운동 등을 펼치며 북한을 건설하는 현장을 목격하며 성장했다.

김정일은 자신의 사상이 '일심단결'의 사상이라고 강조하는데 이것은 결코 과장되거나 그냥 뜻 없이 하는 말이 아니다. 조직을 장악한 김정일은 항일유격대식 일심단결 사상으로 북한 전체를 더욱 철저하고 체계적으로 묶으려고 했다. 그것은 김일성 유일지도체제의 제도화였다.

김일성과 김정일의 북한 통치 과정은 유일체제 리더십의 전형이라 할 수 있다. 김일성과 김정일의 북한 권력 장악 과정과 천리마작업반운동 등을 통해 북한경제 건설 과정, 그리고 김정일으로의 권력 승계 과정, 또 김정일의 '조직 장악'과 '조직 강화'는 유일체제 리더십에서 리더의 세 가지 순차적 역할인 '조직 장악', '조직 강화', 그리고 '조직 재생산'을 잘 보여준다.

그러나 김일성과 김정일의 유일체제 리더십은 보편적으로 적용될 수 없는 매우 예외적인 사례이며 한 가지 심각한 한계를 가지고 있다. 그것은 척도와 범위(scale and scope)에 관련된 문제이다. 이는 유일체제 리더십이 GE나 삼성과 같은 기업단위까지는 적용 가능하나 국가 단위로 확장하고 적용할 때 얼마나 큰 문제가 발생할 수 있는지 보여주는 사례로써 북한을 통해 파악할 수 있다.

국가는 많은 집단들로 이루어진 복합체이며 복잡계이다. 어느 한 국가에 소속된 사람들은 국민으로서 공통적인 정체성을 갖고 있으나, 그것은 매우 추상적(abstract)인 차원에서의 공통분모이며 역사적으로 긴 시간을 두고 무형적으로 이루어진 유대감이다. 국가를 이루는 다양한 집단과 조직은 그 집단과 조직의 수만큼 다양한 목적과 이해관계를 갖고 있으며 이것을 한 집단, 또는 한 인물이 대변하거나 하나로 묶어낸다는 것은 불가능하거나 대단히 어려운 일이다. 만약 이것을 그대로 추진하게 되면 불가피하게 무리가 따르기 마련이다.

김일성과 김정일 신격화와 우상화 작업은 그 무리가 어떤 형태이고 어느 정도인지 잘 대변해 주고 있다. 전(全) 인민이 하나의 유기체와 같다는 북한의 주장은 당위적으로는 타당하고 유일체제 리더십에도 부합한다고 볼 수 있다. 그러나 모든 국민을 한 집단을 대변하는 지도자에게 맞추어 그를 중심으로 하나로 묶어낸다는 것은 다분히 환원주의(reductionism)적인 발상이며, 국가가 다양한 목적과 다른 이해관계를 가질 수밖에 없는 수많은 집단과 조직이 모여 있는 복잡계임을 망각한 주장이다.

제4장인 '김정일 유일체제 리더십'에서 살펴보았지만, 북한에서 유일지도체제는 권위적이고 위에서 아래로의 일방통행식[4]으로 강요되고 있다. 그러나 어느 계층에서는 통용되고 이루어지고 있음을 알 수 있는데, 이것 또한 척도와 범위의 문제성을 간접적으로 증명해 주고 있다. 김정일을 중축으로 하는 일치단결은 북한 지도부를 이루는 만경대혁명학원 출신들과 군과 당 고위 간부들 사이에서 제한적으로 이루어지고 있다.

북한 노동당 고위 간부로 제3국에서 활동하다가 체포된 신경완은 북한사회를 이렇게 설명했다. "손안의 진흙을 꽉 쥐면 손가락 사이로 일부가 빠져나가지만 손안의 진흙은 단단하게 굳어진다."[5] 인간은 시간과 공간(time and space)에 제약을 받기 때문에 유일체제 리더십에서 척도와 범위의 문제가 존재하는 것이다. 김정일은 현지 지도를 지속적으로 다니며 북한 주민들(구성원들)과 유기적인 관계를 가지려고 노력하지만, 현지 지도는 이미 제도화되어 버렸으며 임의적(spontaneous)인 상호되먹임이 전국적인 차원에서 일어나기란 요원할 뿐이다.

국가와 국민의 관계는 수평적이지 않고 위계적(hierarchical)일 수밖에 없다. 이런 위계적 관계에서 국가와 국민 간의 상호되먹임은 국가가 국민들에

---

4) 이것은 주입식 사상교육과 관료주의 형태로 나타나고 있는데, 가장 큰 병폐는 구성원들(북한 주민들)의 창의력과 주체성을 마비시키는 것이다. 아이러니컬(ironically)하게 주체를 국시로 하고 있는 북한은 국가적 차원에서 대외적으로 주체가 있을지 몰라도 북한을 이루는 주민(구성원) 각각에게는 주체성이 존재하지도 허용되지도 않는다.

5) 정창현, 『CEO of DPRK: 김정일』, 중앙books, 2007, 384쪽.

게 제공해 줄 수 있는 것이 있을 때만 가능하다. 그러나 사회주의권 붕괴 이후 경제적 위기를 겪고 있는 북한의 경우 자원과 재원의 한계가 더욱 뚜렷할 수밖에 없었다. 이때 북한이 선택한 위기돌파전략이 '선군(Military First)' 이다. 한정된 자원을 군에 집중함으로써 군을 김정일 유일체제 리더십의 핵심으로 만들고 전위(vanguard)로 하여 김정일 유일체제 리더십을 유지하겠다는 것이다.

김정일의 현지 지도는 1980년대부터 군에 집중되면서, 김정일(리더)은 군(추종자)과의 상호되먹임을 꾀하고 군은 김정일을 정점으로 일치단결하는 모습을 보이고 있다. 그러나 북한에서 선군시대의 궁극적인 목표인 군-민 일치(軍-民-致)는 아직 진행형이며 아마 진행형으로 끝날 것이다.

북한사회는 북한 당국에서 주장하는 대로 하나의 유기체로 거듭나지 못하고 있으며, 김정일을 정점으로 한 온 사회 구성원들의 '통일·단결'도 완벽하게 이루어내지는 못하고 있다. 그리고 앞으로도 어려울 것이다. 그러나 북한은 다른 국가에 비해 매우 높은 수준의 내부적 결속과 단결을 보이고 있다. 이것은 북한이 매우 어려운 조건 속에서도 자신들의 정체성을 유지하고 강대국들과 대립, 때로는 대결을 하는 가운데에서도 생존할 수 있는 매우 중요한 요인 중 하나이다.

북한이 이렇게 될 수 있었던 것은 김일성-김정일 유일체제 리더십이 한계가 뚜렷하고 척도와 범위의 문제가 존재하지만 일정 정도 실현되고 있음을 반증하고 있다. 이렇게 된 데에는 외부적인 요인도 무시할 수 없다. 김일성과 북한 지도부가 주체노선을 채택한 것은 그들이 처음부터 주체적이고 철저히 민족적이었다기보다 생사의 기로와 같은 어려운 상황 속에서 생존을 위해서 한 불가피한 선택이었다.

주체노선은 매우 험난한 길이었다. 지정학적으로 강대국의 틈바구니에 끼어 있는 북한은 미국과 전쟁을 치르며 대결하였고, 전쟁 후에는 북한을 위성 국가로 만들려는 구소련과 대립하였으며, 중국의 문화혁명시기 중국과도 대립했다. 미국은 북한을 외교적으로 또 경제적으로 고립시켰으며 군사적으로 압박하여 북한의 존망을 위협했다.

주체노선을 고수한다는 것은 이와 같이 엄청난 대가를 치르는 것이었지만, 북한 정권은 마치 호랑이 등에 올라탄 사람과 마찬가지로 주체를 포기하는 순간 멸망할 수밖에 없는 진퇴양난의 'catch 22'적인 위치였다. 그러나 외부의 이러한 압력과 압박은 고립된 북한이 생존을 위해 더욱 내부적으로 결속하고 단합할 수밖에 없는 상황과 정황을 조성해 주었다. 그리고 이러한 상황과 정황은 김정일 유일체제 리더십이 아래로 내려올수록 강압적이고 일방적이지만, 북한 주민들을(약한 상태이지만) 하나로 묶어낼 수 있는 조건이자 배경이 되었다.

외부의 적이 뚜렷이 존재함으로 내부의 정체성을 더욱 확실히 하고 결속을 다질 수 있었던 것이다. 이것은 마치 자연계에서 물질이 외부의 온도가 임계온도(critical temperature)에 이르렀을 때 물질의 원자들이 몇 법칙에 따라 하나의 덩어리와 같이 일치단결을 이루면서 상전이하는 것과 마찬가지이다.

이렇게 척도와 범위의 문제는 존재하지만 북한사회는 김정일을 정점으로 일정 수준의 '통일·단결'을 이루고 있다. 그러나 외부 조건이 변화하였을 때(가령 미국과의 적대적 관계가 완화되었을 때) 김정일 유일지도체제가 그대로 유지될 수 있는가에 대한 의문의 여지는 여전히 남아 있다.

물론 미국과의 관계 개선이 김정일 정권의 붕괴를 초래하지는 않는다. 오히려 미국과의 관계 개선이 이루어진다면 김정일은 자신의 정권의 정당성을 더욱 공고히 할 수 있을 것이다. 그러나 미국과의 관계 개선으로 북한을 둘러싼 외부 조건에 변화가 생긴다면, 그리고 김정일이 진정으로 북한 주민들의 삶을 개선시키고 북한의 발전을 원한다면 자신의 유일지도체제를 변화시킬 수밖에 없을 것이다.

유일체제 리더십을 국가적인 차원으로 적용하는 것은 앞에서 살펴보았듯이 원래부터 한계가 있을 수밖에 없고 무리가 따르는 일이다. 한 국가의 경쟁력은 국민들의 통합과 국민들 간의 협력 수준에 따라 비례하지만, 유일체제 리더십에서와 같이 국가 안에 존재하는 다양한 집단과 조직을 한 명의 지도자를 중심으로 일치단결시키는 것은 무리일 수 있으며, 통합을 이루어 내는 것은 유일체제 리더십에서만 가능한 것이 아니다.

국가적 차원에서는 유일적 지도체계에서의 일치단결보다는 국민적 화합(和合)을 통해 통합과 단합을 이루어 내어 국가적 경쟁력을 높여야 할 것이다. 유럽의 강소국이라고 불리는 스위스, 오스트리아, 그리고 핀란드는 매우 어려운 조건과 상황 속에서도 각계각층의 화합을 통해 국민적 통합과 단합을 이루어 내어, 국가적 경쟁력을 높여 작지만 강대국이 된 모범적 사례들이다.[6]

2008년 9월 현재 북한과 미국이 관계 개선에 적극적으로 나서고 있으며 조만간 60년간의 대립과 대결의 역사를 종결하고 새로운 시대로 갈 것으로 예상되고 있다. 그러나 북미 간의 관계 개선은 결코 북한이 생각하듯이 '고난의 행군'이 끝나고 낙원으로 가는 후쿠야마 류의 '역사의 종말'이 아니다. 북미관계 개선 이후 북한 정권의 그다음 과제는 경제를 발전시키는 것이다.

종말은 아니지만 변하고 개선되어야 할 것은 국가적 차원에서 무리하게 진행·전개되었던 유일지도체제이다. 그러나 북한은(심각한 무리가 있었지만) 유일지도체제를 통해 일정 수준의 내부적 결속과 단합을 이루어 냈으며, 이러한 결속과 단합에서 나오는 '통일·단결'의 힘은 역설적으로 북한 경제를 발전시킬 수 있는 밑거름이 될 수 있다.

북한 사람들은 '전인미답(前人未踏)'이라는 사자성어를 즐겨 사용한다. 자신들이 걸어오고, 걷고 있는 길이 그 누구도 밟지 않은 새로운 길이란 뜻이다. 국가적 차원에서의 유일지도체제를 만들려고 하였던 것은 분명 '전인미답'의 길이었다. 그리고 앞으로 외부 조건이 변화함에 따라 내부의 결속과 단합을 유지하면서 유일지도 체제를 변화시키는 것은 앞으로 북한에게 주어진 과제이며, 또 다른 '전인미답'의 길이 될 것이다.

---

6) 이들 국가들이 어려운 조건과 상황 속에서 어떻게 국민적 화합을 이루어 냈는지는 필자의 졸저 『중립화 노선과 한반도의 미래』(선인, 2007)를 참조하기 바란다.

참고문헌

참고문헌

1. 리더십(leadership)

단행본 및 논문

· 손자, 김광수 해석, 『손자병법』, 책세상, 1999.

· Bass, B., *Leadership and performance beyond expectation*(New York: Free Press, 1985).

· Bennis, Warren, *On Becoming a Leader*(New York: Addision-Wesley, 1989).

· Bennis, Warren, and Burt Nanus, *Leader: The Strategies for Taking Charge*(HaperBusiness, 1997).

· Bennis, Warren, and Robert Townsend, *Reinventing Leadership: Strategies for Empower the Organization*(New York: William Morrow, 1995).

· Blank, Warren, *The Nine Natural Laws of Leadership*(New York: AMACOM, 1995).

· Bondanella, Peter, and Mark Musa edited & translation, *The Portable Machiavelli*(New York: Penguin Books, 1979).

· Brandenburger, Adam M., and Barry J, Nalebuff, *Co-opettion*

(New York: Doubleday, 1996).

· Burns, James M., *Leadership*(New York: Harper Colophon Books, 1978).

· Conger, Jay, *The Charismatic Leader: Behind the Mystique of Exceptional Leadership*(San Franscisco: Jossey-Bass, 1989).

· Conger, Jay, *Learning to Lead: The Art of Transforming Managers into Leaders*(Kouzes, San Franscisco: Jossey-Bass, 1992).

· Covey, Stephen R., *Principle-Centered Leadership*(New York: Summit Books, 1992).

· Covey, Stephen R., *The Seven Habits of Highly Effective People* (New York: Simon & Schuster, 1989).

· De Pree, Max, *Leadership Is An Art*(New York: Doubleday, 1989).

· Drucker, Peter, *Managing for the Future: The 1990s and Beyond* (New York: Truman Talley Books / Dutton, 1995).

· Drucker, Peter, *Managing in Turbulent Times*(New York: Harper & Row, 1989).

· Drucker, Peter, *The Practice of Management*(New York: Harper & Brothers, 1954).

· Gardner, John, *On Leadership*(New York: Free Press, 1990).

· Greenleaf, Robert, *Servant Leadership*(New York: Paulist Press, 1977).

· Heider, John, *The Tao of Leadership*(New York: Bantam Books, 1986).

· Kotter, John P., *The Leadership Factor*(New York: Free Press, 1988).

· Kouzes, J., and Posner, B., *The Leadership Challenge*(San Franscisco: Jossey-Bass, 2002).

· Manz, Charles, and Henry P., Sims, *SuperLeadership*(New York: Berkley Books, 1989).

- Nanus, Burt, *Visionary Leadership: Creating a Compelling Sense of Direction for Your Organization*(San Franscisco: Jossey-Bass, 1992).
- O' Toole, James, *Leading Change: The Argument for Value-Based Leadership*(New York: Ballantine Books, 1996).
- Peters, Tom, *Liberation Management*(New York: Knopt, 1992).
- Sashikin, Marshall & Molly G., *Sashikin, Leadership That Matters* (San Franscisco: Berett-Koehler, 2003).
- Schein, E., *Organizational Culture and Leadership*(San Franscisco: Jossey-Bass, 1992).
- Sergiovanni, T., *Moral Leadership*(San Franscisco: Jossey-Bass, 1992).
- Spears, Larry eds., *Reflections on Leadership*(New York: John Wiley & Sons, 1995).
- Tichy Noel M., and Mary Anne Devanna, *The Transformational Leader*(New York: John Wiley & Sons, 1986).
- Wheatley, Margaret J., *Leadership and the New Science*(San Francisco: Berrett-Koehler, 1994).
- Bennis, Warren, "The Leader as Storyteller", *Harvard Business Review*(January-February, 1996), pp. 154~160.
- Campbell, Constance R., "On the Journey Toward Wholeness in Leader Theories", *Leadership & Organization Development Journal* vol. 28 Number 2(2007), pp. 137~153.
- Carr, Clay, "Empowered Organization, Empowering Leaders", *Training and Development*(March, 1994), pp. 39~44.

2. 조직(organization)

단행본 및 논문

· 사카이야 타이치, 김순호 역, 『조직의 성쇠』, 이목, 1993.

· Albrecht, Karl, *The Northbound Train: Finding the Purpose, Setting the Direction, Shaping the Destiny of Your Organization* (New York: AMACOM, 1994).

· Collins, James C., and Jerry I. Porras, *Bulit to Last: Successful Habits of Visionary Companies*(New York: HarperBusiness, 1997).

· Drucker, Peter, *Concept of Corporation*(New York: The John Day Company, 1972).

· Handy, Charles, *The Age of Paradox*(Boston: HBS Press, 1994).

· Handy, Charles, *The Age of Unreason*(Boston: HBS Press, 1989).

· Handy, Charles, *Understanding Organizations*(London: Penguin, 1999).

· Jaques, Elliot, *A General Theory of Bureaucracy*(Exeter, NH: Heinemann, 1978).

· Jaques, Elliot, *Requisite Organization*(Arlington, VA: Cason–Hall, 1989).

· Pasmore, William A., *Designing Effective Organizations: The sociotechnical Systems Perspective*(New York: John Wiley & Sons, 1988).

· Senge, Peter, *The Fifth Discipline: The Art and Science of the Learning Organization*(New York: Currency Doubleday, 1990).

· Streufert, S., and Swezey, R.W., *Complexity, Managers, and Organizations*(Orlando, FL.: Academic Press, 1986).

· Weber, Max, *The Theory of Social and Economic Organziation*(T.

Parsons translation)(New York: Free Press, 1947).

· Beckhard, Richard, "Strategies for Large System Change", *Sloan Management Review*(Winter, 1975), pp. 43~55.

· Collins, James C., and Jerry I. Porras, "Building a Visionary Company", *California Management Reivew* 37(Winter, 1995), pp. 80~100.

· Ghoshal, Sumantra, "Using People As a Force for Change", *People Management*(October 19, 1995), pp. 34~37.

· Kofman, Fred, and Peter M., Senge, "Communities of Commitment: The Heart of Leaing Organizations", *Organizational Dynamics*(September 1, 1993), pp. 4~22.

· Nicolini, David, and Matin B. Meznar, "The Social Construction of Organizational Learning", *Human Relations* 48, no. 7(1995), pp. 727~746.

· Pfeffer, Jeffrey, "Competitive Advantage through People", *California Management Review*(Winter, 1994), pp. 9~28.

3. 복잡계 이론(theories of complex system)

단행본 및 논문
· 김상일, 『수운과 화이트헤드』, 지식산업사, 2002.
· 김용운, 『카오스의 날갯짓』, 김영사, 1999.
· 김용운 · 김용국 공저, 『프랙탈과 카오스의 세계』, 우성문화사, 1998.
· 일리아 프리고진, 이덕환 역, 『확실성의 종말』, 사이언스 북스, 1997.
· 일리아 프리고진 · 이사벨 스텐저스, 신국조 역, 『혼돈으로부터의 질서』,

정음사, 1989.

· 윤영수 · 채승병, 『복잡계 개론』, 삼성경제연구소, 2005.

· Whitehead Alfred, N, 오영환 역, 『과정과 실재』, 민음사, 1991.

· Barabasi, Albert-Laszlo, *Linked*(New York: Plum, 2003).

· Corning, Peter, *Nature's Magic: Synergy in Evolution and the Fate of Humankind*(New York: Cambridge University Press, 2003).

· Coveney, Peter and Roger Highfield, *Frontiers of Complexity: The Search for Order in a Chaotic World*(New York: Ballantine Books, 1996).

· Holland, John, *Emergence*(New York: Addison-Wesley, 1998).

· Kauffman, Stuart, *At Home in the Universe: The Search for the Laws of Self-Organization and Complexity*(New York: Oxford University Press, 1996).

· Laszlo, Ervin, *The Systems View of the World*(Hampton Press, 1996).

· Lewin, Roger, *Complexity: Life at the Edge of Chaos*(Chicago: University of Chicago Press, 2000).

· Mitleton-Kelly, Eva eds., *Complex Systems and Evolutionary Perspectives of Organisations: The Application of Complexity Theory to Organizations*(New York: Pergamon, 2003).

· Burnham, Terence, "Altruism and Spite in Selfish Gene Model of Endogenous Preferencearabasi", *Journal of Bioeconomics* 3(2002), pp. 123~148.

· Gilfford, Adam Jr, "Bioeconomics of Cooperation", *Journal of Bioeconomics* 2(2000), pp. 153~168.

· Galbraith, Peter, "Organisational Leadership and Chaos Theory", *Journal of Educational Administration* vol, 42, Number 1(2004), pp. 9~28.

· Uhl-Biena, Mary, Russ Marionb, and Bill McKelveyc, "Complexity Leadership Theory: Shifting leadership from the industrial age to the knowledge era", *The Leadership Quarterly* vol, 18, Issue 4, (August, 2007), pp. 298~318.

기타자료

· 네이버 백과사전: (http://100.naver.com/100.nhn?docid=131701).
· 네이버 백과사전: (http://100.naver.com/100.nhn?docid=76268).
· 네이버 백과사전: (http://100.naver.com/100.nhn?docid=111426).
· 네이버 백과사전: (http://100.naver.com/100.nhn?docid=142683).
· 엠파스 백과사전: (http://100.empas.com/dicsear ch/pentry.html?s= B&i=191214).

4. 잭 웰치(Jack Welch)

단행본

· 노엘 티키 · 스트랫포드 셔먼, 김동기 · 강석진 옮김, 『GE 혁명: 당신의 운명을 지배하라』, 21세기북스, 1994.
· 잭 웰치, 이동현 옮김, 『잭 웰치: 끝없는 도전과 용기』, 청림출판사, 2001.
· Baum, Stephen and Dave C., Singleton, *What Made jack welch JACK WELCH: How Ordinary People Become Extraordinary Leaders*(New York: Crown Business, 2007).

· Lane, Bill, *Jacked Up: The Inside Story of How Jack Welch Talked GE into Becoming the Worlds Greatest Company*(New York: McGraw-Hill, 2007).

· Krames, Jeffrey A., *Jack Welch and The 4 E's of Leadership* (New York: McGraw-Hill, 2005).

· Krames, Jeffrey A., *The Jack Welch Lexicon of Leadership: Over 250 Terms, Concepts, Strategies & Initiatives of the Legendary Leader*(New York: McGraw-Hill, 2001).

· O'Boyle, Thomas, *At Any Cost: Jack Welch, General Electric and the Pursuit of Profit*(New York: Vintage, 1999).

· Slater, Robert, Jack Welch & The G.E. *Way: Management Insights and Leadership Secrets of the Legendary CEO*(New York: McGraw-Hill, 1998).

· Slater, Robert, *Jack Welch on Leadership*(New York: McGraw-Hill, 2004).

· Slater, Robert, *29 Leadership Secrets From Jack Welch*(New York: McGraw-Hill, 2002).

· Welch, Jack and Suzy Welch Oechsli, *Winning*(New York: Collins Business, 2005).

기타자료
· *businessweek*(June 8th 1998).
· http://www.busi nessweek.com/1998/23/b3581001.htm.

5. 이건희

단행본

· 강승구 편, 『이건희 이야기: 이제는 바꿔야 산다』, 미래미디어, 1993.
· 강준만, 『이건희 시대』, 인물과 사상사, 2005.
· 권터 뷔르테레 편, 연기영 옮김, 『21세기의 도전과 전략: 세계정치 · 경제 지도자 26인의 미래예측과 그 대안재』, 밀알, 1996.
· 김병윤, 『삼성신화 아직 멀었다』, 한림원, 2005.
· 김성홍 · 우인호, 『이건희 개혁10년』, 김영사, 2003.
· 유순하, 『삼성 신화는 없다』, 고려원, 1995.
· 박원배, 『마누라 자식 빼고 다 바꿔라』, 청맥, 1994.
· 박세록, 『삼성비서실: 전직비서가 쓰는 삼성의 경영문화와 이병철 회장』, 미네르바기획, 1997.
· 야지마 긴지 · 이봉구, 이정환 옮김, 『삼성 경영철학』, W미디어, 2006.
· 엄일영, 『재벌들』, 장학서림, 1968.
· 이건희, 『이건희 에세이: 생각 좀 하며 세상을 보자』, 동아일보사, 1997.
· 이맹희, 『묻어둔 이야기: 이맹희 회상록』, 청산, 1993.
· 이상원, 『이병철 3만원으로 삼성을 시작하다』, 지송미디어, 2004.
· 이창우, 『다시 이병철에게 배워라: 기업경영의 기본』, 서울문화사, 2003.
· 이채윤, 『삼성처럼 경영하라』, 열매출판사, 2004.
· 이채윤, 『삼성 신입사원』, 머니플러스, 2005.
· 이채윤, 『이건희, 21세기 신경영노트』, 행복한마음, 2006.
· 신원동, 『삼성의 인재경영』, 청림출판사, 2007.
· 신현만, 『대한민국 인재 사관학교』, 위즈덤하우스, 2006.
· 신현만, 『이건희의 인재공장』, 새빛에뉴넷, 2007.
· 조일우, 『삼성공화국은 없다』, 한국경제신문, 2005.

· 주치호, 『삼성공화국: 삼성 이건희 vs 현대 정주영 비화』, 한가람, 1997.
· 홍하상, 『이건희』, 한국경제신문사, 2003.
· 홍하상, 『이건희: 그의 시선은 10년 후를 향하고 있다』, 한국경제신문, 2003.

기타자료

· 곽정수 기자, "삼성경영승계 물위로 ① 이건희와 이재용의 다른 점"(『한겨레신문』, 2007년 2월 7일자).
· 특별취재팀, "미래의 삼성을 짊어질 준비된 후계자 이재용"(『한국경제21』, 2007년 2월 14일자).
· 이철현 기자, "사장들도 벌벌 떠는 제왕적 카리스마"(『시사저널』 830호, 2005년 9월 9일자).
· 유창재 기자, "경제 5~6년 뒤 큰 혼란 올 수도"(『한국경제신문』, 2007년 3월 10일자).
· 김병수 기자, "삼성 5~6년 뒤 위기론, 해법은?"(『매일경제신문』, 2007년 7월 7일자).
· 박지환 기자, "김용철 폭로부터 이건희 사퇴까지……. 삼성사태 177일"(『노컷뉴스』, 2008년 4월 22일자: http://www.cbs.co.kr/nocut/show.asp?idx=8084 53).
· 이광회 · 김덕한 기자, "이건희 회장 쏟아내는 화두 연일 화제"(『조선일보』, 2006년 10월 24일자).
· 네이버 용어사전: (http://terms.naver.com/item.nhn?dirId=7 01&docId=7059).

6. 김정일

단행본 및 논문

· 국토통일원, 『최고인민위원회 자료집』 2, 국토통일원, 1985.
· 김명철 · 윤영무 옮김, 『김정일의 통일전략』, 살림터, 1999.
· 김명철 · 김종성 옮김, 『김정일의 한(恨)의 핵 전략』, 동부아, 2005.
· 김일성, 『세기와 더불어』 1~8(인터넷 버전), 조선로동당출판사, 1995.
· 김일성, 『김일성 저작선집』 1~47, 조선로동당출판사, 1998.
· 김정일, 『김정일 저작선집』 1~14, 조선로동당출판사, 2000.
· 이찬행, 『김정일』, 백산서당, 2001.
· 정창현, 『CEO of DPRK: 김정일』, 중앙books, 2007.
· 조선로동당, 『위대한 령도자 김정일 동지 약력』, 중앙위원회 당력사연구소, 1996.
· 편집국, 『근로자 1958~2002』, 평양.
· Kim Il Sung, *On the Management of the Socialist Economy*(Foreign Languages Publishing House, Pyongyang, 1992).
· Park Phillip, *Self-Reliance or Self-Destruction?*(New York: Routledge, 2002).
· 이태섭, 「북한의 집단주의적 발전 전략과 수령체제 확립」, 서울대학교 대학원 정치학과 박사논문, 2001년 2월.
· 정영철, 「김정일 체제 형성의 사회정치적 기원: 1967~1982」, 서울대학교 대학원 사회학과 박사논문, 2001년 8월.
· Han Hong Koo, "Wounded Nationalism: The Minsaendan Incident and Kim Il Sung in Eastern Machuria", Ph.,D, dissertation, University of Washington, 1999.

기타 자료

· 위키백과: (http://enc.daum.net/dic100/conten ts.do?query1=1 0XXX X98 63).

· 다음 백과사전: (http://enc.daum.net/dic100/viewContentsdo?&m=all &articleID=b08m2074b).

· 엠파스 백과사전: (http://100.empas.com/dicsearch/pentry.html?s =K&i=296650).

· 이원섭, 신동아 2000년 3월호(인터넷 버전: http://www.dongacom/d ocs/magazine/new_donga/200003/nd2000030040.html).

· KBS 역사스페셜, "발굴, 스타코프의 비밀수첩, 김구는 왜 북으로 갔는가?" (2000년 8월 12일 방영).

· 네이버 백과사전: (http://100.naver.com/100.nhn?docid=11007).

· 네이버 두산 백과사전: (http://100.naver.com/100.nhn?docid=82865).

· 다음 백과사전: (http://enc.daum.net/dic100/conte nts.do?query1=b2 0c2530a).

· 다음 백과사전: (http://enc.daum.net/dic100/contents.do?query1=b04 d3013a).

· 정준영 기자, "김정일, 각고 끝에 '김일성 필체' 습득", 『연합뉴스』, 8월 27일자.

찾아보기

찾아보기

ㄴ

ㄷ

ㄹ

ㅇ

기 타